Marc Engelhardt (Hg.)

Unabhängigkeit!

Marc Engelhardt (Hg.)

UNABHÄNGIGKEIT!

Separatisten verändern die Welt

Ch. Links Verlag, Berlin   WELTREPORTER.NET
global correspondents

Die Deutsche Nationalbibliothek verzeichnet diese Publikation in der Deutschen Nationalbibliografie; detaillierte bibliografische Daten sind im Internet über www.dnb.de abrufbar.

1. Auflage, Oktober 2015
© Christoph Links Verlag GmbH
Schönhauser Allee 36, 10435 Berlin, Tel.: (030) 44 02 32-0
www.christoph-links-verlag.de; mail@christoph-links-verlag.de
Einbandgestaltung: Ch. Links Verlag
Einbandabbildungen: oben: Unterstützer der schottischen Unabhängigkeits-bewegung warten auf die Ankunft des schottischen Regierungschefs Alex Salmond in Stirling zu einer Veranstaltung kurz vor dem Referendum über die Unabhängigkeit Schottlands am 18. September 2014, 15. September 2014 (picture-alliance/dpa); Mitte links: Drei Kinder passieren ein Graffiti in der kosovarischen Stadt Mitrovica, wenige Tage vor der Unabhängigkeitser-klärung des Kosovo, Februar 2008 (Robert Atanasovski/AFP/getty images); Mitte rechts: Unterstützer der katalanischen Unabhängigkeitsbewegung auf einer Demonstration in Barcelona, 11. September 2012 (Lluis Gene/AFP/getty images); unten: Prorussische Separatisten in Jenakijewe nahe Donezk, Ostukraine, 27. Januar 2015 (Kommersant Photo/getty images).
Karten: Peter Palm, Berlin
Satz: Eugen Lempp, Ch. Links Verlag
Druck und Bindung: Druckerei F. Pustet, Regensburg

ISBN 978-3-86153-838-7

Inhalt

Äquator

Atlantischer Ozean

Pazifischer Ozean

Einleitung:
Die neue Weltunordnung

Marc Engelhardt

Die bisherige Weltordnung befindet sich in der Krise. Gut zwei Jahrzehnte nach dem Fall des Eisernen Vorhangs hat die Demokratie westlicher Prägung ihre Strahlkraft eingebüßt. Die »alten« Nationalstaaten stehen Krieg und Terror, Ungleichheit und Vertreibung scheinbar machtlos gegenüber. Separatisten versprechen eine bessere Zukunft – entweder durch mehr oder durch weniger Demokratie.

Auf dem Weg zur Arbeit laufe ich jeden Morgen an einer langen Allee aus genau 193 Fahnenmasten vorbei. Sie stehen aufgereiht vor dem Haupteingang zum Genfer Völkerbundpalast. Mitarbeiter der Protokollabteilung stellen sicher, dass die Flaggen regelmäßig umgehängt werden. Hunderte Touristen nehmen täglich ein Selfie oder ein Gruppenbild von sich vor dem bunten Fahnenmeer auf, indem sie sich möglichst nahe vor den hohen Zaun stellen, der den Haupteingang des Völkerbundpalastes und die davorstehenden Fahnenmasten schützt. An dieser prominenten Stelle, ganz vorn, wehen immer wieder neue Flaggen. Sind die Fotos gemacht, pressen sich die meisten Besucher noch einmal eng an den Zaun und versuchen, in der Allee die eigene Fahne auszumachen. Wenn vom Jura-Gebirge her starker Wind weht und die Flaggen mit einem hellen Klingeln gegen die hohen Masten schlagen, geht das am einfachsten. Doch selbst bei Flaute versuchen die Zaungäste, die Nationalflagge ihres Heimatlandes zu finden. Wenn ihnen das nicht gelingt, ziehen sie mit enttäuschten Mienen von dannen. Zweifellos geht eine besondere Macht aus von den Fahnen, die Symbole von Staaten und Nationen sind. Und die 193 Flaggen, die vor den vier Hauptsitzen der Vereinten Nationen in Genf, New York, Nairobi und Wien wehen, stehen sinnbildlich für jene Staaten, die es geschafft haben: die anerkannten Mitglieder der globalen Staatenfamilie. Außer ihnen kann das nur ein einziger weiterer Staat von sich behaupten: der Vatikan, der bei den UN auf eigenen Wunsch lediglich einen Beobachterstatus genießt.

Die Fahne des Landes, in dem Rebiya Kadeer gerne leben würde, ist himmelblau. Darauf sind ein Stern und ein Halbmond abgebildet, ähnlich wie auf der Flagge der Türkei. Doch anders als diese weht die himmelblaue Fahne Ostturkestans vor keiner der vier UN-Zentralen und auch nicht in Kadeers Heimat selbst. Dabei reicht die Geschichte von Ostturkestan 4000 Jahre zurück. 1759 besetzten Truppen der Mandschu-Dynastie erstmals das uigurische Reich, danach gelang es den Uiguren immer nur für kurze Zeit, sich selbst zu regieren. Zuletzt wurde 1944 die Republik Ostturkestan ausgerufen. Fünf Jahre später marschierte die chinesische Volksarmee ein. Völkerrechtlich gehört Ostturkestan seitdem zu China, und die Uigurin Kadeer hat einen chinesischen Pass. Dass Kadeer dennoch für ihren Staat Ostturkestan eintritt, macht sie für ihre Anhänger zur Freiheitskämpferin – und für die chinesische Regierung zur Terroristin. Der Untertitel ihrer Biografie lautet in der deutschsprachigen Ausgabe: »Chinas Staatsfeindin Nummer 1«. Sechs Jahre hat die Mutter von elf Kindern in Haft verbracht, viele davon in Isolation. Jetzt sitzt Kadeer in einem kleinen Genfer Künstlercafé, das den Namen »Babel« trägt. Sie hat keinen Abstecher zum Völkerbundpalast gemacht, keine Fahnen betrachtet. Von Diplomaten würde sie, Repräsentantin eines nichtexistenten Staates, ohnehin nicht empfangen. Stattdessen sitzt sie im Halbdunkel des Cafés, um das zu tun, was sie seit Jahren tut: zu werben für einen Staat, der bisher nur in ihrer Fantasie und in der ihrer Anhänger existiert und den die Chinesen Xinjiang-Provinz nennen.

»Früher habe ich geglaubt, ein harmonisches Zusammenleben innerhalb der Volksrepublik China sei möglich«, sagt Kadeer. »Aber dann hat die chinesische Regierung uns immer stärker an den Abgrund manövriert – ihr Ziel ist es inzwischen, die uigurische Identität zu zerstören.« Immer mehr Han-Chinesen seien in Kadeers Heimat umgesiedelt worden, sagt sie. So viele, dass Land und Arbeit knapp geworden sind. »Die reichen Öl- und Gasvorkommen werden direkt von Peking kontrolliert, das Gleiche gilt für das fruchtbare Ackerland.« Die Uiguren, die einst mehrheitlich die an Tibet, Kirgisien, Kasachstan und die Mongolei grenzende Region von mehr als der vierfachen Größe Deutschlands besiedelten, seien zu Bürgern zweiter Klasse geworden. »Uiguren dürfen nicht einmal in der Öl- und Gasindustrie arbeiten, wo höhere Löhne bezahlt werden als anderswo – von leitenden Funktionen ganz zu schweigen.« Das Überleben ihres Volkes und von dessen Kultur wären aus Kadeers Sicht nur in einem eigenen Staat gesichert. Doch der wird von Tag zu Tag unerreichbarer, weil Chinas Führung konsequent all das unterdrückt, was die uigurische Identität ausmacht. Ihren muslimischen Glauben etwa dürfen die Uiguren nicht mehr öffentlich ausleben. Lange Bärte oder Kopftücher sind untersagt, das Fasten im Ramadan ebenso. Wer dagegen protestiert, wird brutal verfolgt.

Die chinesische Staatsführung hat ihre ganz eigene Version dessen, was in Xinjiang – oder Ostturkestan – passiert. Dabei bestreitet sie nicht einmal, dass sie gegen die einstige Bevölkerungsmehrheit hart durchgreift. »Die Chinesen sprechen von einem Krieg gegen den Terror«, erklärt Kadeer. Uigurische Separatisten sind für Peking islamistische Terroristen. »Die Unterdrückung der Uiguren hat aber mit Religion gar nichts zu tun, es geht um Macht und Geld«, behauptet Kadeer. »Die chinesische Staatsführung gehört nur zu denen, die den ›Kampf gegen den Terror‹ nutzen, um den Widerstand der Uiguren unter einem gefälligen Deckmantel zu brechen.« Im März 2015 wurde ein Gesetz beschlossen, das jede Art religiöser Betätigung in Xinjiang unter Generalverdacht stellt. Wer auch nur Räume vermietet, damit sich darin Gläubige zum Gebet treffen können, muss lange Gefängnisstrafen wegen der Unterstützung des Terrorismus befürchten. Wenige Monate nach dem Beschluss, im islamischen Fastenmonat Ramadan, wurde Beamten und Schülern das Fasten untersagt. Han-Chinesen wurden ermuntert, Fastende zu denunzieren. Das Gesetz ist bewusst vage gehalten, um maximale Unsicherheit und damit Angst zu schüren. Die Uiguren sollen unbedingt davon abgehalten werden, ihren eigenen Staat zu gründen.

Dabei haben sie eigentlich ein verbrieftes Recht dazu. Artikel 1 des UN-Zivilpakts besagt: »Alle Völker haben das Recht auf Selbstbestimmung. Kraft dieses Rechts entscheiden sie frei über ihren politischen Status und gestalten in Freiheit ihre wirtschaftliche, soziale und kulturelle Entwicklung.« Die beiden Sätze stehen wortgleich auch in Artikel 1 des UN-Sozialpakts. Beide Pakte, 1966 verabschiedet, stellen gemeinsam mit der Allgemeinen Erklärung der Menschenrechte für Völkerrechtler eine Art globaler »Bill of Rights« dar. Die eigentliche Bill of Rights, der erste Zusatz zur US-Verfassung, beginnt ihrerseits mit den Worten: »We the People« (»Wir, das Volk«). Dass Artikel 1 in beiden UN-Pakten gleichlautet, unterstreicht für Juristen die besondere Bedeutung ihres Inhalts. Der Schweizer Historiker Jörg Fisch zieht daraus den Schluss, »dass der Genuss des Selbstbestimmungsrechts durch ein Volk die Voraussetzung für den Genuss aller übrigen Rechte ist. Ohne Selbstbestimmungsrecht keine Menschenrechte.« Das Selbstbestimmungsrecht der Völker wird im Übrigen auf so unterschiedliche Männer wie den sowjetischen Revolutionär Wladimir Iljitsch Lenin und Woodrow Wilson, den ehemaligen US-Präsidenten und Begründer des Völkerbunds, zurückgeführt. Völkerrechtlich ist es auch deshalb praktisch unbestritten.

Über die Form, in der die Selbstbestimmung ihre Ausgestaltung findet, bestand 1966 bereits weitgehend Einigkeit. Die Vereinten Nationen wurden mit Unterzeichnung der UN-Charta auf der Konferenz von San Francisco am 26. Juni 1945 als Union von Nationalstaaten konzipiert. Ihre Mitglieder sind Staaten, nicht Völker. Die Zahl der Nationalstaaten wuchs in den kommenden Jahren und Jahrzehnten dramatisch an – auf Kosten anderer Staatsmodelle, allen voran der kolonialen Imperien. 1948 bestanden die Vereinten Nationen aus 74 Mitgliedern, heute sind es 193. Anstoß dafür waren mehrere politische Umwälzungen von globaler Bedeutung: Großbritannien löste in den 1950er Jahren als erste Kolonialmacht seine Kolonien im Nahen und Fernen Osten auf, andere wie Frankreich zogen bald nach. In den 1960er und 1970er Jahren wurden fast alle Kolonien in Afrika zu eigenständigen Nationen. Als Ende 1991 die Sowjetunion zerbrach, folgte eine weitere Welle neuer Staaten. 2011 wurde als bislang letzter Staat der Südsudan in die Reihen der UN aufgenommen, ein Staat, der, kaum gegründet, schon wieder zu scheitern droht (s. Kapitel Südsudan). Doch nicht nur die Zahl der Nationalstaaten hat sich erhöht, sondern auch die absolute Verbreitung der Idee, wie der Bremer Politikprofessor Philip Manow 2014 feststellte. Hätten Nationalstaaten im Jahr

1900 noch 40 Prozent der Erde bedeckt, so seien es heute mehr als 90 Prozent.

Jeder dieser Staaten nimmt für sich das absolute Gewaltmonopol in Anspruch: Nur er darf die Bürger zwangsenteignen (wir nennen das Steuern) oder festnehmen, einsperren und – im Extremfall – töten. Doch dieser Anspruch kann höchst unterschiedlich begründet werden. Da ist zum einen der autoritäre Staat, ein Staat wie der chinesische, dem Rebiya Kadeer durch die Abspaltung in die Eigenständigkeit entfliehen möchte. Er gleicht jenem Souverän, über den der Staatsphilosoph Thomas Hobbes 1651 in seinem Werk »Leviathan« schreibt. Der Ausgangspunkt der Staatsbildung ist nach Hobbes, dass jeder Bürger seine Macht an einen Souverän, den Leviathan, abtritt, um den Krieg »Jeder gegen jeden« zu verhindern. Dieser Souverän steht außerhalb des für alle anderen geltenden Rechtssystems, um das aus Hobbes' Sicht wichtigste Ziel, nämlich die Sicherheit jedes Einzelnen im Staat, zu garantieren. Dafür müssen alle Bürger bereit sein, sich dem Souverän zu unterwerfen. Nur so, behauptet Hobbes, kann der Nationalstaat dauerhaft funktionieren.

Was aber, wenn ein Teil dieser Bürger ihren eigenen Nationalstaat gründen will, gegen den Willen eines Souveräns Hobbes'scher Lesart? Klaus Schubert und Martina Klein definieren Separatismus in ihrem Politiklexikon als »die (wirtschaftlich, sprachlich-kulturell oder ethnisch-religiös begründete) politische Absicht eines Teils der Bevölkerung, sich aus einem Staatsverband zu lösen, um einen eigenen Staat zu gründen bzw. sich einem anderen Staat anzugliedern«. Das Ziel der Separatisten ist Souveränität, die Unabhängigkeit eines von ihnen postulierten Volkes oder einer anders definierten Gruppe. Doch die Souveränität hat jeder Bürger – Hobbes zufolge – abgegeben. Verliert er sie damit für immer? Dieser Ansicht war der umstrittene Staatstheoretiker Carl Schmitt, der als »Kronjurist des Dritten Reiches« bezeichnet wurde. Schmitt verdammte die Weimarer Republik, bejubelte Hitler und segnete dessen Ermächtigungsgesetz als neue Verfassung des Deutschen Reiches ab. Kein Mann, um dessen Meinung man sich heute noch scheren muss, sollte man glauben. Doch tatsächlich sind Schmitts Theorien gefragt wie lange nicht. Von der »unheimlichen Wiederkehr Schmitts« schrieb schon 2008 der Jurist Thomas Darnstädt im *Spiegel* – und nahm den Kernsatz Schmitt'scher Theorie auseinander, der lautet: »Souverän ist, wer über den Ausnahmezustand entscheidet.« Mit diesem Satz gesteht Schmitt dem Staat absolute Macht zu – er kann sich über geltende Gesetze hinwegsetzen, wenn die »politische Einheit des Volkes« gefährdet ist, was immer genau das sein mag. Spätestens seit den Terroranschlägen vom 11. September 2001 ist diese Lesart wieder en vogue. Weder Parlamente noch Gerichte, Verfassung oder Völkerrecht können Schmitt zufolge einem Staat Einhalt gebieten, der gegen eine aufbegehrende Minderheit die dubiose »Einheit des Volkes« verteidigt.

Doch gerade der Begriff des Volkes ist im Völkerrecht nicht definiert. Nicht einmal gewohnheitsrechtlich lässt er sich ableiten. Und so machen ihn sich die Chinesen ebenso wie die Separatisten um Kadeer zu eigen. Rebiya Kadeer spricht vom uigurischen Volk, dessen Auslöschung die chinesische Staatsführung betreibt. Die chinesische Staatsführung dagegen behauptet, es gebe nur ein chinesisches Volk – und die Uiguren seien dessen Teil. Ein Volk ist nach Brockhaus »eine durch dieselbe Geschichte, Sprache und Kultur verbundene Gemeinschaft von Menschen« oder auch »die Bevölkerung eines Landes«. Je nach Lesart haben Kadeer und ihre Uiguren oder die chinesische Staatsführung recht. Doch um Recht geht es ohnehin allenfalls in zweiter Linie. Auch geht es beim Kampf um Territorium, Ressourcen und Bevölkerung nicht um Gerechtigkeit. Es geht um Macht – und in diesem Machtkampf nutzt jede Seite alle Möglichkeiten, die ihr zur Verfügung stehen.

Im Fall der chinesischen Staatsführung gehört zu diesen Instrumenten des Machtkampfes die Vorspiegelung einer Volksbeteiligung (inklusive der der Uiguren), die es in Wirklichkeit nicht gibt. Einmal im Jahr lädt das Politbüro der KP, die gemeinsam mit einigen mächtigen Oligarchen die politische Richtung in der chinesischen Volksrepublik vorgibt, zum Nationalen Volkskongress. Dessen 3000 Mitglieder beschließen zum Schluss allerdings meistenteils, was die Führung vorgegeben hat. Für den Machterhalt der Regierenden spielt der Volkskongress – nicht anders als etwa die Duma in Moskau – dennoch eine zentrale Rolle: Er zementiert den Status quo. Wer opponiert, kann in den Volkskongress befördert werden, um dort beobachtet oder korrumpiert zu werden. Die Debatten im Volkskongress mit ihren für chinesische Verhältnisse oft kritischen Tönen senden nach innen und außen das Signal, dass Protest (etwa von Minderheiten wie den Uiguren oder den Tibetern) außerhalb der Institutionen unnötig ist. Und nicht zuletzt beinhaltet der Volkskongress ein Belohnungs- und Bestrafungssystem für alle, die in China politisch aktiv sind. Wer bis an die Spitze des Systems kommt, hat sich innerhalb der Strukturen bewährt und ist unweigerlich zu einer von dessen Stützen geworden. Doch man kann im Volkskongress nicht nur hoch aufsteigen, ebenso kann man tief fallen. Damit ergeben sich ungezählte Möglichkeiten der Einflussnahme, direkt und indirekt – und alle liegen innerhalb der Grenzen des Systems, das dadurch nie in Frage gestellt wird. Ein höchst effizientes Mittel gegen Separatisten, wie Kadeer aus eigener Erfahrung weiß. Auch sie war lange Jahre Spitzenfunktionärin und Mitglied des Volkskongresses, bis sie nach einer Rede über die Unterdrückung der Uiguren 1997 ausgeschlossen wurde.

»Neue Despotien« nennt der australische Politikwissenschaftler John Keane die Regime in China, Russland und vielen anderen Staaten Zentralasiens, Afrikas oder der Arabischen Halbinsel. Sie alle haben nach Keane gemeinsam, dass sie sich auf das Volk berufen und ihre Autorität durch scheinbar demokratische Strukturen legitimieren. In diesen neuen Despotien finden Wahlen statt, die freilich stets mit großer Mehrheit von den Regierenden gewonnen werden. Oppositionelle werden vorübergehend vom Regime unterstützt, um dann von – ebenfalls vom Regime gestützten – Gegenspielern zu Fall gebracht oder – als Warnung an andere – von (manipulierten) Gerichten aus dem Verkehr gezogen zu werden, so wie Kadeer oder zahlreiche russische Oppositionelle. Wer das Regime stützt, wird belohnt. Zugang zu höheren Schulen, zu bestimmten Berufen, zu Geld, Macht, Waffen oder Industriebetrieben erhalten nur diejenigen, die sich ins Patronagesystem einordnen. In diesem System haben wenige sehr viel, die meisten haben wenig. Doch stets wird die Hoffnung genährt, dass die bisherigen Verlierer noch zu Gewinnern werden können oder zumindest das wenige, das sie ihr Eigen nennen, nicht auch noch verlieren müssen. Das alles geschieht in einem Umfeld, das politische Mitbestimmung oder Meinungsfreiheit vorspiegelt und tatsächlich die Unantastbarkeit staatlicher Grenzen zementiert. Vom »Rule by law« spricht Keane, dem Regieren durch Gesetze, im Gegensatz zum »Rule of law«, dem, was wir Rechtsstaatlichkeit nennen. Strukturen wie der Chinesische Volkskongress oder das Parlament im ebenfalls despotisch geführten Südsudan (s. Kapitel Südsudan) garantieren den neuen Despotien eine Stabilität, die in einer simplen Diktatur alter Machart nicht zu erreichen wäre.

Rebiya Kadeer wartet bis heute darauf, dass die freie Welt ihre Forderungen unterstützt und Druck auf China ausübt. »Viele Länder hoffen heute auf Chinas wirtschaftliche Unterstützung und trauen sich deshalb nicht, die Staatsführung in Peking zu kritisieren – und genau auf diesen Moment hat sie gewartet, bis sie gegen die Uiguren vorgegangen ist«, bilanziert Kadeer. Dass die (neodespotische) Staatsführung in Peking ihren Regierungskollegen in der Welt die entsprechenden Ausreden zur Verfügung stellt, indem sie etwa einen Krieg gegen den Terror inszeniert, macht es den anderen Staaten noch einfacher zu schweigen. Die etablierten Staaten stützen sich auf diese Weise gegenseitig und schwächen jede Bewegung, die einen neuen Staat ins Leben rufen will.

Für Kadeer und andere Minderheitenführer überall auf der Welt lassen die neuen Despotien nur einen Ausweg offen: die Überwindung des bisherigen Staates und die Gründung eines neuen. Unter anderem deshalb steht so derzeit ein System in Frage, das in den mehr als 70 Jahren seit Gründung der UN eine mehr oder weniger stabile Weltordnung garantiert hat. Warum, so fragt Kadeer, sollte sie den 193 völkerrechtlich anerkannten Staaten Hoffnung oder gar Vertrauen schenken, wenn die Mehrheit der Staaten Machtmissbrauch anderer Staaten nicht ahndet oder gar leugnet – und damit auf höchster Ebene Gleichheit und Gerechtigkeit in Frage stellt?

Gleichheit und Gerechtigkeit sind die Fundamente jenes Staatsideals, das die Demokratie westlicher Prägung ausmacht. Dass Gerechtigkeit Voraussetzung für ein funktionierendes Staatswesen ist, wurde von Jean-Jacques Rousseau besonders wirksam postuliert. 1712 wird der Sohn eines Uhrmachers und einer Pastorentochter in Genf geboren. Er ist 50 Jahre alt, als er seine wichtigste staatstheoretische Schrift veröffentlicht, »Der Gesellschaftsvertrag«. Darin stellt Rousseau die demokratische Mitwirkung und die umfassende Gleichheit der Staatsbürger in den Mittelpunkt eines funktionierenden Staatswesens. Das Volk regiert sich in Ausübung seiner Souveränität selbst. Finanzier, Entscheidungsträger und Nutznießer des Staates sind deckungsgleich. Die moralische Grundlage eines solchen gerechten Staates ist der Gemeinwillen. Im Gesellschaftsvertrag, den die Bürger miteinander abschließen, unterstellt jeder Bürger diesem seinen eigenen Willen. Seine natürliche Freiheit wird ersetzt durch die Bürgerfreiheit, an die Stelle der individuellen Gewalt tritt die Staatsgewalt. Vor dem Gesetz ist jeder Bürger gleich, individuelle Schwäche wird durch die Kraft der Gemeinschaft ausgeglichen. Gesetze sind für Rousseau entsprechend nur dann gerecht, wenn sie den Willen aller zum Ausdruck bringen. Gesetze, die den Bürger zu etwas zwingen, was er nicht wollen kann, lehnt Rousseau ab. Kein Wunder: Wegen seiner revolutionären Ideen wurde er immer wieder verfolgt und musste mehrfach die Flucht ergreifen. Die separatistische Bewegung Kadeers verspricht auf ihre Weise eine Rückkehr zu Rousseau: Die Uiguren sehen im chinesischen Staat ihren Gemeinwillen unterdrückt und Gerechtigkeit nicht gegeben.

Bestehende Staaten – tatsächlich die große Mehrheit in der UN-Vollversammlung – sehen staatliche Neugründungen skeptisch. Der Globus ist aufgeteilt. In Afrika, wo die Kolonialmächte die Bevölkerung nur widerstrebend in die Freiheit entließen, ist es seit jeher die Hauptaufgabe der Afrikanischen Union (AU) beziehungsweise ihrer Vorgängerin, der Organisation für Afrikanische Einheit (OAU) gewesen, die Unverletzlichkeit der Grenzen auf dem Kontinent zu garantieren. Das ist umso erstaunlicher, als diese Grenzen von den Kolonialmächten einst willkürlich gezogen wurden und von einem »Gemeinwillen« der meist zusammengewürfelten Bevölkerung kaum die Rede sein kann. Doch die 53 Mitglieder im Club von Afrikas Regierenden, so unterschiedlich sie sein mögen, eint die Angst vor einem Dominoeffekt, sollte sich ein Staat von einem anderen abspalten. Nur zweimal sind in den vergangenen Jahrzehnten in Afrika neue Staaten anerkannt worden. In beiden Fällen, in Eritrea wie im Südsudan, gab es zuvor lange Bürgerkriege mit vielen Toten, die keine Seite für sich entscheiden konnte. Zähneknirschend gaben die Herrschenden nach und willigten ein, einen Teil ihres Staatsgebietes und die dortigen Ressourcen abzutreten. Dass Somaliland bis heute nicht anerkannt ist

(s. Kapitel Somaliland), ist vor allem auf den Widerstand innerhalb der afrikanischen Regierungen zurückzuführen.

Doch wie verhält es sich mit Unabhängigkeitsbewegungen etwa in Katalonien oder Schottland (s. Kapitel Katalonien und Schottland), wo von einer despotischen Zentralregierung nun wirklich nicht die Rede sein kann? Warum kommt es hier scheinbar zu einer Verstärkung der Unabhängigkeitsbewegungen? Der Grund ist wohl vor allem die Machtlosigkeit, die die Demokratien Rousseau'scher Prägung heute ausstrahlen. Nach dem Zerfall der Sowjetunion Anfang der 1990er Jahre schien es zunächst, als sei das demokratische Modell zum einzig denkbaren geworden. Doch 20 Jahre später stehen diese Demokratien Krieg und Terror, gesellschaftlicher Ungleichheit und der Vertreibung von Millionen scheinbar machtlos gegenüber. Ihre Einflussmöglichkeiten haben die Nationalstaaten freiwillig aufgegeben, sagt der Soziologe und Globalisierungskritiker Jean Ziegler, der sich ebenfalls auf Rousseau beruft. Wie dieser hat auch Ziegler die entscheidende Zeit seines Lebens in Genf verbracht. Bei den UN machte er sich als meinungsstarker Sonderberichterstatter für das Recht auf Nahrung einen Namen. Als ich ihn im Frühjahr 2015 treffe, ist Ziegler schon über 80, aber kämpferisch wie immer. Die Renaissance von Separatisten und Unabhängigkeitsbewegungen ist für ihn nahezu zwangsläufig, »weil sie eine Verzweiflungsreaktion ist gegen die Entfremdung, die den Völkern von der weltweiten Konzerndiktatur aufgezwungen wird«. Die 500 größten transkontinentalen Privatkonzerne, so Ziegler, kontrollierten nach Berechnungen der Weltbank mehr als die Hälfte des weltweiten Bruttosozialprodukts. »Die haben eine Macht, wie sie nie ein König, ein Kaiser, ein Papst in der Geschichte der Menschheit gehabt hat. Und sie haben ein einziges Funktionsprinzip: die Gewinnmaximalisierung in möglichst kurzer Zeit.« Zwar sei die globale Landwirtschaft inzwischen (ebenfalls nach UN-Berechnungen) problemlos imstande, zwölf Milliarden Menschen zu ernähren. Dass das nicht geschieht, liegt laut Ziegler daran, dass der Zugang zur Nahrung nur denen gewährt wird, die dafür zahlen können.

Anders als in den neuen Despotien, die nach Belieben Regeln zu ihrem eigenen Vorteil beugen und erfinden, unterwerfen sich Ziegler zufolge Regierungen selbst großer Demokratien freiwillig einer Ideologie, die ihre Handlungsfreiheit massiv beschneidet. »Das ist die neoliberale Wahnidee, die Legitimationstheorie globaler Konzerne – die sagt, dass Marktkräfte die Welt beherrschen und die Ökonomie nach Naturgesetzen funktioniert. Das ist natürlich eine totale Lüge!« Und doch sei die neoliberale Marktwirtschaft die letzte große Ideologie, auf deren Grundlage Regierungen, Zentralbanken oder multilaterale Einrichtungen wie die Welthandelsorganisation agierten. Die Folgen, sagt Ziegler, seien fatal. »Die Nationalstaaten, auch die größten wie Deutschland, verlieren fortschreitend an Souveränität. Wenn eine Regierung etwas beschließt, was den Konzernen nicht passt, dann wandern die ab. Konzernsprecher stellen sich dann hin und sagen, die Marktkräfte haben reagiert.« Ähnlich bewertet Ziegler die Milliardentransfers nach Griechenland, die vor allem Banken in den reichen Staaten Europas begünstigten. Zwar könnten Regierungen abgewählt werden, gerade in einem demokratischen Land wie Deutschland, wo viele Konzerne ihren Sitz haben. Doch sei die neoliberale Ideologie in Parteiprogrammen aller Couleur enthalten. Die Bürger hätten in dieser Frage deshalb kaum eine Wahl. Eine Alternative biete sich nur in einem neuen Staatswesen, in dem der Mensch nicht mehr auf seine Warenfunktionalität als Konsument und Produzent reduziert werde, so Ziegler. »Deshalb sieht man jetzt Lokalidentitäten, die man längst verschüttet glaubte, wieder auferstehen und zu einer politischen Kraft werden.« Das Volk müsse seine verfassungsrechtlich garantierten Waffen ergreifen – Wahlrecht, Demonstrationsrecht, Gewerkschaftsfreiheit. Der alte Nationalstaat an sich sei aber nicht wiederzubeleben, glaubt Ziegler. »Die Konzernmacht hat ihn zerstört.«

Mit den neuen Nationalstaaten, für die die in diesem Buch vorgestellten Separatisten und Unabhängigkeitsbewegungen kämpfen, verbindet sich oftmals die Hoffnung auf Wandel und eine Renaissance des ursprünglichen Staatsideals – eine (vorgebliche) Rückkehr zu einem bürgerlichen Bollwerk gegen Diktatur oder Konzernmacht, je nachdem. Uiguren, Katalanen und Schotten, Québecer und Ostukrainer, Transnistrier und Somaliländer streben deshalb nach einem eigenen Staat, Taiwaner, Palästinenser, Kurden und Kosovaren ebenso – trotz aller Unterschiede. Die Südsudanesen haben ihn bereits. Nur in wenigen Kapiteln dieses Buches wird über alternative Ziele zum klassischen Nationalstaat berichtet. Die Samen etwa, die ihre Geschicke selbst bestimmen wollen, aber zumindest vorläufig kein eigenes Staatsgebiet fordern. Oder die Südtiroler, die als autonome Region im geeinten Europa ihren Platz gefunden haben. »Die Nationen sind tot, sind aber die Einzigen, die es noch nicht wissen«, erklärte 2014 der österreichische Autor Robert Menasse dazu passend bei einem Festakt in Südtirol, 100 Jahre nach Beginn des Ersten Weltkriegs. »Wir Europäer sind Zeugen eines faszinierenden Prozesses: wir bilden den ersten nachnationalen Kontinent und die erste nachnationale Demokratie.« Doch angesichts der Griechenlandkrise im Sommer 2015, wo nationale Egoismen dominieren, mag man das bezweifeln.

Zumindest innerhalb der Europäischen Währungsgemeinschaft schränken tatsächliche oder mutmaßliche Wirtschaftsinteressen die politische Handlungsfähigkeit gewählter Regierungen und damit die des Wahlvolks immer weiter ein. Vor einer »Entkopplung der nationalen Öffentlichkeiten und Parlamente von dem abgehobenen, technokratisch verselbständigten Konzert der markthörigen Regierungen« warnt Jürgen Habermas in einem Aufsatz mit der Überschrift »Demokratie oder Kapitalismus?«. Doch während Habermas in der Konsequenz für den Ausbau der europäischen Währungsgemeinschaft zu einer supranationalen Demokratie eintritt, plädiert der Soziologe Wolfgang Streeck für eine Rückkehr zum Nationalstaat: einem Staat, der in der Lage ist, Institutionen aufzubauen, mit denen Märkte unter soziale Kontrolle gebracht werden können. Er plädiert dafür, »die Reste jener [nationalstaatlichen] politischen Institutionen so gut wie möglich zu verteidigen und instand zu setzen, mit deren Hilfe es vielleicht gelingen könnte, Marktgerechtigkeit durch soziale Gerechtigkeit zu modifizieren und zu ersetzen«.

Der zunehmende Eindruck, dass Staaten den Interessen des Marktes oder globaler Konzerne immer öfter machtlos gegenüberstehen und Teile ihrer Souveränität abgegeben haben – siehe TTIP und andere Freihandelsabkommen –, befördert demnach die Rückbesinnung auf den Nationalstaat, die Region und im extremsten Fall die Abspaltung, den Separatismus. Viele Unterstützer der Unabhängigkeitsbewegungen in Katalonien oder Schottland wünschen sich einen Staat, wie er vielleicht einmal war, zu sein schien oder zumindest sein sollte: nah am Bürger, verständlich in seinen Entscheidungen sowie beeinflussbar durch den Willen des Volkes und – in letzter Konsequenz – des einzelnen Bürgers. Sie fordern einen neuen Gesellschaftsvertrag. Ob der separate Staat diese Erwartungen tatsächlich erfüllen kann, ist ungewiss. Derzeit haben kleine Staaten – etwa in internationalen Verhandlungen – scheinbar weniger Spielraum als große. Dafür müssen sie freilich nach innen weniger Kompromisse machen. Was besser ist, bleibt abzuwarten.

Andere Separatisten kämpfen dagegen für einen starken Souverän, oft vor allem, um die Sicherheit des Einzelnen zu garantieren – ganz im Sinne von Hobbes. Im Osten der Ukraine oder in Transnistrien (s. Kapitel Ukraine und Transnistrien) glauben viele Unterstützer der Separatistenbewegungen, dass nur ein mächtiger Mann an der Spitze des Staates Ordnung und damit Wohlstand garantieren kann.

Die einst geordnete Welt scheint immer mehr in Unordnung zu geraten. Fest steht heute: Separatisten werden dazu beitragen, sie zu verändern. Auf welche Weise? Das lässt sich nur im Einzelfall beantworten. Die unterschiedlichen Motive und Ziele von Separatisten und Unabhängigkeitskämpfern zu beleuchten: dazu wollen die folgenden Kapitel von überall auf dem Globus beitragen. Dabei trägt jedes Beispiel eine eigene Facette zum Gesamtbild bei; die Kapitel bauen inhaltlich aufeinander auf. Zum Auftakt geht es um die Motive und Wünsche der Separatisten in Katalonien, Schottland oder Québec, die eine Loslösung aus Demokratien westlicher Prägung anstreben. Im Osten der Ukraine und in Transnistrien spielt das Vorbild Russlands eine wichtige Rolle. Die Separatisten in Somaliland wiederum haben längst alle Institutionen eines Staates gegründet, doch fehlt ihnen die internationale Anerkennung. So wie Somalia Anspruch auf ihr Territorium erhebt, so erhebt die Volksrepublik China Anspruch auf Taiwan als »unabtrennbaren Teil Chinas«. Die PLO, die seit Generationen um Anerkennung ihres Palästinenserstaates wirbt, gehört zu denen, die zumindest zeitweise mit Gewalt für ihr Ziel gekämpft haben. So tun es die Peschmerga und die PKK, deren Kampf für ein unabhängiges Kurdistan in den darauffolgenden Kapiteln vorgestellt wird. Die sudanesische Volksbefreiungsarmee dagegen hat ihr Ziel, einen eigenständigen Südsudan, mit Waffen erreicht – doch der jüngste Staat der Welt zerfällt bereits wieder.

Wie man sich erfolgreich und friedlich trennt, das zeigt dann das Beispiel Tschechiens und der Slowakei. Auch in Südtirol, wo die Unabhängigkeitsbewegung einst stark war, ist der Konflikt friedlich beigelegt worden – dank der europäischen Integration. Auf deren Kraft hofft man auch im unabhängigen Kosovo, der der internationalen Anerkennung Schritt für Schritt näher rückt. Wie man selber einen Staat macht, zeigen schließlich die Beispiele von Sealand und Liberland, die nicht zuletzt die Frage wieder aufwerfen, was einen Staat eigentlich ausmacht. Die Samen, die im darauffolgenden Kapitel vorgestellt werden, verstehen sich zwar als Nation, verzichten aber auf ihr eigenes Staatsgebiet. Das macht Kompromisse und Erfolge sehr viel einfacher als bei anderen Separatistenbewegungen und sichert den Samen – zumindest teilweise – die Unterstützung der anerkannten Staatengemeinschaft. Abschließend werden zwei grundsätzliche Fragen aufgegriffen, die in allen Kapiteln eine Rolle spielen: Wer ist im Recht – Separatisten oder ihre Gegner, die Verteidiger der etablierten Staaten? Und wie kann man es ganz praktisch schaffen, als unabhängiger Staat anerkannt zu werden? Der Blick nach Katalonien liefert im folgenden Kapitel dazu erste Anregungen

FRANKREICH

ANDORRA

SPANIEN

Sant Pere de Torelló ■

■ Vic

■ Girona

KATALONIEN

■ Lleida

■ Barcelona

Tarragona ■

Mittelmeer

0 _____ 50 km

Katalonien:
»Sie respektieren uns einfach nicht.«

Julia Macher

*Keine andere Region in Europa scheint so nah vor der Eigenständig-
keit zu stehen wie Katalonien. Seit Jahren streitet die Bevölkerung
gegen die Regierung in Madrid – mit gleichbleibender Begeisterung.
Der Traum vom eigenen neuen Land hat nicht nur den Verstand,
sondern auch die Herzen der Menschen erobert – als Utopia, in dem
alles möglich sein soll.**

In Sant Pere de Torelló ist man schon länger unabhängig: seit dem
3. September 2012. Damals rief sich das Dorf im grünen Vorge-
birge der Pyrenäen zum »freien katalanischen Territorium« aus.
Seitdem flattert die »Estelada«, die Flagge der Unabhängigkeitsbefürworter, auf dem Kreisverkehr am Ortseingang, eine gelb-rot
gestreifte katalanische Fahne mit blauem Dreieck und weißem
Stern. Das spanische Gesetz hat für die 2400 Einwohner nur mehr,
so steht es in der symbolischen Erklärung des Stadtrates, »provi-
sorischen Charakter«. Am spanischen Nationalfeiertag am 12. Oktober wird neuerdings gearbeitet. Und Jordi Fàbrega, der hemds-
ärmelige Bürgermeister, führt die Steuern der Verwaltung nicht
wie vorgeschrieben an das spanische Finanzamt, sondern an die
katalanische Steuerbehörde ab.

Gut 200 weitere Dörfer haben sich dem Beispiel inzwischen an-

---

*   Die Ergebnisse der Regionalwahlen vom September 2015 und der auf den
Herbst angesetzten spanischen Parlamentswahlen können im folgenden Text nicht
mehr berücksichtigt werden. Bei den katalanischen Regionalwahlen tritt Ministerpräsident Artur Mas gemeinsam mit der linksrepublikanischen ERC und Vertretern
verschiedener Bürgerplattformen mit einer Einheitsliste an. Spitzenkandidat ist
Raúl Romeva von den katalanischen Grünen. Erlangt die Liste die absolute Mehrheit,
soll innerhalb von sechs bis acht Monaten die Unabhängigkeit ausgerufen werden.
Mitbestimmend für die zukünftige Entwicklung wird die neue Regierung in Madrid
werden, die ebenfalls im Herbst 2015 gewählt wird.

geschlossen, und 720 der 946 katalanischen Gemeinden sind Mitglied der AMI (Associació de Municipis per la Independència), der Vereinigung der Kommunen für die Unabhängigkeit. Die kampfeslustige Organisation gehört wie der Kulturverein Òmnium und die Assemblea Nacional Catalana (ANC), die Plattform »Katalanische Nationalversammlung«, zu den Impulsgebern der katalanischen Unabhängigkeitsbewegung. Im Symbolpolitischen ist der Kampf um einen eigenen katalanischen Staat längst gewonnen: Die gelben Buttons der ANC prangen auf Schulranzen und Aktentaschen. In Kneipen hängen Fotos mit Bildern der »Via Catalana«, der 400 Kilometer langen Menschenkette, die sich 2013 von Pertús in den Pyrenäen bis nach Alcanar im Ebro-Delta zog. Selbst mancher Hipster aus Barcelona trägt Sneaker, auf denen dezente vier Streifen und ein aufgenähter Stern die politische Gesinnung kundtun.

»Unsere Bewegung geht quer durch die Gesellschaft«, sagen die Befürworter der katalanischen Unabhängigkeit gern. Hinter der separatistischen Bewegung steckt keine einzelne Partei. Im Parlament zieht sich der Traum von einem eigenen Staat von links nach rechts, von den basisdemokratisch verfassten Systemkritikern der CUP bis zur konservativ-liberalen Convergència von Artur Mas. Zur Unabhängigkeitsbewegung zählen Landwirte aus Vic, die stolz darauf sind, die katalanischen Nachnamen ihrer Vorfahren bis ins 14. Jahrhundert zurückverfolgen zu können und Spanien schon immer als fremden Staat betrachtet haben. Genauso gehören die in Barcelonas Speckgürtel großgewordenen Kinder andalusischer Einwandererfamilien dazu, die bis vor Kurzem noch die Titel der spanischen Fußballnationalmannschaft bejubelten.

Salvador Cardús gehört zu einer der vielen Gruppen, die sich dazwischen ansiedeln lassen. Der Volkswirt und Soziologe stammt aus Terrassa, einer Industriestadt, 30 Kilometer nordöstlich von Barcelona. Aufgewachsen in einer katalanischsprachigen Familie, wurde das Streben nach einem eigenen Staat für ihn erst mit den Jahren zur politischen Option. »Zu sagen, man sei schon immer Separatist gewesen, finde ich lächerlich«, sagt Cardús, »das ist ja keine Religion, auf die man getauft wird.« Cardús, Anfang 60, Jeans und kariertes Hemd, sitzt in einer Cafeteria neben der Uni, an der er unterrichtet. Vor ihm liegt ein Blatt Papier, auf dem er sich während des Gesprächs Notizen macht: Studien, die er nachreichen möchte, Daten, die er überprüfen will. Der Professor spricht gern und häufig mit der ausländischen Presse, als teilnehmender Beobachter eines Prozesses, den er für den »umwälzendsten der Gegenwart« hält. Er war Teil des »Beirats für die nationale Transition«, eines von der Regionalregierung ins Leben gerufenen Gremiums, das mögliche Wege und Szenarien einer Loslösung Kataloniens von Spanien ausgearbeitet hat. Sein Buch »Der Weg zur Unabhängigkeit« gehörte 2010 zu den ersten Bestsellern im inzwischen boomenden Geschäft mit Sachbüchern zum katalanischen Separatismus. »Spanien hat nie akzeptiert, dass es ein Vielvölkerstaat ist«, konstatiert Cardús. »Innerhalb des spanischen Staatsmodells, des Staats der Autonomien, kann sich Katalonien als Nation nicht entwickeln.« Damit spricht er gleich zwei Konzepte an, die fundamental für die Entwicklung der katalanischen Unabhängigkeitsbewegung sind: Das Selbstverständnis als Nation. Und das Scheitern des spanischen Staatsmodells. Ersteres ist die notwendige, das Zweite die hinreichende Bedingung des katalanischen Separatismus.

Reiseführer erklären die Andersartigkeit der Katalanen gerne mit der Gegenüberstellung von Klischees: Im Nordosten der Iberischen Halbinsel tanzt man Sardana statt Flamenco, isst Butifarra, Bratwurst, statt Paella. Und wo dem Bilderbuch-Spanier Kontaktfreudigkeit und Lebhaftigkeit unterstellt werden, gilt der Katalane als zurückhaltend und verschlossen, als Hamburger Spaniens gewissermaßen. Ist der Reiseführer gründlich, stehen in der Einleitung noch ein paar Sätze zur eigenen Sprache – Katalanisch wird von gut zehn Millionen Menschen gesprochen und ist eine der ältesten Literatursprachen Europas –und zur eigenen Geschichte des Landstrichs: zur spanischen Mark, von den Karolingern als Bollwerk gegen die Muslime errichtet; zur Blütezeit Kataloniens im 11. und 12. Jahrhundert; zur aragonischen Krone, unter der Katalonien zur bestimmenden Macht am Mittelmeer aufstieg. Und natürlich zum Spanischen Erbfolgekrieg, in dessen Folge die Grafschaft 1714 ihre Reste staatlicher Eigenständigkeit verlor und in das bourbonische Königreich eingegliedert wurde. Die Unabhängigkeitsbewegung hat aus 1714 erfolgreich ihre Stunde null gemacht. Im Camp Nou, dem gigantischen Stadion des FC Barcelona, skandieren die Fans bei jedem Match in Minute 17, Sekunde 14

»In-, Inde-, Independència«. Der 11. September, der Tag, an dem Barcelona von den bourbonischen Truppen nach einjähriger Belagerung eingenommen wurde, wird mit einem eigentümlichen masochistischen Gestus als katalanischer Nationalfeiertag (Diada Nacional de Catalunya) jährlich mit Pomp und Großdemonstrationen zelebriert.

Geschichte und eigene Sprache sind konstituierende Elemente des katalanischen Selbstverständnisses, doch den Aufschwung der Unabhängigkeitsbewegung erklären sie alleine nicht. Denn bis vor Kurzem dienten die »nationalen Besonderheiten« allenfalls einer Minderheit als Rechtfertigung für eine Sezession. Noch 2006 träumten lediglich 15 Prozent der Bewohner Kataloniens von einem eigenen Staat. 2013 waren es bereits beachtliche 48 Prozent. Der Anstieg erschließt sich erst im Zusammenhang mit der strukturellen, wirtschaftlichen und politischen Krise des spanischen Staatsmodells.

Spanien ist nicht föderal organisiert, sondern als »Staat der Autonomien« (Estado autonómico) mit 17 autonomen Gemeinschaften verfasst. Das Konstrukt ist ein Kompromiss, mit dem man die seit dem 18. Jahrhundert notorischen Spannungen zwischen der Zentralregierung und den peripheren »historischen Nationalitäten« der Iberischen Halbinsel, also Katalonien, Galicien und dem Baskenland, zu lösen versuchte. Die nach dem Tod des Diktators Franco 1975 von Oppositionellen und Regimekräften gemeinsam ausgehandelte Verfassung von 1978 definiert Spanien als »Nation der Nationalitäten«. Die Einheit der spanischen Nation gilt demnach als unauflöslich, im gleichen Artikel wird den Regionen und Nationalitäten, also den historisch gewachsenen Regionen mit eigener Sprache und Kultur, das Recht auf Autonomie garantiert. Ein Tauziehen zwischen Regionen und Zentralstaat war damit programmiert. Die um Ausgleich und Austarieren zwischen den Fronten bemühte Politik nach Francos Tod weitete den Autonomiestatus unter der Devise »café para todos«, »Kaffee für alle«, auf alle Regionen aus, nicht nur diejenigen mit eigener Sprache und nationalem Selbstverständnis: ein Versuch, die baskischen und katalanischen Bestrebungen nach einem Höchstmaß an Eigenständigkeit zu relativieren. Hinzu trat eine komplizierte Abstufung unterschiedlicher Kompetenz-Niveaus. Und: Nicht immer gab der Staat nach Übertragung der Kompetenzen die entsprechenden Hoheitsrechte tatsächlich ab. »Spanien hat es mit dem Autonomiemodell nie so richtig ernst gemeint«, resümiert Cardús. Diese These teilen inzwischen in Katalonien viele; sie ist zum Minimalkonsens der Unabhängigkeitsbewegung geworden. Und die meisten bekennen sich seit 2010 zu ihr, als das spanische Verfassungsgericht das vier Jahre zuvor vom katalanischen Parlament ausgearbeitete und per Referendum ratifizierte Autonomiestatut radikal beschnitt. Das Regelwerk sollte damals für klarere Verhältnisse im Wirrwarr um Kompetenzen und Zuständigkeiten sorgen und den »nationalen Charakter« Kataloniens anerkennen.

Salvador Cardús hat den Glauben an das System der Autonomien bereits 30 Jahre früher verloren, nach dem Putschversuch des Oberstleutnants der Guardia Civil Antonio Tejero gegen die junge spanische Demokratie am 23. Februar 1981. Infolge des missglückten Staatsstreichs einigten sich die regierende Zentrumspartei und die Sozialisten – unter Ausschluss der katalanischen und baskischen Nationalisten – auf das »Gesetz zur Harmonisierung des Autonomie-Prozesses«. Für die katalanische Regionalregierung war das Gesetz, das eine Angleichung der Statuten aller Regionen vorsah und die verfassungsähnlichen Autonomiestatute einem regulären spanischen Gesetz unterzuordnen versuchte, ein Affront. In Barcelona gingen Hunderttausende auf die Straße, Cardús veröffentlichte erste wütende Artikel. Dass der Konflikt zwischen Katalonien und Spanien nicht schon früher aufbrach, lag lediglich, so Cardús, an der wirtschaftlichen Prosperität der Vorkrisenjahre. Und an der Tatsache, dass die katalanischen Nationalisten auf zentralstaatlicher Ebene an der Regierung beteiligt waren.

Warum Katalonien überhaupt eigene Kompetenzen, eigene Gesetze brauche? Salvador Cardús lächelt nachsichtig. »Unsere Wirtschafts- und Sozialstrukturen sind anders. Hier hatten wir eine industrielle Revolution, Spanien ist eine Agrargesellschaft. Schon allein deswegen passen die Gesetze aus Madrid nicht zu uns. Im Gegenteil: Sie gefährden uns!« Dann setzt er an zu einem Exkurs über die Ladenschlussgesetze. Das katalanische, das – um die Interessen von Kleinunternehmen und Mittelständlern zu schützen – weniger Öffnungsstunden erlaubte, wurde von Madrid gekippt, das von internationalen Großunternehmen geprägt sei. Das Schienennetz: Seit 20 Jahren warte Barcelona auf zehn Kilometer Gleise, um seinen Industriehafen richtig nutzen zu können. Die Autobahnen: Der Staat baue schicke Schnellstraßen im bevölkerungsarmen Süden und lasse die Katalanen für ihre privat finanzierten Autobahnen teure Maut blechen. Cardús redet sich in Rage und landet schließlich bei jenen 16 Milliarden Euro, die Katalonien der Regionalregierung zufolge in die spanische Staatskasse abführt, ohne etwas zurückzubekommen. Auf neun bis zehn Prozent des katalanischen Bruttosozialprodukts belaufe sich der jährliche Steuertransfer: »Ohne Spanien wären wir längst so wohlhabend wie Dänemark oder die Niederlande.«

Mit diesem Verdikt enden fast immer die Debatten über die katalanisch-spanischen Beziehungen. Zumindest seit der Wirtschaftskrise ab 2008. Denn damals fuhr Madrid seine Investitionen auf ein Minimum zurück, in Barcelona kollabierte der Nahverkehr, das Stromnetz brach zusammen. Und die katalanische Politik entdeckte in der ungleich verteilten Steuerlast ihr großes Thema. Für Joaquim Coll ist der Fokus auf das Ökonomische der Beweis, dass der Aufschwung der katalanischen Unabhängigkeitsbewegung im Kern ein Phänomen der gehobenen Mittelklasse ist. Der Historiker und Journalist ist Mitbegründer der *Societat Civil Catalana*, der antisezessionistischen »Katalanischen Zivilgesellschaft«. Auch er ist ein gefragter Gesprächspartner, es gibt wenige katalanische Intellektuelle, die so vehement einen Verbleib Kataloniens in Spanien verteidigen. »Der Separatismus ist ein ideologisches Konstrukt der wirtschaftlichen und politischen Eliten.«

»Unsinn«, hält Cardús dagegen, »unter den schlechten Infrastrukturen leiden alle, und sei es, weil der Zug sie zu spät zur Arbeit bringt.«

Den katalanischen »independentisme« als reine Wohlstandsideologie abzutun, greift tatsächlich zu kurz. Diese Interpretation ist Nachhall einer Mediendebatte, die sich zunächst auf die Machbarkeit eines eigenen Staates konzentrierte. In den letzten Jahren erstellten Volkswirte und Politikwissenschaftler ein halbes Dutzend Studien, die die wirtschaftliche Tragfähigkeit und Prosperität eines unabhängigen Kataloniens beweisen, mit und ohne sofortige EU-Mitgliedschaft, mit und ohne Verbleib in der Eurozone.

Und es gibt ebenso viele Studien, die das Gegenteil behaupten, einem unabhängigen Katalonien die Überschuldung voraussagen, den Wegzug internationaler Unternehmen und einen Boykott durch die spanische Wirtschaft prognostizieren. Die Aussagekraft solcher Zahlenspiele ist begrenzt: Die prosezessionistischen Studien gehen zumeist von einer einvernehmlichen Trennung aus und unterstellen einem unabhängigen Katalonien die besseren Verwalter und klügeren Politiker; die antisezessionistischen legen das pessimistische Krisenpanorama der letzten Jahre zugrunde und rechnen fest mit der offenen Gegnerschaft Spaniens.

Tatsächlich täuscht die Debatte über die wirtschaftlichen Vor- oder Nachteile über eine wichtige Komponente hinweg: die emotionale. Denn natürlich geht es auch und zuallererst ums Gefühl, auf beiden Seiten. »Früher hat mich niemand gefragt, was ich bin – Katalane oder Spanier«, sagt Coll, »jetzt muss ich mich plötzlich entscheiden.« Er erzählt von Freunden, die sich seltener sehen oder das Thema Politik beim abendlichen Bier an der Bar bewusst aussparen. Von der absurden Situation, dass er sich jetzt zwischen seinen beiden Identitäten, der katalanischen und der spanischen, entscheiden müsse. »Eine Sezession ist unsolidarisch und undemokratisch«, sagt Coll, »in einer Demokratie darf ein Teil der Bevölkerung nicht über den gesamten Rest entscheiden.« Rechtmäßigkeit ist ein zentraler Begriff in der Argumentation der *Societat Civil Catalana.* Der Verein hat Dutzende Beschwerden und Strafanzeigen gegen Fernsehsender, Rathäuser und Institutionen eingereicht: wegen separatistischer Propaganda, wegen Ungleichbehandlung, wegen Rechtsbeugung.

Es ist genau diese Strategie, die den Separatisten Salvador Cardús zur Weißglut bringt: »Verbieten, verbieten, verbieten! Das ist das Einzige, was sie können!« Zur Beschreibung des spanisch-katalanischen Verhältnisses bemüht er das Bild von der Frau, die von ihrem Ehemann misshandelt und ignoriert wird und schließlich die Scheidung einreicht. Er erzählt von einem Leserbrief aus Madrid, den er als Antwort auf einen seiner Artikel erhalten hatte. »Der Leser stimmte meiner Forderung nach mehr Steuergerechtigkeit zu und schrieb: ›Andernfalls wird Spanien Katalonien verlieren – und das wäre doch wie die Amputation eines Arms.‹ Ich schrieb zurück: ›Sehen Sie, genau das ist Teil des Problems: Mit

Verlaub, mein Herr, ich bin nicht Ihr Arm, sondern ein vollständiger Körper.«« Auch Cardús geht es um das Emotionale. Die Kränkung, als Nation nicht vollständig anerkannt zu sein, sitzt tief.

Unter dem Motto »Sóm una nació. Nosaltres decidim« (»Wir sind eine Nation. Wir entscheiden«) zogen im Juli 2010 über eine Million Katalanen durch Barcelonas Innenstadt. Angeführt wurden sie von Vertretern der Generalitat, der katalanischen Regionalregierung. Es sollte die erste von mehreren institutionell geförderten Massenkundgebungen der jüngsten Zeit werden. Hintergrund war die schon erwähnte teilweise Suspendierung des katalanischen Autonomiestatuts von 2006 durch das spanische Verfassungsgericht. Für besonderen Unmut sorgte der Richterspruch zur Präambel. Diese erklärte Katalonien zur Nation, der Begriff dürfe jedoch, so das Gericht, keinerlei juristische Konsequenzen haben. Der Passus zu den »nationalen Rechten« wurde gestrichen. Für viele Katalanen ein Affront – und ein Grund, sich erstmals statt der traditionellen rot-gelb gestreiften Fahne die »Estelada«, das sternverzierte Symbol der Unabhängigkeitsbewegung, um die Schultern zu hängen. »Ens falten al respecte«, »Sie respektieren uns einfach nicht«, hieß es ab da immer wieder in Artikeln, Talk-Shows, am Tresen der Frühstücksbars. Das Wort vom »Greuge« beziehungsweise vom »Agravio« machte die Runde. Der Begriff lässt sich ins Deutsche sowohl als Kränkung wie auch als Schaden oder Unrecht übersetzen. Nach separatistischer Auffassung ist er eine Konstante in der spanisch-katalanischen Geschichte und reicht von der Repression unter dem Bourbonenherrscher Philipp V., dem spanischen König von 1700 bis 1746, der zur Bewachung der aufmüpfigen Katalanen eine Zitadelle ins Herz der Metropole setzte, über die Verbannung der katalanischen Sprache ins Private unter Franco bis in die Zeit der parlamentarischen Demokratie.

Salvador Cardús diktiert einen YouTube-Tipp in den Block. In dem kurzen Filmausschnitt von 2006 ist der Sozialist Alfonso Guerra zu sehen, wie er unter dem Gelächter seiner Parteigenossen erklärt, das katalanische Autonomiestatut habe man erfolgreich »abgemurkst«. Als Vorsitzender der Verfassungskommission sollte Guerra damals zwischen Zentralstaat und Autonomie vermitteln. »Wie soll man denn solchen Menschen, solchen Institutionen vertrauen?«, fragt Cardús mit verzweifeltem Unterton.

»Das war ein Zeichen tiefster Verachtung«, sagt auch Carme Forcadell. Die schmächtige Frau, von Beruf Sprachwissenschaftlerin, war vier Jahre lang Präsidentin der Unabhängigkeitsplattform ANC und kandidierte bei den katalanischen Regionalwahlen im September 2015 auf Platz zwei der Pro-Unabhängigkeitsliste. Das Hauptquartier der 2011 gegründeten ANC hat auch Jahre nach Gründung den Charme des Improvisierten. Auf den Fluren stehen Kartons mit Flyern, die Gipskartonwände der Büros wirken wie eben erst eingezogen. Das Provisorische ist Teil des Programms. Die Assemblea hat sich ganz dem Ziel der Unabhängigkeit verschrieben. Sobald Katalonien ein eigener, anerkannter Staat ist, löst sie sich auf, so steht es in den Statuten. »Hätten sie uns damals mehr Respekt gezeigt, hätten sie uns in Krisenzeiten nicht weiter als Melkkuh behandelt und Kürzungen aufgezwungen, dann hätte unsere Bewegung niemals einen solchen Zulauf bekommen«, sagt Forcadell. Druck erzeugt Gegendruck. »Wenn wir einst die Unabhängigkeit ausrufen, werden wir einer ganzen Reihe von spanischen Politikern hier Denkmäler bauen«, hat Alfred Bosch von der linksrepublikanischen katalanischen Regionalpartei Esquerra Republicana de Catalunya (ERC) einmal gesagt, Carme Forcadell stimmt dem Bonmot zu. Tatsächlich hat die Politik aus Madrid wesentlich zum Erstarken der Bewegung beigetragen. Vom Fiasko um das Statut erholten sich die Beziehungen nicht mehr, im Gegenteil: Mit der Wahl Mariano Rajoys Ende 2011 zum spanischen Premier verschärfte sich der Ton, die absolute Mehrheit von Rajoys konservativem Partido Popular (PP) im spanischen Parlament machte Rücksichtsnahmen überflüssig. 2012 versuchte der katalanische Ministerpräsident Artur Mas, eine Steuerhoheit nach baskischem Vorbild auszuhandeln. Madrid vertröstete auf bessere Zeiten, die Spannungen wuchsen. Forcadell und ihre Assemblea wussten das geschickt für ihre causa independentista zu nutzen und wurden so zum Katalysator der politischen Entwicklung.

2012 brachte die junge Plattform am katalanischen Nationalfeiertag »Diada« 1,5 Millionen Menschen auf die Straße; der liberale, katalanische Ministerpräsident Mas versuchte das als Druckmittel bei den Verhandlungen um die Steuerhoheit zu nutzen und schrieb schließlich vorgezogene Neuwahlen für den November 2012 aus. Die Forderung nach einem Unabhängigkeitsreferendum wurde laut. Die Regionalregierung zögerte zunächst, wollte im Tauziehen mit Madrid noch nicht die schweren Geschütze auffahren, sondern weiter auf den Weg des Verhandelns setzen: Jahrzehntelang war sie damit gut gefahren. Mas' politischer Ziehvater und Vorvorgänger im Amt des katalanischen Regierungschefs, Jordi Pujol, hatte in Madrid für stabile Verhältnisse gesorgt und im Gegenzug Konzessionen für Katalonien herausgeschlagen.

Die Assemblea fasste die Stimmung besser und organisierte zur Diada 2013 eine 400 Kilometer lange Menschenkette quer durchs Land. »Herr Präsident, wir wollen wählen«, deklamierte Forcadell. Drei Monate später verkündete Artur Mas das ersehnte Datum und eine, etwas komplizierte, Doppelfrage: »Möchten Sie, dass Katalonien ein eigener Staat wird?« und: »Wenn ja, möchten Sie, dass Katalonien ein unabhängiger Staat wird?« Die Antwort aus Madrid ließ nicht auf sich warten. Ein solches Referendum werde es nicht geben, sagte Rajoy, und das Verfassungsgericht verbot die Abstimmung. Die katalanische Regierung zog eine zweite Karte aus dem Ärmel: Statt eines Referendums sollte es eine »consulta«, eine Befragung nach katalanischem Recht geben.

Wieder flankierte die ANC: »V« wie »Votar«, wählen, oder »Victòria«, Sieg, nannte sie ihre dritte Großdemonstration. Am 11. September 2014 stellten sich Hunderttausende in Barcelona an zwei Hauptstraßen in Form eines gigantischen Siegeszeichens auf. Die spektakulären Bilder gingen um die Welt. Doch das Gesetz, das die Befragung ermöglicht hätte, wurde ebenfalls suspendiert. Die dritte Version sah dann nur noch eine »Erhebung im Rahmen einer Bürgerbeteiligung« am 9. November 2014 vor, technisch mit einer Anwohnerbefragung über die Gestaltung eines Spielplatzes zu vergleichen. Nach den vollmundigen Versprechen, ein »echtes Referendum« abzuhalten, war das juristisch und politisch eigentlich ein Fiasko, symbolisch aber dennoch ein voller Erfolg. Auf Veranlassung der Regierung hatte das Verfassungsgericht auch dieses Prozedere vorläufig suspendiert und die Teilnahme so zu einem heroischen Widerstandsakt geadelt. Dem Verbot zum Trotz bildeten sich bereits in den frühen Morgenstunden lange Schlangen vor den Wahllokalen. Manchen standen Tränen in den Augen, als sie den Umschlag mit ihrem Votum in den Pappkarton warfen. Andere twitterten Selfies mit Wahlzettel und Victory-Zeichen. Und in einem riesigen Pressesaal am Messegelände berichteten Korrespondenten aus Japan, Deutschland und den USA vom »Unabhängigkeitsreferendum«, bei dem über 80 Prozent mit Ja gestimmt hatten. Wie viele von den über 2,3 Millionen Wählern, etwa einem Drittel der Bevölkerung, in erster Linie aus Protest teilgenommen hatten, weiß keiner. Aber vor den zu »Wahllokalen« umgewidmeten Schulen bekannte mehr als einer: »Ich habe mit Ja-Ja gestimmt, weil ich die Madrider Politik zum Teufel wünsche.«

Ob der 9. November die Unabhängigkeit ein Stück näher gebracht hat oder nicht, darüber gehen die Meinungen auseinander. Für Joaquim Coll hat er lediglich bewiesen, dass das Thema die Mehrheit nicht interessiert: Schließlich seien fast 70 Prozent der Katalanen zu Hause geblieben. Für Carme Forcadell war es dagegen der Schritt, der den Weg zur Unabhängigkeit unumkehrbar gemacht hat. »Denn an diesem Tag«, sagt sie mit wohldosiertem Pathos, »haben wir endgültig die Angst verloren und gewählt, gegen das ausdrückliche Verbot des spanischen Staats.« Die Regionalwahlen vom September 2015 zu einem Plebiszit über die Unabhängigkeit erklärt zu haben, war für sie die logische Konsequenz des juristischen Hickhacks: »Diese Wahlen sind das Referendum, das man uns im Vorjahr verboten hat.«

Nüchtern betrachtet hat die Befragung vom 9. November 2014 zumindest das katalanische Widerstandspotenzial beziffert, auf 1 861 753: Das ist noch keine absolute Mehrheit für eine Sezession, aber eine Menge unzufriedener Menschen. Sie zu ignorieren, scheint politisch nicht sehr klug, noch dazu, wo im restlichen Spanien die katalanische Unabhängigkeitsbewegung die Gemüter weniger bewegt, als die politische Debatte vermuten lässt. Bei einer im Oktober 2014 veröffentlichten Umfrage des spanischen Meinungsforschungsinstituts CIS gaben lediglich 3,4 Prozent der Bevölkerung den Nationalismus einzelner Regionen als eines der drei zentralen Probleme des Landes an.

Der Debatte über die Motive, über das, was gewollt und was machbar ist, hat das »Referendum« eher geschadet. Manch einer blickte neidisch nach Schottland, wo im Vorfeld des Septemberreferendums 2014 Unionisten und Separatisten ganz sachlich Pro- und Kontra-Argumente austauschten. Diesseits der Pyrenäen machte das Wechselspiel aus Verboten und Protesten so etwas dagegen unmöglich.

So wurde der Traum vom eigenen Staat zur großen weißen Utopie, in der alles Platz hat: von einem sozialistischen Arkadien bis zum behäbigen Wohlfahrtsstaat für den katalanischen Mittelstand. Alles ist besser als der Status quo. In Sant Pere de Torelló, dem Rebellendorf im grünen katalanischen Osten, hängen gelbe Transparente vor den Fenstern mit den vorgedruckten Worten »Vull un pais: …«, »Ich möchte ein Land: …«. Den Platz dahinter sollte jeder nach Gusto ausfüllen; es war eine der vielen Aktionen der Assemblea Nacional Catalana im »Referendums«-Herbst 2014. »Ich möchte ein Land, in dem es jeden Tag Eiscreme zum Nachtisch gibt«, steht auf einem; »Ich möchte ein Land, das seine Ressourcen selbst verwaltet«, auf einem anderen, und schließlich, gegenüber: »Ich möchte ein Land, in dem nur die Küsse uns den Mund verschließen.« Demagogischer Polit-Kitsch seien solche Kampagnen, schimpft Joaquim Coll, sie treiben ihn zur Weißglut: »Was für Freiheiten werden hier denn unterdrückt? Spanien ist doch ein demokratisches Land.« Dann gibt er zu: »Die Separatisten haben das utopische Potenzial sehr geschickt zu nutzen verstanden.«

Wie es nun weitergeht? Schulterzucken. Mittelfristige Prognosen wagt keiner. Fest steht nur: Die katalanische Unabhängigkeitsbewegung wird Spaniens Politik auch unter neuen politischen Vorzeichen mitbestimmen. Sie ist längst zu einer festen Größe geworden.

Shetland-Inseln

Atlantischer Ozean

Nordsee

Inverness ■

Aberdeen ■

SCHOTTLAND

Stirling ●

● Edinburgh

Paisley ■ ■ Glasgow

ENGLAND

0   50 km

Schottland:
Nationalisten an der Macht
Nicola de Paoli

*Worauf Katalonien noch hofft, hat Schottland bereits hinter sich:
Das Referendum für die Unabhängigkeit fand am 18. September
2014 statt – und wurde knapp abgelehnt. Doch trotz der Niederlage
sind die Nationalisten so stark wie nie zuvor. Das Motto lautet: Jetzt
erst recht!*

Die schottische Regierungschefin Nicola Sturgeon winkt in die
Menge. Ihre Anhänger jubeln. Schottlandfahnen flattern und dazwischen Fahnen in Gelb und Schwarz, den Farben der schottischen Nationalisten. Großbritannien hat gerade ein neues Parlament gewählt. Als die ersten Hochrechnungen einlaufen, ballt
Nicola Sturgeon in einer Siegergeste ihre Hand zur Faust. Diese
Geste werden die Zeitungen an nächsten Morgen drucken und
außerdem die Zeile: Königin von Schottland.

Nicht erst seit der Wahl für das britische Unterhaus Anfang Mai
2015 wird die schottische Regierungschefin Nicola Sturgeon von
der Scottish National Party (SNP) von ihren Anhängern gefeiert wie
ein Popstar. Die Mitgliederzahlen der schottischen Nationalpartei
SNP haben sich in den Monaten nach dem gescheiterten Referendum über die Unabhängigkeit Schottlands am 18. September 2014
vervielfacht. 100 000 Mitglieder hat die SNP mittlerweile – und
das nicht nur in ihren bekannten Hochburgen wie Glasgow und
der Hafenstadt Dundee an der Ostküste. Mit 56 Sitzen ist die SNP
seitdem im britischen Parlament vertreten, nach nur sechs Sitzen
im vorherigen. Sie ist damit in Westminster die drittstärkste Kraft.
Die Nationalisten werden mit diesem Ergebnis die Politik im Vereinten Königreich prägen. Sie werde »Schottland in London eine
Stimme geben«, versprach Sturgeon im Wahlkampf. Die Nationalisten sitzen paradoxerweise an den Schaltstellen der Macht in

einem Land, das sie doch eigentlich am liebsten abschaffen würden. Was ist geschehen? Erst acht Monate vor der Wahl waren die Nationalisten mit dem Referendum für ein unabhängiges Schottland und das Ende des United Kingdom gescheitert. Doch das hat den Höhenflug der SNP nicht gestoppt – im Gegenteil: Die Partei hat in Schottland mehr Zulauf als jemals zuvor.

Nicola Sturgeon beherrscht inzwischen die Schlagzeilen nicht nur in den schottischen Medien, sondern in ganz Großbritannien. Ihr persönlich wird zu einem großen Teil der Erfolg der SNP zugeschrieben, der nach dem gescheiterten Referendum keineswegs selbstverständlich schien. Denn mit ihr ist es der SNP gelungen, die linke Politik der schottischen Regierung mit der Frage der schottischen Unabhängigkeit zu verknüpfen.

Sturgeon ist gelernte Anwältin und lebt in Glasgow. Schon im Alter von 16 Jahren wurde sie Mitglied der SNP und macht sich seitdem für die schottische Unabhängigkeit stark. Nachdem der frühere Regierungschef Alex Salmond nach dem verlorenen Referendum zurückgetreten war, trat sie aus seinem Schatten, übernahm die Regierungsgeschäfte und machte bald Wahlkampf für die Wahl des britischen Parlaments. Sturgeons Terminkalender ist zu dieser Zeit ziemlich voll. An einem regnerischen grauen Vormittag steht sie in Edinburgh an einer Bushaltestelle. Die SNP hat zu einem Pressetermin eingeladen. Dazu sind aber nicht nur Journalisten gekommen, sondern auch jede Menge SNP-Anhänger. Millimetergenau schieben sich vor dem Bürgersteig die Doppeldeckerbusse in die Parklücken hinein oder aus ihnen hinaus. Auf der Straße rauscht der Berufsverkehr vorbei. Die Alltäglichkeit dieser Szene steht in keinem Verhältnis zu der Begeisterung, die unter den zahlreichen SNP-Fans zu spüren ist. Die Atmosphäre ist fast familiär. »Nicola«, rufen ihre Anhänger, als Sturgeon endlich erscheint – und lassen sich gegenseitig den Vortritt, damit jeder mal gucken kann. Der Slogan der SNP lautet: »Together we make Scotland better.« Ein Wahlspruch, wie es in jedem Wahlkampf viele gibt. Mehr nicht. Das Interessante ist, dass die Menschen in der Menge so wirken, als würden sie diese Botschaft für bare Münze nehmen.

Die SNP will mehr soziale Gerechtigkeit und ein Ende der Sparpolitik, die Premierminister David Cameron seinem Land seit 2010 verordnet hat. Sozialausgaben sollen nicht gekürzt oder gestrichen werden. Außerdem sollen die britischen Atom-U-Boote, die derzeit an der schottischen Westküste liegen, lieber heute als morgen aus den schottischen Gewässern verschwinden. Die Unabhängigkeit ist derzeit kein Thema. Jedenfalls keins, das von irgendeiner politischen Stelle offiziell vorbereitet würde. Im Alltag sieht es allerdings anders aus. Obwohl das Referendum über die Unabhängigkeit gescheitert ist, ist im Land nichts mehr so wie vorher. Die Menschen haben ihre Einstellung zu politischen Themen verändert. Das Unabhängigkeitsreferendum hat die Schotten mobilisiert. Sie sei der SNP erst nach dem Volksentscheid beigetreten, sagt eine Frau, die am frühen Morgen zu der Bushaltestelle gekommen ist, um Nicola Sturgeon zu sehen. Ihre Parteimitgliedschaft sei eine Jetzt-erst-recht-Entscheidung: »Ich war enttäuscht vom Ausgang des Referendums.«

Die SNP stammt aus einem Zusammenschluss mehrerer politischer Organisationen und Vereine in den 1920er und 1930er Jahren. Mit der offiziellen Gründung im Jahr 1934 entstand eine Partei, die das schottische Nationalbewusstsein verkörperte und größere Autonomie forderte. Lange Zeit wurde die SNP nicht ernst genommen. Sie wurde als Highland-Partei belächelt. Relevante Politik zu machen oder gar Regierungsverantwortung zu übernehmen, das traute der SNP kaum jemand zu. Bereits in den 1960er Jahren vollzog die SNP einen erstaunlichen Wandel. Es gelang ihr, sich so zu organisieren, dass sie eine ernstzunehmende politische Kraft wurde. »Zwischen 1967 und 1969 erlebte die SNP einen dramatischen Boom«, schreibt der Historiker und Politikkenner Christopher Hardie in seinem Buch »Scotland and Nationalism«. Hardie saß für die SNP einige Jahre im schottischen Parlament. Als in den 1970er Jahren in der Nordsee Öl entdeckt wurde, spielte das der SNP in die Hände. Die Stadt Aberdeen wurde ein Zentrum für die Erdölindustrie, wie es in Europa kaum ein zweites gibt. Das Selbstbewusstsein der Schotten wuchs. Die Nationalisten waren bestens gerüstet, um aus dem Nordseeöl politischen Profit zu schlagen. Die SNP untermauerte das mit guten Wahlergebnissen bei den Unterhauswahlen im Jahr 1974. Der politische Druck auf die anderen Parteien, die Themen der SNP aufzunehmen, wuchs. Die damalige britische Labour-Regierung führte 1979 ein Referendum über die Übertragung von staatlichen Rechten an eine schottische Regierung durch. Doch die Abstimmung scheiterte.

1979 übernahm die konservative Tory-Regierung unter Margaret Thatcher in London die Macht. Unter ihrer Regierung verlor die SNP ihren Einfluss auf die britische Politik. Laut einer Meinungsumfrage von 1989 fühlten sich 77 Prozent der Schotten von der Thatcher-Regierung als Bürger zweiter Klasse behandelt. Das ist ein Grund dafür, dass die konservativen Torys bis heute in Schottland kein Bein auf den Boden bekommen. Erst 1997 folgte unter der Labour-Regierung von Tony Blair eine erneute Volksabstimmung. In der schottischen Hauptstadt Edinburgh sollte nach fast 300 Jahren wieder ein Parlament für Schottland entstehen. Labour hoffte, mit diesem Zugeständnis das Vereinte Königreich zu stärken und die nationale Gesetzgebungskompetenz in Westminster zu belassen. Das britische Parlament sollte weiterhin die Möglichkeit haben, Gesetze auch für Schottland zu machen. Obwohl das schottische Parlament nur eingeschränkte Befugnisse erhalten sollte, sprachen sich bei der Abstimmung mehr als 74 Prozent der Wahlberechtigten dafür aus. Bei den ersten Wahlen zum schottischen Parlament im Jahr 1999 erhielt Labour die Mehrheit. Die SNP wurde zweitstärkste Kraft.

Rückblickend unterschätzte die Labour-Spitze im fernen London wohl die Dynamik, die die Volksabstimmung und das neue Parlament in Schottland auslösten. Die Rechnung der Labour-Regierung von Tony Blair, die Union zu schützen, ging nicht auf. Das Parlament hatte Begehrlichkeiten geweckt. Und nicht nur das: Die Nationalisten nutzen die Schwäche ihrer einstigen Wegbereiter voll aus. Die SNP ist heute nur deshalb so stark, weil sich Labour als linke Kraft aus Schottland herausdrängen ließ. Dabei ist Schottland eigentlich traditionell das Stammland der Labour-Partei. In der Stadt Paisley beispielsweise, gut zehn Kilometer westlich von Glasgow, konnte sich Labour 70 Jahre lang auf die sichere Stimmenmehrheit aus dem linken Lager verlassen.

Paisley war einst berühmt für seine Webereien. Die Textilindustrie schuf Tausende Arbeitsplätze. Die Schiffswerften am River Clyde in Glasgow waren ebenfalls nicht weit entfernt und boten sichere Jobs. Viele dieser Arbeitsplätze sind im Laufe der Zeit verloren gegangen. Die Liste der Firmen, die schließen mussten oder abwanderten, ist deutlich länger als die Liste mit den Neuansiedlungen. Paisley müsste dennoch oder gerade deswegen eine Hochburg der linken Labour-Partei sein. Stattdessen zeigt sich hier das volle Dilemma von Labour, unter Tony Blair deutlich zur politischen Mitte gerutscht. Eine erst 20 Jahre alte Studentin nahm Labour bei den Unterhauswahlen im Mai 2015 nach 70 Jahren den Sitz im Handstreich ab. Mhari Black gewann den Wahlkreis Paisley und Renfrewshire South für die SNP aus dem Stand mit fast 51 Prozent der Stimmen. »Labour hat Schottland im Stich gelassen«, sagt sie. Und Paisley ist überall in Schottland. Die Kandidaten der Labour-Partei sind heute für viele Wähler nichts anderes als »Torys in Red«. Graham etwa ist zu einer Veranstaltung der SNP gekommen. Früher hat er Labour gewählt. Nun trägt der junge Mann das schwarz-gelbe Abzeichen der Nationalisten am Revers seiner Jacke. »Ich bin für die SNP«, sagt er. »Labour ist mir zu weit nach rechts gerückt.« Wie viele Anhänger die Labour Party in Schottland verloren hat, wurde bereits im September 2014 augenfällig, als es ihr nur mit Mühe gelang, ihre Anhänger und Mitglieder für die »No«-Kampagne zu mobilisieren, mit der sich die großen Parteien in London, Labour inklusive, gegen das Unabhängigkeitsstreben der Schotten und für den Verbleib in der Union ausgesprochen hatten. Auch dieser Schulterschluss mit den im Norden verhassten Tories ist Labour nicht gut bekommen.

Seit mehr als 300 Jahren sind Engländer und Schotten in einer Union vereint. Sie sprechen die gleiche Sprache, sie blicken zurück auf mehr als 300 Jahre gemeinsamer Geschichte. Engländer und Schotten haben nebeneinander in zwei Weltkriegen gekämpft, sie teilen die gleichen Werte. Ist das nicht mehr genug, um in einem Königreich vereint zu sein? Steht die Union vor dem Aus? Oder mit anderen Worten: Wie britisch sind die Schotten heute noch?

Der Erfolg der SNP habe nichts mit einem wachsenden Nationalismus im Land zu tun, auch wenn diese Vermutung naheliege – das sagt Jan Eichhorn vom sozialwissenschaftlichen Institut der Universität Edinburgh. Eichhorn hat die politische Einstellung der Schotten seit der Eröffnung des Parlaments im Jahr 1999 untersucht und kommt zu dem Ergebnis: »Das schottische Nationalbewusstsein ist nicht etwa gewachsen, sondern es schrumpft.« Die Forscher der Universität Edinburgh hatten für diese Untersuchung die Schotten nach ihrer Identität gefragt. Im Jahr 2006 bezeichnete sich noch rund ein Drittel (32 Prozent) der Befragten als »schottisch und nicht britisch«. Diese Zahl fiel 2014, also im Jahr des Unabhängigkeitsreferendums, auf 23 Prozent, also um fast ein Drittel. Im gleichen Zeitraum stieg dagegen die Zahl derer, die sich zu einer gleichermaßen schottischen wie britischen Identität bekannten, von 21 Prozent im Jahr 2006 auf 32 Prozent im Jahr 2014. Die Debatte um die schottische Unabhängigkeit hatte laut diesen Untersuchungen also herzlich wenig mit einem erstarkenden Nationalgefühl zu tun.

»Wir wurden gekauft und verkauft für englisches Gold«, klagte der schottische Nationaldichter Robert Burns über den Unionsvertrag von 1707. Eine Herzensangelegenheit war der Bund mit England auch vor 300 Jahren nicht. Tatsächlich war Schottland bei seinem Wechsel in die Union so gut wie pleite. Die Union bot die Möglichkeit, unter die Fittiche der wirtschaftlich starken Engländer zu schlüpfen. Als bei den Beratungen ein schottischer Unterhändler vom Mord an der mythischen schottischen Mutter Caledonia sprach, wies ihn ein anderer Abgesandter zurecht: Im Grunde gehe es doch immer nur darum, wer am Ende die Rechnung bezahle. Und das war London.

Mike Darling erzählt diese Geschichte gern den Touristen, die er in seinem Bus durch die Highlands fährt. Sie sollen verstehen, dass es materielle Gründe waren, die Schottland an England banden. Basis der Union sei keine demokratische Abstimmung des schottischen Volkes gewesen, sondern ein Deal weniger Abgesandter untereinander. Das Referendum 2014 sei die Chance gewesen, die Dinge richtigzurücken, sagt Mike. Diese Chance hätten die Schotten leichtsinnig verspielt: »Wir haben uns benommen wie kleine Kinder, die keine Verantwortung für sich übernehmen wollen.« Mike fühlt sich von London nicht vertreten. »Die britische Regierung kümmert sich in erster Linie um ihre englischen Wähler. Daraus kann man ihr gar keinen Vorwurf machen. In Schottland leben ja auch nur knapp über fünf Millionen Menschen«, sagt er. Wenn bei der EU in Brüssel beispielsweise über die Fischereirechte verhandelt werde, gebe es derzeit niemanden, der sich speziell für die schottischen Fischer starkmache, sagt Mike. Solche Dinge möchte er ändern. Seinen Sohn schickt er auf eine Schule, die in gälischer

Sprache unterrichtet. Er sagt: »Ich möchte meinem Sohn geben, was ich als Kind versäumt habe.« Gälisch wurde nach dem letzten großen Aufstand im Jahr 1746 lange Zeit von London massiv unterdrückt. Mittlerweile wird die Sprache von der schottischen Regierung wieder stark gefördert.

Der Fremdenführer fährt seine Gäste gern nach Stirling. Die Stadt liegt rund eine Stunde nördlich von Edinburgh. Sie spielt gemeinsam mit der gleichnamigen Burg eine wichtige Rolle in der schottischen Geschichte. Im Prunksaal der Burg hielten einst die schottischen Könige Hof. Stirling Castle, das möchte Mike den Urlaubern vermitteln, steht sinnbildlich für die Eigenständigkeit, die Schottland früher besaß. Nicht weit entfernt befindet sich das William Wallace Monument, das dem gleichnamigen schottischen Freiheitskämpfer gewidmet ist. Der Schotte Wallace, dessen Schicksal durch den Hollywood-Film »Braveheart« (1995) bekannt wurde, kämpfte Ende des 13. Jahrhunderts gegen England. Zu jener Zeit herrschte in Schottland ein politisches Machtvakuum, das sich der englische König Edward I. auf grausame Weise zunutze machte. Wallace führte den Aufstand gegen Edward I. an, und im Jahr 1297 kam es bei Stirling zur großen Schlacht zwischen beiden Heeren. Wallace ging als Sieger daraus hervor. Im Jahr darauf musste er allerdings eine Niederlage gegen Edward I. einstecken. Wallace wurde 1305 verraten und in London hingerichtet.

Der moderne Nationalismus des 19. und 20. Jahrhunderts, wie ihn die Scottish National Party im Namen trägt, hat allerdings nichts mehr gemein mit William Wallace und der Zeit der Schottischen Unabhängigkeitskriege des 14. Jahrhunderts. Dafür sorgte die einsetzende Industrialisierung im späten 18. Jahrhundert. Sie stellte das alte Schottland aus der Zeit vor 1707, geprägt von der Landwirtschaft und kleinen Selbstversorgerbetrieben, völlig auf den Kopf. In nur zwei Generationen wurde Schottland zu einem der am meisten industrialisierten Landstriche Europas. Die Stadt Glasgow ist in dieser Hinsicht vergleichbar nur mit dem Ruhrgebiet oder der Metropole London. Mit der industriellen Revolution wurden die Bindungen an das alte Schottland, die Kultur der Highlands und Clans, weitgehend gekappt. Mit der Schlacht von Culloden im Jahr 1746 kam es zur letzten Schlacht auf britischem Boden. Wenige Monate zuvor hatten die schottischen Jakobiter versucht, einen König nach ihrem Geschmack aus der Linie der katholischen Stuarts auf den britischen Thron zu hieven – vergebens. Mit einer massiven Militärintervention schlugen die Engländer und mit ihnen verbündete Schotten den Aufstand der Jakobiter nieder. Bei der Stadt Inverness entstand in den folgenden Jahren Fort George – das zu den bedeutendsten europäischen Militäranlagen des 18. Jahrhunderts zählte. Der Bau war so teuer, dass die Kosten dem damaligen schottischen Bruttosozialprodukt für ein ganzes Jahr entsprachen. Danach ließen die Engländer die Schotten weitgehend in Ruhe. Auch wenn schottische Gesetze fortan durch das britische Parlament mussten, so managten die Schotten ihre Belange auf lokaler Ebene weitgehend selbst. Wichtige Pfeiler der schottischen Gesellschaft waren und sind die protestantische Church of Scotland, die örtlichen Verwaltungen samt dem schottischen Rechtssystem sowie das Schulwesen. »Diese Institutionen der schottischen Zivilgesellschaft schufen das nationale Bewusstsein in der Bevölkerung«, schreibt der Historiker Christopher Harvie. Die Auswirkungen waren nicht nur positiv. In ihrem berüchtigten Report »The Menace of the Irish Race to our Scottish Nationality« aus dem Jahr 1923 sprach sich die Church of Scotland etwa für ein Ende der Einwanderung katholischer Iren nach Schottland aus, weil die Iren angeblich die presbyterianischen Werte der Schotten untergruben.

Doch gerade in den ländlichen Regionen und außerhalb der städtischen Metropolen wie Edinburgh und Glasgow erzählten sich die Menschen die Geschichten von schottischen Freiheitskämpfern oder dem von vielen verehrten König Robert Bruce (1274–1329) weiterhin. Die Wiederentdeckung von Schriftstellern wie Sir Walter Scott (1771–1832) ließ die Vergangenheit in einem geradezu magischen Schimmer leuchten.

Ob Schottenrock oder Dudelsack, je britischer die Schotten wurden, umso mehr suchten sie nach Symbolen, um ihre Besonderheit im British Empire zu unterstreichen. Und wofür stehen die Nationalisten heute? Wohin steuert Schottland? Führt der Kurs der SNP immer noch schneller aus der Union mit England, als viele Beobachter das nach dem Referendum im September 2014 für möglich gehalten hätten?

Wenn Nicola Sturgeon von »progressiver Politik« spricht, dann meint sie damit ein Ende der Sparpolitik, aber auch den Ausbau regenerativer Energien, vor allem der Windenergie. Ihre Wähler wünschen sich von den Nationalisten eine starke Opposition gegen die Tory-Regierung von David Cameron. »Die SNP hat es verstanden, in nur zwei Jahren das Thema soziale Gerechtigkeit mit der Frage der Unabhängigkeit zu verbinden«, sagt der Sozialwissenschaftler Eichhorn. Auch wenn die politischen Gegner noch mit der Rolle der SNP hadern, für viele Wähler ist sie eine Partei wie jede andere auch. Ihre Außenseiterrolle hat die SNP abgestreift. Im Jahr 2007 kamen die Nationalisten unter dem damaligen Regierungschef Alex Salmond in Form einer Minderheitsregierung in Schottland an die Macht. In den folgenden Jahren machte die SNP die Unabhängigkeit Schottlands zum Wahlkampfthema – mit Erfolg. Bei den Wahlen 2011 konnte die SNP zum ersten Mal in der Parteigeschichte die absolute Mehrheit der Stimmen in Schottland gewinnen.

Die Stimme Schottlands müsse lauter werden. Nicola Sturgeon wird nicht müde, diesen Satz wieder und wieder in die Mikrofone der Journalisten zu sprechen, die zu dem Pressetermin erschienen sind. Ihre Berater drängen zum Aufbruch. Hinter der schottischen Regierungschefin hängt ein großes Plakat an einer Häuserwand. »More SNP Seats – More Power for Scotland«, steht darauf. Im Referendum hatten sich 45 Prozent der Wähler für »Ja« zur Unabhängigkeit entschieden, 55 Prozent, und damit eine Mehrheit, waren dagegen. Es gibt nur einen Unterschied: Die Mehrheit der »No«-Wähler ging nach der Abstimmung wieder nach Hause. Die »Yes«-Wähler und Unterstützer der SNP dagegen sind noch auf den Straßen. Sie stehen im leichten Nieselregen im morgendlichen Berufsverkehr und jubeln bei jedem Satz, den Sturgeon sagt, als hätten sie gerade das große Los gezogen. »Together we can make Scotland better« – das ist es, was sie treibt.

Der schottische Nationalismus der Moderne wird oft auch als »civic nationalism« bezeichnet. Er macht sich nicht fest an kulturellen oder sprachlichen Unterschieden. Für viele Schotten führt nationale Selbstbestimmung vor allem zu einer besseren Gesellschaft oder zu besseren Lebensbedingungen, die allen Menschen im Land zugutekommen. Im Unabhängigkeitsreferendum von 2014 ging es daher nicht allein darum, ob Schottland künftig ein selbständiger Staat sei. Es habe auch die ganz pragmatische Frage im Raum gestanden, ob es den Wählern in einem unabhängigen Schottland besser ginge, sagt Sozialwissenschaftler Eichhorn: »Die SNP konnte diese Frage nicht überzeugend genug beantworten. Daran ist sie gescheitert.« Trotzdem haben die Abstimmung und die 45 Prozent Zustimmung ein gutes Fundament geschaffen, auf das die Nationalisten nun bauen können. Besonders deutlich wird die Politisierung bei den jungen Leuten. Bei den schottischen Parlamentswahlen im Jahr 2011 lag die Wahlbeteiligung in der Altersgruppe zwischen 18 und 24 Jahren bei 30 Prozent. Bei einer Befragung vor dem Unabhängigkeitsreferendum antworteten mehr als 50 Prozent aus dieser Altersgruppe, sie würden mit sehr großer Wahrscheinlichkeit zur Wahl gehen. Die Zahl der Jugendlichen, die sich einer konkreten Partei zugehörig fühlen, ist ebenfalls gestiegen. Davon kann vor allem die SNP profitieren, die bei jungen Menschen in Schottland in der Beliebtheitsskala ganz oben steht.

Jeweils nur einen einzigen Sitz konnten Konservative, Labour und die Liberalen bei den britischen Unterhauswahlen im Mai 2015 in Schottland erringen. Dem britischen Mehrheitswahlrecht zufolge gewinnt der Kandidat mit den meisten Stimmen. Dagegen spiegelt das Mehrheitswahlsystem den Proporz der Parteilisten nicht wider. Viele Stimmen gingen damit verloren. Das hatte das Ergebnis der jüngsten Wahlen aus Sicht der SNP-Gegner verzerrt. Es gibt in Schottland entsprechend viele »No«-Wähler, die sich mit ihren Interessen und mittlerweile auch Sorgen um die Zukunft des ganzen Landes alleingelassen fühlen. John Sutton hat eine Schaffarm im Süden von Edinburgh. Seine Familie ist seit Generationen in den sanften grünen Hügeln der Lowlands verwurzelt. Er hat die Farm von seinem Vater übernommen, der hatte sie von seinem Vater. In wenigen Jahren wird sich John auf sein Altenteil zurückziehen und seinem Sohn die Farm übergeben. Seine Familie hat Arbeitsplätze geschaffen und gerade in ein neues Café investiert, das Touristen anlocken soll. Im September 2014 hat John mit »Nein« gestimmt. Er will im Vereinten Königreich bleiben und fühlt sich trotzdem als Schotte. Daher ärgert es ihn, dass die SNP so tut, als seien nur ihre Anhänger die wahren Patrioten. Auch er will das Beste für sein Land. »Wir sollten bei der Union bleiben«, sagt er.

Schaffarmer in Schottland haben es nicht leicht. Wenn das Frühjahr wie 2015 zu kalt und zu nass ist, verenden viele Lämmer auf der Weide. Ein paar hat John eigenhändig mit der Flasche hochgepäppelt. Wenn er sie im Spätsommer zum Schlachthof bringt, werden die Margen gering sein. John wird in britischen Pfund bezahlt. Welche Währung wird ein unabhängiges Schottland haben? Diese Frage blieb in der Debatte um die Unabhängigkeit im September 2014 bis zum Schluss unbeantwortet. Das war ein wichtiger Grund dafür, dass viele Wähler sich letztlich doch für die Union aussprachen. Was bliebe von den geringen Margen für Johns Farm wohl übrig, wenn sie eines Tages dann noch von ungünstigen Währungsschwankungen und Wechselkursen aufgefressen würden?

»Together we can make Scotland better«, so lautet der Wahlspruch der schottischen Nationalisten. Doch wer entscheidet eigentlich, was gut für Schottland ist? Es gibt in Schottland viele Menschen, die ein Problem mit diesem Slogan haben. Weil die SNP ihrer Meinung nach eine schlechte Bildungspolitik macht. Weil sie glauben, dass die Sparpolitik von David Cameron die britische Wirtschaft ankurbelt. Oder weil sie, wie John, einfach in der Union bleiben wollen. »Together we can make Scotland better« – das hat für sie etwas Ausgrenzendes, um nicht zu sagen: Bedrohliches. Viele von ihnen spielen mit dem Gedanken, aus Schottland wegzuziehen, sollte das Land eines Tages doch unabhängig werden. Sie verstehen nicht, was um sie herum passiert. Menschen, die ihr ganzes Leben oder zumindest jahrzehntelang hier gelebt haben, beschleicht das Gefühl, Fremde im eigenen Land zu sein. Immer wieder gibt es Berichte über hässliche Zusammenstöße und fiese Internetattacken. Daher hat John Sutton im wahren Leben einen anderen Namen. Er hat keine Lust, seinen Namen gedruckt zu sehen. Seine Familie kann nicht einfach gehen. Er wird bleiben, egal was in den kommenden Jahren passiert. Die Nationalisten werfen ihn aus Großbritannien hinaus, sagt er. Vielleicht muss er irgendwann einmal seinen britischen Pass abgeben. »Irgendwann werden wir eine schottische Republik sein«, sagt er und rührt in seiner Kaffeetasse. Das soll ein Scherz sein. Doch Johns Lachen klingt bitter.

Konservative, Labour und Liberaldemokraten im fernen London hatten den Schotten in einer Panikattacke unmittelbar vor dem Referendum mehr Rechte zugesagt – als es kurzzeitig danach aussah, als würden sich die Schotten tatsächlich loslösen vom Rest Großbritanniens. Das lässt nun komplizierte verfassungsrechtliche Konflikte entstehen. Eine Regierungskommission, die nach ihrem Vorsitzenden »Smith-Commission« genannt wird, soll Vorschläge für weitergehende Zugeständnisse an die Regionalparlamente machen. Die britische Regierung hat bereits Pläne für eine »Scotland Bill« vorgestellt. Das neue Gesetz würde Schottland weiterreichende Befugnisse bei der Erhebung und Verwendung von Steuergeldern einräumen, als sie ohnehin jetzt schon bestehen. Regierungschefin Sturgeon sagte dazu in einer ersten Reaktion, die Vorschläge seien »in fast jeder Hinsicht unzureichend«.

Daneben ist es weder den Walisern noch den Nordiren gelungen, genügend politischen Druck für eine eigene Rolle in der Verfassungsdebatte aufzubauen.

Als am Abend des 18. September 2014 die Wahllokale schlossen und die Stimmen für und gegen Schottlands Unabhängigkeit ausgezählt wurden, schien es undenkbar, dass sich eine Abstimmung über die Zukunft des Landes schon bald wiederholen könnte. Bereits wenige Monate später sah das anders aus. Dabei ist die Frage, ob es schon bald ein neues Referendum geben wird, für Nicola Sturgeon leicht zu beantworten: »Schottland wird unabhängig, wenn die Mehrheit das will.« Und dieser Fall könnte schon bald eintreten. Denn ein weiterer Volksentscheid steht bald ins Haus: der über die weitere EU-Mitgliedschaft Großbritanniens. So hat Großbritanniens Premierminister David Cameron es versprochen. Sollten die Engländer die EU verlassen wollen, wäre damit bei den traditionell europafreundlichen Schotten der Boden für ein weiteres Referendum bereitet. Laut einer Untersuchung der Universität Edinburgh geht die Mehrheit der Briten schon jetzt davon aus, dass Schottland die Union früher oder später verlassen wird.

Ganz ähnlich waren die Erwartungen allerdings, als ein ähnliches Referendum wie in Schottland 1995 im kanadischen Québec knapp verloren ging. 20 Jahre später hat sich das Bild dort grundlegend gewandelt. Das nächste Kapitel beleuchtet auch, was die Québecer Separatisten nach dem gescheiterten Referendum falsch – und was die Föderalisten richtig gemacht haben. Ein Beispiel für London und Edinburgh?

Hudson
Bay

KANADA

QUÉBEC

Lac St. Jean

Golf of
St. Lawrence

Québec

Gatineau

KANADA

Montreal

Ottawa

USA

0   300 km

Québec:
Langes Warten auf die nächste Chance
Gerd Braune

Québec hat eine ähnliche Geschichte wie Schottland hinter sich. Die Abspaltung der französischsprachigen Provinz im Osten Kanadas schien vor 20 Jahren greifbar nah. Der separatistische Parti Québécois frohlockte bereits, verlor dann aber knapp. Heute ist die Bewegung so schwach wie nie. Schuld daran trägt auch sie selbst.

Es waren die letzten Tage des Oktober 1995. Die »Föderalisten«, Befürworter des geeinten Kanada, befürchteten eine Niederlage im zweiten Unabhängigkeitsreferendum für Québec und damit das Ende Kanadas, wie sie es kannten und liebten. Ein Jahr zuvor hatte der Parti Québécois (kurz PQ) unter Jacques Parizeau die Parlamentswahl in der Provinz Québec gewonnen und ein neues Unabhängigkeitsreferendum – das zweite nach 1980 – angesetzt. Zu lange hatte sich die Bundesregierung unter Führung des aus Québec stammenden Premierministers Jean Chrétien darauf verlassen, dass die Québecer erneut ein eindeutiges Nein zur Abspaltung ihrer Provinz von Kanada sprechen würden. 1980 hatten die Separatisten schließlich nur 40 Prozent der Stimmen erhalten. Und tatsächlich sah es zunächst so aus, als ob sich die Erwartungen erfüllen würden. Aber dann übernahm Lucien Bouchard die Führung der Ja-Kampagne der »Souveränisten« von Jacques Parizeau. Parizeau genoss den Respekt der Québecer. Er war ein aus einer wohlhabenden Montrealer Familie stammender Ökonom, der seinen Doktortitel an der London School of Economics erworben hatte, in der ersten PQ-Regierung der Provinz Québec Ende der 1970er Jahre das Amt des Finanzministers bekleidete und seit September 1994 selbst Premierminister von Québec war. Die Québecer achteten ihn, aber er erreichte mit seinen oft sehr abstrakten Reden und seinem gepflegten Französisch nicht ihre Herzen.

Anders Bouchard, der aus einer kleinen Gemeinde am Lac St. Jean stammt. »Dieser Mann sprach mit dem Rhythmus und dem Akzent der Leute dieser abgelegenen Region, präzise und einfach«, erinnert sich Paul Lavoie, ein mittlerweile im Ruhestand lebender Ökonom und Finanzberater, der ebenfalls aus der Region am Lac St. Jean stammt und ein Befürworter der Unabhängigkeit Québecs ist. »Die Leute liebten Bouchard, sie bewunderten ihn nicht nur.«

Bouchard konnte zu diesem Zeitpunkt bereits auf eine bewegte Politikerkarriere blicken. Obwohl er sich als Québecer Nationalist fühlte, hatte er sich von seinem Studienfreund Brian Mulroney, der von 1984 bis 1993 Premierminister Kanadas war, 1985 als Botschafter Kanadas nach Frankreich schicken lassen. Er hatte bei der Bundeswahl 1988 einen Sitz im Parlament in Ottawa gewonnen und war in Mulroneys Kabinett zum Umweltminister aufgestiegen. Dann aber überwarf er sich mit dem ebenfalls aus Québec stammenden Mulroney und gründete mit weiteren konservativen und liberalen Abgeordneten aus Québec eine eigene Partei und Fraktion, den Bloc Québécois, der sich als Partner des Parti Québécois auf Bundesebene verstand.

Damit war Bouchard im Bundesparlament das Sprachrohr der Souveränitätsbewegung. Bei der Wahl 1993 wurde der Bloc zur stärksten Oppositionspartei im kanadischen Parlament. Ende November 1994 erkrankte Bouchard an einer lebensgefährlichen Infektionskrankheit, der nekrotisierenden Fasziitis. Sein Leben konnte nur durch Amputation eines Beines gerettet werden. Nicht nur Québec, sondern auch Anglokanada, das Bouchards politischen Zielen überwiegend ablehnend gegenüberstand, bangte um den Politiker. Als er drei Monate später, gestützt auf einen Stock, erstmals wieder das Parlament betrat, feierte ihn das Abgeordnetenhaus mit einem der seltenen Momente parteiübergreifender Sympathie.

Ob dieser Überlebenskampf in Québec die Zuneigung der Bevölkerung für Bouchard noch verstärkte, lässt sich nicht eindeutig beantworten. Sicher aber ist, dass Bouchard anders als Parizeau die Emotionen der Québecer ansprechen konnte. Er wendete im Referendumswahlkampf die Stimmung. Er sprach von einer neuen Beziehung zwischen Québec und Kanada und einer neuen gemeinsamen Zukunft beider Völker, die sich dann auf Augen-

höhe begegnen würden, wenn Québec »als eine Nation die Welt-
bühne betreten wird«. Die Bundesregierung in Ottawa erwischte
er kalt. Chrétien hatte nicht nur fest mit einer Niederlage der
»Souveränisten« gerechnet. Er hatte auch keine Pläne für den Fall
eines Separatistensiegs ausarbeiten lassen in der Angst, er könne
panisch wirken. In einer Fraktionssitzung kurz vor dem Referendum soll Chrétien, wie Teilnehmer später berichteten, Tränen
in den Augen gehabt haben, als er die Möglichkeit der Spaltung
Kanadas beschrieb.'

In dieser angespannten Atmosphäre kamen mehrere angloka-
nadische Minister zusammen, um über die Konsequenzen eines
»Ja« zu beraten. Einer von ihnen war der damalige Fischereiminis-
ter Brian Tobin. »Wer sollte dann für Kanada sprechen? Wer sollte
verhandeln? Auf dem Spiel stand das Land und für Mr. Chrétien
seine politische Zukunft«, erinnert er sich. Wichtige Ressorts wurden zu dieser Zeit von Politikern aus Québec geführt, etwa das Fi-
nanzressort von Paul Martin aus Montreal, der später von 2003 bis
2006 kanadischer Premierminister war. Für die anglokanadischen
Minister stand fest, dass im Falle eines Erfolgs der Souveränisten die Verhandlungen aufseiten Kanadas – Rest of Canada, ROC,
wie es damals hieß – nicht von Bundespolitikern geführt werden
konnten, die aus Québec stammten.

Am 30. Oktober 1995 stimmten die Québecer ab. Es war, wie die
Journalistin Chantal Hébert in ihrem im Herbst 2014 erschienenen
Buch »The Morning After« beschreibt, »the day that almost was« –
der Tag, an dem Kanada sich fast spaltete, an dem es fast heißen
sollte: Das war es dann. Die Spannung war unglaublich. Die Referendumsfrage war langatmig und unklar, nicht so direkt wie beim
Referendum in Schottland im September 2014. »Stimmen Sie zu,
dass Québec souverän werden soll, nachdem es Kanada im Rahmen des Gesetzes über die Zukunft Québecs und der Vereinbarung
vom 12. Juni 1995 ein formales Angebot für eine neue ökonomische und politische Partnerschaft gemacht hat?«, hieß es auf den
Wahlzetteln. In der dramatischen Referendumsnacht lagen zunächst die Separatisten vorn. Erst gegen 22 Uhr überwog das Nein
zur Spaltung Kanadas – und im Endergebnis wurde der Verbleib
Québecs mit 50,6 zu 49,4 Prozent der Stimmen knapp bestätigt.
Mehr als viereinhalb Millionen Québecer, 93,5 Prozent der Wahl-

berechtigten, beteiligten sich an der Abstimmung. Am Ende machten gerade einmal 54 288 Stimmen den Unterschied. Es war, wie kanadische Medien später schreiben sollten, Kanadas »Nahtoderfahrung«.

Bis heute sind viele Föderalisten der Meinung, dass nur die unklare Referendumsfrage zu diesem knappen Ergebnis führte, weil etliche derer, die »Ja« stimmten, eigentlich nur ein Mandat für Verhandlungen über eine Neugestaltung der kanadischen Föderation geben wollten, nicht aber für Separation. Die unklare Referendumsfrage und der knappe Ausgang des Referendums veranlassten die Regierung Chrétien, sich hilfesuchend an den Supreme Court, den Obersten Gerichtshof des Landes, zu wenden und anzufragen, ob Québec einseitig die Unabhängigkeit erklären könne. In ihrer Antwort auf die sogenannte Québec Secession Reference erklärten die neun Verfassungsrichter, dass eine einseitige Trennung ohne Änderung der Verfassung illegal wäre. Sie schrieben der Bundesregierung und den Provinzen aber auch ins Buch, dass diese bei einer »klaren Mehrheit« der Québecer, die auf einer »klaren Referendumsfrage« beruht, verpflichtet seien, »in gutem Glauben« mit Québec darüber zu verhandeln. Auf der Grundlage der Entscheidung des Supreme Court verabschiedete das Parlament in Ottawa das »Klarheitsgesetz« (Clarity Act/Loi de la clarté référendaire). Es legt fest, dass das kanadische Parlament darüber entscheidet, ob eine Referendumsfrage und das Abstimmungsergebnis »klar« sind. Québec reagierte darauf mit einem eigenen Gesetz (Loi 99), das der Provinz das Recht auf Unabhängigkeit nach einem Votum von 50 Prozent plus einer Stimme gibt. Das Klarheitsgesetz ist insofern selbst unklar, als es nicht festlegt, was eine »klare Mehrheit« ist. Ob das Klarheitsgesetz des Bundes oder das Québecer Gesetz 99 verfassungskonform ist, wird im Zweifelsfall der Supreme Court entscheiden müssen, der sich mit dieser Frage aber noch nicht befasst hat. Ob die Gesetze jemals angewendet werden müssen?

In der dramatischen Referendumsnacht, als das knappe Ergebnis feststand, hatte Parizeau angekündigt, Québec werde nicht noch einmal 15 Jahre warten. »Wir wollen unser Land und wir werden es haben«, verkündete er voller Überzeugung. Die Spaltung der Bevölkerung Québecs in zwei beinahe gleich große Blöcke gab, wie Chantal Hébert schreibt, wenig Hoffnung, dass Québec und Kanada jemals wieder glücklich zusammenleben würden. Inzwischen aber sind 20 Jahre vergangen, ein Referendum ist nicht in Sicht, und die beiden Parteien, die die Souveränität Québecs auf ihre Fahnen geschrieben haben, der Bloc Québécois im Bundesparlament und der Parti Québécois im Parlament der Provinz Québec, liegen am Boden. Wie konnte es dazu kommen?

Kanada besteht aus zehn Provinzen und den drei nördlichen Territorien. Québec ist formal nur eine dieser zehn Provinzen. Aber Québec ist mit 1,5 Millionen Quadratkilometern flächenmäßig die größte Provinz Kanadas, deutlich größer als das benachbarte Ontario, rangiert allerdings bei der Bevölkerungszahl mit heute etwa 8,2 Millionen Einwohnern hinter Ontario, wo 13,6 Millionen Kanadier leben, unter anderem in Kanadas größter Stadt Toronto. Auch Ottawa, die Hauptstadt, liegt in Ontario. Diese Zahlen sagen jedoch nicht alles. Kanadas Geschichte ist Québecs Geschichte, und auf diese Geschichte sind die Québecer stolz. Jacques Cartier nahm in der ersten Hälfte des 16. Jahrhunderts das Land am St.-Lorenz-Strom für die französische Krone in Besitz. Samuel de Champlain gründete 1608 die Stadt Québec und kam bis in die Gegend des heutigen Ottawa. Die »Coureurs de bois«, die »Waldläufer«, drangen von Québec aus bis weit nach Westen vor. Im militärischen Ringen auf dem Kontinent dominierten aber schließlich die Engländer, denen Frankreich 1763 im Frieden von Paris seine nordamerikanischen Provinzen abtreten musste. 1867 war Québec eine der vier Provinzen, die den neugegründeten Staat Kanada bildeten.

Die Animositäten zwischen Franko- und Anglokanadiern ziehen sich durch die Geschichte des Landes. Bereits in der Lower Canada Rebellion von 1837 artikulierte sich erstmals der Widerstand frankokanadischer Patrioten und Nationalisten gegen die britische Dominanz. Die Einführung der Wehrpflicht während des Ersten Weltkriegs stieß auf den Widerstand der Québecer Bevölkerung, und vereinzelt wurden in den 1930er Jahren erneut nationalistische Rufe laut.

Als ernstzunehmende politische Kraft aber tauchte die Souveränitätsbewegung in Québec erst in den 1950er und 1960er Jahren auf. Die Québecer, die ihre Provinz als eigenes Land sehen möchten, sprechen nicht gerne von »Separatismus«. Sie empfinden diesen Begriff als negativ besetzt, als beleidigend. »Separatismus« hat für sie den Beigeschmack von Zerstörung, aber sie sehen Unabhängigkeit als das Erreichen von etwas Neuem, wählen lieber das positiver besetzte Wort »Souveränität«. Die politischen Kräfte, die diese Bewegung unterstützen, sind die »Souverainistes«, die »Souveränisten«. Heute taucht immer häufiger der Begriff »Indépendistes« (mit dem Bezug auf »Unabhängigkeit«) auf.

Die Basis aller Bestrebungen nach Unabhängigkeit war die latent vorhandende Angst, als Teil eines überwiegend englischsprachigen Kanada im auch ansonsten anglofonen Nordamerika völlig assimiliert zu werden und unterzugehen. Hinzu kommen die religiösen Unterschiede: dem überwiegend protestantischen Anglokanada stand der Québecer Katholizismus gegenüber. Québec sieht sich als eigene Nation mit einer anderen Kultur, einer anderen Sprache und einem anderen Glauben. Das Parlament von Québec ist nicht, wie in anderen Provinzen, ein Provinzparlament, sondern die Assemblée Nationale, die Nationalversammlung. Québec sieht sich nicht als eine von zehn Provinzen, sondern eine von zwei Gründungsnationen Kanadas. Sich gegen die Bundesregierung in Ottawa behaupten zu müssen, gehört zu Québec wie die Lilienflagge, Ahornsirup und die Eishockeymannschaft der Montreal Canadiens.

Als »Révolution tranquille«, »Stille Revolution«, ging die Regierungszeit von Québecs Premier Jean Lesage Anfang der 1960er Jahre in die Geschichte ein. Lesages Liberale Partei hatte 1960 die sozialkonservative, eng mit der römisch-katholischen Kirche verbundene Union Nationale, die Québec seit den 1940er Jahren regiert hatte, abgelöst. Die Québecer, so Lesage, sollten »Herr im eigenen Haus« werden, »Maître chez nous«. Québecs Gesellschaft wurde modernisiert und säkularisiert. Der Einfluss der Kirche wurde drastisch gestutzt, das Erziehungswesen, bis dahin von der Kirche kontrolliert, modernisiert und die Energieversorgung verstaatlicht. Zugleich stellte ein von der Bundesregierung unter Premierminister Lester Pearson (von 1963 bis 1968 im Amt) initiierter Bericht über »Bilingualismus und Bikulturalismus« fest, dass die Québecer in ihrer eigenen Provinz benachteiligt würden. Auch im Wirtschafts- und politischen Leben nahmen sie nicht den

Platz ein, der ihnen aufgrund ihres Bevölkerungsanteils eigentlich zustand. Frankofone in Québec verdienten im Schnitt deutlich weniger als Anglofone, und mehr als 80 Prozent der Arbeitgeber waren anglofon.

Politische Gruppen formierten sich, die die Abtrennung Québecs von Kanada und die Gründung eines unabhängigen Staates Québec forderten. Die größte war zunächst die Sammlungsbewegung für Nationale Unabhängigkeit, der Rassemblement pour l'indépendance nationale, kurz RIN. 1968 schloss sie sich mit dem Mouvement Souveraineté-Association zum Parti Québécois zusammen. Geführt wurde der PQ von René Lévesque, einem populären und dynamischen Politiker, einem früheren Rundfunkjournalisten und Minister der liberalen Provinzregierung. Er sollte mehr als zehn Jahre die Politik in Québec und darüber hinaus in Kanada prägen und mitbestimmen. Er ist der »Übervater« der Souveränitätsbewegung, an den heute in Québec Straßen, Plätze und Denkmäler erinnern.

Auch in Europa viel beachtet wurde der Auftritt des französischen Präsidenten Charles de Gaulle bei seinem Staatsbesuch in Kanada anlässlich der Weltausstellung in Montreal 1967. Sein »Vive le Québec libre« vom Balkon des Rathauses von Montreal schockierte Anglokanada und begeisterte separatistisch gesinnte Québecer.

Zu dieser Zeit wurde die Separatismusbewegung bereits von Gewalttaten überschattet. Die »stille Revolution« führte schrittweise zu Änderungen, aber das ging vielen nicht weit genug. Am Rande der Bewegung, die auf politischem Weg die Unabhängigkeit Québecs anstrebte, sammelte sich eine kleine, gewaltbereite Minderheit, die Bombenanschläge verübte. Aus ihr entstand der Front de libération du Québec (FLQ), die Befreiungsfront Québecs. Sie verstand ihre Aktionen als Kampf gegen jahrhundertelange Unterdrückung und Benachteiligung, wie es Pierre Vallières, ein FLQ-Mitglied, in seinem 1968 erschienenen Buch »Nègres blancs d'Amérique« beschrieb, das später auch in englischer Übersetzung (»White Niggers of America«) publiziert wurde.

Die Aktivitäten der FLQ gipfelten vor 45 Jahren, im Herbst 1970, in der »Oktoberkrise«. In den Jahren zuvor waren bei Bombenanschlägen und Überfällen mehrere Menschen ums Leben gekommen und zahlreiche verletzt worden. Am 5. Oktober 1970 entführte eine FLQ-Zelle den britischen Handelsattaché James Cross in Montreal, um die Freilassung von rund 20 inhaftierten FLQ-Mitgliedern zu erzwingen. Fünf Tage später brachte eine andere FLQ-Zelle Québecs Arbeitsminister Pierre Laporte in ihre Gewalt. Kanadas Premierminister Pierre Trudeau erklärte am 16. Oktober auf Drängen von Montreals Bürgermeister Jean Drapeau und Québecs Premier Robert Bourassa für Québec auf der Grundlage des War Measures Act den Ausnahmezustand, der die Grundfreiheiten einschränkte und der Polizei weitreichende Befugnisse gab. Am Tag danach wurde Laporte ermordet im Kofferraum eines Chevrolet im Süden Montreals gefunden. Im Dezember spürte die Polizei das Versteck auf, in dem Cross festgehalten wurde. Gegen Zusicherung freien Geleits nach Kuba ließen die Entführer Cross frei.

Die Oktoberkrise und die Verhängung des Ausnahmezustands über Québec 1970 gehören zu Kanada wie der »Herbst 1977« und die RAF zur Bundesrepublik Deutschland. Die Debatte, ob der kanadische Staat angemessen reagierte, ist bis heute nicht verstummt. Zum 40. Jahrestag der Krise sprach Gilles Duceppe, Vorsitzender des Bloc Québécois, von einer »sehr traurigen Periode für Québec«. Nichts rechtfertige das Töten oder Entführen eines Menschen, andererseits rechtfertige nichts die Anwendung des Kriegsmaßnahmen-Gesetzes und damit das Inkraftsetzen des Ausnahmezustands. Dies habe nicht nur auf Schuldige abgezielt, sondern auch die Unabhängigkeitsbewegung in Québec attackiert. Annähernd 500 Menschen wurden auf der Grundlage des Kriegsrechts vorübergehend festgenommen, die meisten von ihnen später ohne Erhebung von Anklagen freigelassen.

Paul Lavoie war damals 21 Jahre alt. Seit Mitte der 1960er Jahre fühlte er sich der Souveränitätsbewegung verbunden, nachdem er eine Rede von Pierre Bourgault gehört hatte, einem der Gründer der RIN. »Pierre Bourgaults Rede war meine erste Begegnung mit den Gedanken der Unabhängigkeit. Er weckte mein politisches Bewusstsein«, erinnert sich heute Lavoie, der eine berufliche Karriere als Ökonom und Finanzberater machte und einige Jahre in Afrika lebte. Die Gewalttaten der FLQ nahmen Lavoie und seine Freunde zunächst mit Überraschung, dann mit Entsetzen auf. »Wir konnten nicht glauben, dass so etwas in Québec möglich ist. Wir waren über die Existenz einer solchen Gewaltbereitschaft überrascht.« Die Ermordung von Pierre Laporte erschien ihnen geradezu unwirklich, »surreal«, wie Lavoie sagt. »Keiner war auch nur annähernd bereit, diese Gewalt zu akzeptieren. Dies war nicht der Weg, unser Verlangen nach Unabhängigkeit auszudrücken. Wir wollten es in einem demokratischen Prozess erreichen.«

Auch Gilles Lalonde, Gründer und Chef eines Software-Unternehmens in Gatineau, erinnert sich noch an jene Tage und Wochen im Herbst 1970. Er war damals ein Teenager, gerade mal 18 Jahre alt. »Zwei Menschen gekidnapped, einer später ermordet. Truppen in der Stadt.« Gatineau liegt der Hauptstadt Ottawa gegenüber auf der anderen Seite des Ottawa-Flusses, aber bereits in der Provinz Québec. Als er mit seinem Auto einen Freund abholen wollte und dabei – ohne darauf zu achten – zweimal am Haus eines Politikers vorbeifuhr, wurde er von einem Militärjeep und Soldaten mit Gewehr im Anschlag gestoppt. »Ich war noch nie in einem Land gewesen, in dem das Militär in den Straßen patrouilliert. Das war völlig neu für uns und erschreckend.«

»Es war eine Überreaktion. Wir glaubten nicht, dass es gerechtfertigt war«, sagt auch Paul Lavoie. Einige seiner Freunde wurden kurzzeitig inhaftiert. »Wir identifizierten uns nicht mit der Gewalt der FLQ, aber wir hatten auch das Gefühl, dass mit der Anwendung des War Measures Acts die Entwicklung völlig außer Kontrolle geraten könnte.« Letztendlich, so glaubt er, hat dieses Vorgehen der Bundesregierung die Idee der Unabhängigkeit und Souveränität Québecs eher gefördert.

Trotz der Sympathie, die viele für die Unabhängigkeit Québecs empfanden, hatte die FLQ keinen Rückhalt in der Bevölkerung. Die FLQ war eine Splittergruppe, ohne Verbindung zu politischen Parteien Québecs. Beide Zellen, die für die Entführungen vom Oktober 1970 verantwortlich waren, hatten zusammen nicht mehr als etwa ein Dutzend Mitglieder. Die FLQ-Krise war ein extremes Ereignis. Ihre Mitglieder wurden nicht als Helden gesehen. FLQ und Parti Québécois existierten parallel. Der Parti Québécois, der sich in den Jahren der FLQ-Anschläge formierte, war kein politischer Arm der FLQ. Politiker wie Levesque begannen ihre Karriere bei den Liberalen und in der »Revolution Tranquille«. Der Erfolg des PQ garantierte, dass die Souveränitätsbewegung eine politische Bewegung blieb, die auf demokratischem Weg ihr Ziel zu erreichen suchte. Der FLQ-Terror hatte nie eine Chance auf Wiederbelebung.

René Lévesque und sein PQ konnten erstmals im November 1976 die Regierungsverantwortung für die Provinz Québec übernehmen. Artikel 1 der Parteisatzung legt als politisches Ziel des PQ bis heute die Unabhängigkeit Québecs fest. Dementsprechend rief der PQ 1980 ein Referendum über Québecs Unabhängigkeit aus. Levesques Gegenspieler war Pierre Trudeau (kanadischer Premierminister von 1968 bis 1979 und von 1980 bis 1984), der bis heute einer der wenigen außerhalb Kanadas bekannten kanadischen Politiker ist. Er war charismatisch, hatte internationale Statur wie vor ihm kein anderer Politiker des Landes. Er wagte es, den USA mit einer eigenständigen Außenpolitik die Stirn zu bieten. Die Québecer hatten nicht zuletzt wegen der Erfahrungen mit der Oktoberkrise und dem Ausnahmezustand zwar gemischte Gefühle, wenn sie an Trudeau dachten. Aber die Erinnerung an 1970 verblasste bereits, und letztendlich folgten sie ihm. Da mag auch die Angst vor dem Unbekannten mitgespielt haben. Was wird aus unserer Altersversorgung? Wie wird die Wirtschaft Québecs die Trennung von Kanada verkraften? Die Warnungen, ein unabhängiges Québec sei nicht überlebensfähig, waren vielfach zu hören. Und Trudeau gewann überzeugend. 60 Prozent der Wähler stimmten gegen das Modell »Souveränität-Association«, das Levesque vorgeschlagen hatte: Québec sollte unabhängig werden, zugleich aber eine enge Zusammenarbeit mit Kanada anstreben.

Die darauffolgenden Jahre können als eine Phase der verpassten Gelegenheiten gesehen werden, Québec mit Kanada zu versöhnen. Unter Trudeau wurde 1982 die Verfassung »heimgeholt« – das Verfassungsgesetz löste die Britisch-Nordamerika-Akte von 1867 ab, die das Parlament in London verabschiedet hatte. Aber Levesque und Québec verweigerten ihre Zustimmung. Sie befürchteten, dass die neue Verfassung und die »Charta of Rights and Freedoms«, die Bestandteil der Verfassung ist, die Rechte Québecs einschränken und Québec bei künftigen Änderungen der Verfassung überstimmt werden könnte. Bis heute hat Québec der Verfassung von 1982 nicht zugestimmt. Zwei Versuche, Québec als »société distincte« einen besonderen Status zu geben und seine Gesetzgebungsrechte zu stärken, scheiterten: Weder der Meech

Lake Accord von 1987 noch der Charlottetown Accord von 1992, die der konservative Premierminister Brian Mulroney mit den Provinzpremiers ausgehandelt hatte, erlangten Gesetzeskraft. Die Enttäuschung über diese Fehlschläge war in Québec groß und gab den Souveränisten Auftrieb. Im Bundesparlament etablierte sich der Bloc Québécois als Partei, die für Québecs Souveränität eintrat.

Im Dezember 1985 hatten die Québecer nach neun Jahren PQ-Regierung wieder den Liberalen unter Robert Bourassa die Regierungsverantwortung gegeben. Aber noch mal neun Jahre später war der Parti Québécois, jetzt geführt von Jacques Parizeau, in Québec wieder an der Macht. Damit begann der Showdown, der am 30. Oktober 1995 in dem eingangs beschriebenen Referendum endete. In seiner Rede in der Wahlnacht führte der enttäuschte Parizeu das knappe Ergebnis auf »Geld und die ethnische Stimmabgabe« zurück – und spaltete damit Québec noch weiter. Die englischsprachige Minderheit vor allem im Raum Montreal und die Einwanderer hatten ihm den Erfolg entrissen, so sah es Parizeau. Am Tag danach erklärte er seinen Rücktritt. Lucien Bouchard wurde Premier von Québec.

Obwohl Bouchard Québec so nahe an die Unabhängigkeit herangeführt hatte, stellte er das Projekt zunächst zurück. Er konzentrierte sich auf die Wirtschaftspolitik und die Sanierung des defizitären Haushalts. Ein drittes Referendum wollte er erst dann ansetzen, wenn er einen Sieg für möglich hielt. Aber so weit kam er nicht. 2001 trat er zurück. Seitdem hat Québec zwei weitere Regierungschefs des PQ gesehen, zunächst Bernard Landry als Nachfolger Bouchards und später Pauline Marois, die sich ebenfalls der Unabhängigkeit Québecs verpflichtet fühlten. Keiner von ihnen aber sah die Gelegenheit, ein erneutes Referendum anzusetzen. Seit 2003 geben in der Assemblée Nationale – abgesehen von einem kurzen PQ-Intermezzo 2013/2014 – nicht die Souverainistes, sondern die Liberalen den Ton an, die Québec als Teil Kanadas sehen.

Der Zustand der Separatismusbewegung ist inzwischen desolat. Bei der Wahl zum Bundesparlament 2011 wurde der Bloc Québécois auf vier Sitze reduziert, und als Pauline Marois im Frühjahr 2014 vorzeitig wählen ließ, endete dies mit einem Desaster für den PQ. Die Partei erzielte ihr schlechtestes Ergebnis seit der Gründung vor fast 50 Jahren. Die Niederlage des PQ zeigte wie keine andere Wahl zuvor, dass die Mehrheit der Québecer derzeit keinerlei Interesse daran hat, erneut eine Debatte über eine Loslösung von Kanada zu führen. »Wir sind nicht glücklich mit Kanada, anders als die Föderalisten in Québec«, sagt Paul Lavoie. Aber er glaubt, »dass die Bevölkerung Québecs der Diskussionen müde ist, weil sie anscheinend zu nichts führen«. Da zwei Versuche scheiterten, die kanadische Verfassung im Sinne Québecs zu reformieren, besteht auch wenig Appetit auf Debatten über eine Verfassungsreform. Gilles Lalonde, der Unternehmer in Gatineau und ein überzeugter Föderalist, sieht es grundsätzlicher: »Die Québecer glauben nicht daran, dass Separation ihnen Vorteile bringt. Sie wollen eine bessere Vereinbarung mit dem restlichen Kanada, aber innerhalb Kanadas«, meint er.

PQ-Chefin Marois wusste aus Umfragen, dass die Bevölkerung kein neues Referendum wünschte und versuchte zunächst, das Thema zu umgehen. Ausgerechnet einer ihrer Spitzenmänner, der Medienbaron und Milliardär Pierre Karl Peladeau, vermasselte ihr dieses Konzept. Bei seinem ersten öffentlichen Auftritt an der Seite Marois' reckte Peladeau die Faust in die Höhe und rief aus, er wolle Québec für seine Kinder zu einem unabhängigen Land machen. Das schreckte Wähler ab und lieferte den Liberalen Wahlkampfmunition.

Die Frage schob sogar die Diskussion über die »Charta Québecer Werte« in den Hintergrund, mit der Marois eigentlich punkten wollte. Die Charta, die allen Staatsdienern Québecs das Tragen religiös geprägter Kleidung – etwa des muslimischen Kopftuchs, der jüdischen Kippa oder des Sikh-Turbans – verbieten sollte, fand vor allem in ländlich-frankofonen Landstrichen Anklang. Dort sah die Bevölkerung ihre Identität durch den Multikulturalismus bedroht, während die Bevölkerung der Ballungszentren Montreal und Québec-Stadt gegen die Charta waren. Sie wurde als Stimmungsmache gegen religiöse Minderheiten und Zeichen für Intoleranz und Diskriminierung gewertet.

Beide Themen zeigen das Dilemma, in dem die Separatismusbewegung steckt. Sie war in ihren Gründerjahren bei Wählern aus der Mittelklasse populär, die ein stärkeres Engagement des Staats wünschten. Auch in der Gewerkschaftsbewegung fand die Idee eines unabhängigen Québec Anklang, zumal der PQ eine eher linksorientierte Gesellschafts- und Sozialpolitik verfolgte. Junge Menschen konnten sich für den vom PQ und insbesondere Levesque und Parizeau verkörperten Québecer Nationalismus begeistern. Sie sahen darin die Möglichkeit, etwas Neues aufzubauen, vielleicht sogar eine Gesellschaft zu schaffen, die nicht nach den Regeln der repräsentativen Demokratie geformt wird, sondern mehr partizipatorische Elemente enthält, die direkte Teilhabe zulassen. Heute hat die PQ-Bewegung einen Teil der Jugend verloren. Souveränität ist für sie angesichts globaler Themen wie dem Klimawandel, der kriselnden Weltwirtschaft oder dem Datenschutz im Internet von geringer Bedeutung. Oder sie widmen sich konkreten Problemen vor Ort, etwa dem Umweltschutz. Ein Teil der jungen Québecer mag auch stärker zum Individualismus neigen und wirtschaftlich konservativer sein. Eine Regierung, die wie die Liberalen die Haushaltsanierung und die öffentlichen Finanzen in den Vordergrund stellt, findet bei ihnen Zustimmung.

Es gab einen Bereich, der die Québecer einte: der Kampf um den Erhalt der französischen Sprache. 1974 wurde unter der liberalen Provinzregierung von Robert Bourassa Französisch zur offiziellen Sprache Québecs erklärt. Für den PQ war die Sprachengesetzgebung ein wichtiger Teil ihres Programms. Mit dem Sprachengesetz Bill 101, der Charte de la langue française, ging die Regierung Levesque über die Gesetzgebung von Bourassa hinaus, indem sie Französisch zur offiziellen Sprache der Regierung und der Gerichtshöfe machte und auch die Verwendung von Französisch im Geschäftsleben der Provinz vorschrieb. Dass Französisch heute in Québec gefestigter ist als vor 30 oder 40 Jahren, wird auch diesem Gesetz zugeschrieben. Die Sprachgesetzgebung fand Zustimmung über den Kern der PQ-Wähler hinaus.

Dagegen hat nicht nur Parizeau mit seiner Bemerkung über eine »ethnische Stimmabgabe« beim Referendum 1995 viele Bürger Québecs verschreckt, die nicht ausschließlich frankokanadische, weit in die Vergangenheit reichende Wurzeln in Québec haben. Auch die oben genannte Charte des Valeures Québécoises wurde von vielen als diskriminierend empfunden. Doch einige haben daraus immer noch nicht gelernt und gießen Öl ins Feuer. Der umstrittene Milliardär Pierre Karl Péladeau warb im Frühjahr 2015 für sich als PQ-Vorsitzenden mit dem Satz, dass der PQ nicht 25 Jahre vor sich habe, um das Ziel der Unabhängigkeit Québecs zu erreichen: »Mit der demografischen Entwicklung, mit der Einwanderung, verlieren wir definitiv einen Wahlkreis jedes Jahr.« Damit liegt er vermutlich nicht falsch, denn Einwanderer stehen dem Unabhängigkeitsprojekt eher skeptisch gegenüber. Québec hat aufgrund einer Vereinbarung mit der Bundesregierung mehr Kontrolle über die Einwanderung als die anderen Provinzen und die Möglichkeit, bevorzugt französischsprachige Einwanderer zu rekrutieren. Aber Québec ist selbst in seinem frankofonen Bevölkerungsteil nicht mehr die homogene Gesellschaft, die sie einst war, sondern multikulturell und damit allergisch gegenüber Ausgrenzungspolitiken, wie der PQ sie jüngst demonstrierte.

Das Schottland-Referendum gab Québecs Unabhängigkeitsbewegung scheinbar neuen Auftrieb. Souveränität war dank der Schotten auf einmal wieder Thema, und Umfragen deuteten auf einen Zuwachs auf der Seite der Souverainistes hin. Doch nach kurzer Zeit war der Schwung wieder verpufft. Der PQ steht vor der Aufgabe, erst einmal das Trümmerfeld aufzuräumen, von dem kurz vor seinem Tod Ende Mai 2015 selbst Jacques Parizeau gesprochen haben soll. Nicht einmal die Ablehnung, auf die die Politik des konservativen Premierministers Stephen Harper in weiten Teilen der Bevölkerung Québecs stößt, hat den Separatisten geholfen. Im Gegenteil: Trotz konservativer Politik in Ottawa, die vielen Québecer Vorstellungen zuwiderläuft, ist die separatistische Bewegung auf einem Tiefpunkt angekommen. Seit Mitte der 1960er Jahre ist Harper der erste kanadische Premierminister, der sich in seiner Amtszeit nicht mit der Gefahr einer Abspaltung Québecs auseinandersetzen, sondern allein daran denken muss, wie er den einen oder anderen zusätzlichen Wahlkreis in Québec gewinnen kann.

Dennoch: Die Unabhängigkeitsbewegung in Québec ist angeschlagen, aber nicht tot. In Umfragen äußern weiterhin viele Québecer den Wunsch nach Unabhängigkeit. Die Zustimmung zur Souveränität pendelt zwischen 33 und 40 Prozent. Ob in einem Referendum, das eindeutig und klar die Trennung Québecs von Kanada vorschlägt, tatsächlich so viele für die Souveränität stimmen würden, ist fraglich. Noch schwerer ist es, sich vorzustellen, wie die Idee eines souveränen, von Kanada getrennten Québec mehrheitsfähig werden könnte, selbst wenn im Zeitalter der wirtschaftlichen Verflechtungen eine weiterhin enge Partnerschaft zwischen beiden bestehen bleiben würde. Der Parti Québécois müsste nicht nur wieder die Regierungsmacht in Québec gewinnen – die nächste Wahl ist vermutlich 2018 –, um seinem Ziel näher zu kommen. Er müsste auch eine positive Botschaft entwickeln, nach der die Loslösung Québecs von Kanada in jeder Beziehung ein Gewinn wäre, kulturell und ökonomisch. Ein Rezept dafür ist nicht in Sicht.

Pierre Karl Peladeau, der Medienmogul, der im Mai 2015 tatsächlich zum Vorsitzenden des Parti Québécois gewählt wurde, hält dessen ungeachtet zumindest verbal an dem Ziel der Souveränität Québecs fest. Er sieht seine Wahl als neuen Schub, um Québec zu einem »freien Land« zu machen. »Ihr habt mir das Mandat gegeben, Québec in ein Land zu transformieren«, rief er den Delegierten zu. Québecs Premier Philippe Couillard ging sofort zum Gegenangriff über. Mit Blick auf die nächste Parlamentswahl in Québec sagte er: »Die Wahl wird klar sein. Monsieur Peladeau selbst hat deutlich gemacht, was das Thema der nächsten Wahl sein wird.«

Separatismus und Souveränität mögen sich derzeit in einem Tief befinden. Aber sie gehören weiter zum politischen Leben Québecs. Die kurze Phase der Militanz ist dagegen nur noch Historie – anders als in der Ukraine, die Thema des nächsten Kapitels ist.

WEISSRUSSLAND

RUSSLAND

POLEN

SLOWAKEI

UNGARN

RUMÄNIEN

MOLDAU

Lwiw

Czernowitz

Kiew

Charkow

UKRAINE

Slawjansk

Lugansk

Sneschnoje

Donezk

Odessa

Asowsches
Meer

Krim

Sewastopol

Schwarzes Meer

Von den »Volksrepubliken«
Lugansk und Donezk
kontrollierte Gebiete

0   200 km

Ukraine:
Che Guevara im Kohlenpott

Stefan Scholl

In der russischsprachigen Ostukraine wird seit April 2014 rebelliert. Separatismus hat hier keine Tradition und die Separatisten kämpfen ohne klares Ziel. Zunächst einmal wollen sie gewinnen, von Russland bewaffnet und vor allem: von seiner Propaganda beseelt.

Krieg ist verlogen, auch wenn die Krieger ehrlich sind. In den Grünanlagen vor dem Rathaus von Slawjansk steht ein Dutzend schwer bewaffneter Soldaten um drei Schützenpanzer herum: Fahrzeuge, die die Separatisten demoralisierten ukrainischen Fallschirmjägern abgenommen haben. Die Kämpfer sind bester Laune, plaudern mit Zivilisten und Reportern. »Ich heiße Roman«, sagt ein kleiner, kräftiger Krieger, er hat sich eine schwarze Wollmütze über seine Kinderstirn gezogen. Roman trägt ein Kalaschnikow-Sturmgewehr, einen Kampfdolch und eine Pistole. Auf seinem grasgrünen Kampfanzug fehlen alle Abzeichen – bis auf ein orange-schwarzes Georgsbändchen an der rechten Schulter, dem Erkennungszeichen der prorussischen Aufständischen.

Aber Roman prorussisch zu nennen, wäre nicht korrekt. Roman ist selbst Russe. Er kommt aus Rjasan, erzählt er, einer Stadt 180 Kilometer südöstlich von Moskau. Die vergangenen beiden Monate habe er auf der Krim verbracht, die Halbinsel vor drohenden Angriffen ukrainischer Nationalisten verteidigt. »Nach dem Sieg der Kiewer Junta habe ich in Rjasan sofort gekündigt. Wir sind zu fünft in ein Taxi gestiegen und auf die Krim gefahren.« 1400 Straßenkilometer zu fünft im Taxi, Romans Gesicht ist todernst. Wenn er nicht selbst an seine Worte glaubt, so glaubt er doch daran, dass der Krieg ihm das heilige Recht gibt, sie sich auszudenken. Vorher habe er in einer Rjasaner Spezialeinheit gedient, er sei auch in Tschetschenien im Einsatz gewesen. »Jetzt beschützen wir die friedliche Bevölkerung hier.«

Roman gehört zu dem 52 Mann starken Kommando russischer Kämpfer, das am 12. April 2014 erst die Polizeiwache, dann die Geheimdienstzentrale und schließlich das Rathaus der ostukrainischen Stadt Slawjansk besetzt hat. Ohne auf Gegenwehr zu stoßen, unter dem Jubel zahlreicher Einwohner der 100 000-Seelen-Stadt. Die Kämpfer errichteten sofort Barrikaden vor den besetzten Gebäuden, auch an den Ausfallstraßen. Sie versammelten sich dort mit Bewohnern, die Eisenstangen und Jagdgewehre mitbrachten, um sich den womöglich anrückenden Regierungstruppen entgegenzustellen. Zum gleichen Zweck stand ein Häuflein Frauen mit Ikonen vor einer Straßensperre im Regen und betete. In Slawjansk geschah, was der russische Staatschef Wladimir Putin im März prophezeit hatte: »Wir werden nicht vor, sondern hinter ihnen (den Zivilisten) stehen. Sollen sie (die ukrainischen Soldaten) es doch versuchen, auf Frauen und Kinder zu schießen.« Das Konzept seiner Intervention klingt zynisch.

Wirre Parolen und Gerüchte, Ängste und Hoffnungen hingen an diesem 12. April 2014 in der Luft. Am Abend fielen im Zentrum von Slawjansk Schüsse, ein junger Mann wird getötet. Es heißt, Aktivisten des nationalistischen »Rechten Sektors«, Straßenkämpfer der prowestlichen Kiewer Revolution, seien in die Stadt eingedrungen und hätten aus einem fahrenden Kleinwagen das Feuer eröffnet. Die Suche nach ihnen bleibt indes ergebnislos. Aber die Separatisten hier behaupten ebenso lautstark wie zuvor auf der Krim, der »Rechte Sektor« und andere ukrainische »Nazis« würden massenhaft über die russischsprachige Bevölkerung herfallen. »Genozid« gehört zu den Fremdwörtern, die jetzt in Slawjansk am häufigsten fallen. Vielleicht ist das ein Grund dafür, dass die Regierungstruppen passiv bleiben, trotz diverser Falschmeldungen der ukrainischen Behörden über heftige Kämpfe in Slawjansk. Mehrere Kolonnen ukrainischer Schützenpanzer, die im Umland aufgefahren sind, werden von Zivilisten umringt und gestoppt. Unter ihnen sind viele Frauen, auch Kinder. Viele ukrainische Soldaten werden von ihnen entwaffnet. Putins Konzept scheint aufzugehen.

»Russischer Frühling« in der Ostukraine. Am 21. Februar haben prowestliche Revolutionäre in Kiew den kremltreuen Staatschef

Viktor Janukowitsch vertrieben. Im März kontert Moskau auf der Krim. Eine kleine Spezialeinheit ohne Erkennungszeichen besetzt am 27. Februar das Gebietsparlament, hisst darüber die russische Flagge. Noch am gleichen Tag wählt das Parlament unter militärischer Kontrolle eine neue, prorussische Regionalregierung. Russische Truppen, auch sie ohne Erkennungszeichen, überschwemmen die Krim. Und bei einer eilig organisierten Volksabstimmung am 16. März stimmen 96,77 Prozent der Teilnehmer für den Beitritt zu Russland – so die offiziellen Angaben. Zwei Tage später verkündigt Wladimir Putin in Moskau die Wiedervereinigung Russlands und der Krim.

In anderen ostukrainischen Gebieten scheint sich dieser Handstreich-Separatismus im April zu wiederholen. In den Regionalhauptstädten Charkow, Odessa, Lugansk und Donezk kommt es zu prorussischen Demonstrationen. Viele ihrer aktivsten Teilnehmer sind in Autobussen aus Russland gekommen. Die Menschen stürmen die Gebietsparlamente in Charkow, Donezk und die Geheimdienstzentrale in Lugansk. In Charkow werden sie von ukrainischen Sicherheitskräften wieder hinausgeworfen. In Odessa kommt es zu einer blutigen Straßenschlacht mit proukrainischen Fußballfans. Die Separatisten nutzen die Rückendeckung der Polizei, um einige ihrer Gegner zu erschießen. Die Fußballfans schlagen sie trotzdem in die Flucht, greifen dann das Gewerkschaftshaus an, wo sich ein Teil der Rebellen verschanzt hat. Ein Brand bricht aus, über 40 Menschen sterben in den Flammen. In Lugansk und Donezk dagegen haben die Separatisten sich schnell ganz unbehelligt verbarrikadiert und rufen Volksrepubliken aus. So wie in einem Dutzend weiterer Städte im Donbass, dem ostukrainischen Kohlenpott. Auch in Slawjansk. Behörden und regionale Wirtschaftsbosse unterstützen sie teils offen, teils klammheimlich. Roman aus Rjasan sagt, er und seine Kameraden würden Slawjansk bis zur Volksabstimmung in ein paar Wochen behüten. »Dann fahre ich für eine Woche nach Hause. Und danach geht es weiter nach Charkow. Dort lebt das Volk ja auch unter den Gewehrläufen der Nazis.« Und danach? »Danach geht es nach Kiew.«

Junge russische Elitesoldaten haben offenbar reihenweise ihren Abschied genommen, sind in die Ukraine geeilt, um dort für den Separatismus zu kämpfen. Später werden die einheimischen

Führer der prorussischen Aufständischen Romans Reiseroute nachbeten: Donbass, Charkow, Kiew. Man will nach der Krim all jene Teilstücke der Ukraine »befreien«, in denen Russisch gesprochen wird, die Hälfte der Ukraine abtrennen. Man redet von »Neurussland« und »Russischer Welt« als neuen staatlichen Konzepten. Aber es bleibt offen, ob die »neurussischen« Territorien auch in Putins Russlands eingegliedert werden sollen oder »nur« ein prorussischer Staat geschaffen wird. Oder gar ein Präzedenzmodell, um später Gebiete in Weißrussland, in Kasachstan oder gar im Baltikum »heim ins russische Reich« zu holen.

Eine Frau mit einer Einkaufstüte stellt sich zu Roman. »Sagen Sie: Und was ist mit den Amerikanern?« Romans Gesicht ist voll heiligem Ernst. »Die Amerikaner sind Söldner. Die töten für Geld. Wir wissen, dass die in Kiew ihnen zwei Millionen gezahlt haben, damit sie gegen uns kämpfen«, sagt er. Ob das nun Dollar oder nur ukrainische Griwnja sind, zwei Millionen für einen Mann oder eine ganze Armee, interessiert weder Roman noch seine Gesprächspartnerin. »Die Amerikaner sind Killer«, fährt Roman fort. »Aber wir werden sie besiegen.« Die Frau mit den Einkaufstüten lächelt ihn verliebt an.

Roman und die anderen russischen Berufssoldaten hier machen kein Hehl daraus, woher sie kommen. In Gorlowka, etwa 70 Kilometer südlich, baut sich der künftige Stadtkommandant Igor Besler vor einer übergelaufenen Polizeikompanie auf und verkündet: »Ich bin Oberst der russischen Armee.« Dabei ist Beslers Staatsangehörigkeit durchaus fraglich, nach ukrainischen Geheimdienstangaben hat er einen ukrainischen Pass. Aber nicht nur die Polizisten möchten auf Russen hören, möchten selbst Russen sein, das gilt auch für einen Großteil der Zivilbevölkerung. »Die russischen Truppen sind schon in Slawjansk«, solche zweckoptimistischen Falschmeldungen kursieren früh auf den Barrikaden. Zumindest Igor Strelkow, der Befehlshaber des russischen Stoßtrupps in Slawjansk, ist Russe, genauer: Moskauer, Geheimdienstoffizier, Veteran des jugoslawischen Bürgerkriegs und des Tschetschenienkrieges, sozusagen russischer Berufsimperialist. »Ich habe den Abzugshahn dieses Krieges gedrückt«, wird er später ohne falsche Bescheidenheit sagen. »Wenn unsere Abteilung die Grenze nicht überquert hätte, alles wäre genauso ausgegangen wie in Charkow, wie in Odessa. Es hätte ein paar Dutzend Tote gegeben, Verbrannte, Verhaftete. Und damit wäre es aus gewesen. Wir haben das Schwungrad des Krieges, der bis heute weitergeht, in Bewegung gesetzt. Wir haben alle Karten auf den Tisch gelegt. Alle!«

Aber damals, im April 2014, ahnt noch niemand, wie viele Tausend Menschen Strelkows Krieg das Leben kosten wird. Damals reden die Leute noch voller Hoffnung von der Volksabstimmung, die sie abhalten wollen, der Volksabstimmung über ihre Unabhängigkeit. Wenn man nachfragt, bestätigen alle, dass sie Russland meinen, wenn sie von Unabhängigkeit reden. Dabei sind viele ihrer Argumente rationaler als die Feindbilder von amerikanischen Killern und westukrainischen Nazis. »Unsere Betriebe hier hängen von russischen Aufträgen ab«, sagt der Slawjansker Fischhändler Artjom. Ein Hüne mit offenem Gesicht, der in seinem japanischen Pick-Up Autoreifen zu den Straßensperren am Stadtrand karrt, aber auch westliche Journalisten. Das Fußvolk dieser Bewegung kommt keineswegs nur aus dem Lumpenproletariat. »Sobald wir zu Russland gehören, werden Sprit und Gas gleich wieder billiger«, sagt Juri, früherer Seemann und Farmer in einem Dörfchen etwa 40 Kilometer südöstlich von Slawjansk. »Wir leben auf einem wirtschaftlichen Niveau mit den Russen«, pflichtet seine Frau Inna bei. »Die Russen verstehen uns, im Gegensatz zu den Europäern. Europäer werden nie begreifen, wie man mit 60 Euro im Monat überleben kann.«

Juri und Inna werden einen knappen Monat später, am 11. Mai, zu der Wahlkommission gehören, die im Dorf die Volksabstimmung über die Unabhängigkeit organisiert. Ergebnis: Von 891 Wahlberechtigten in diesem sehr überschaubaren Wahlkreis nehmen 92 Prozent teil, 89 Prozent davon stimmen für die Abtrennung von der Ukraine. Auch wenn die städtische Bevölkerung deutlich mehr Sympathien für die Ukraine hegt, auch wenn das »offizielle« Ergebnis der Rebellenbehörden von gut 89 Prozent Ja-Stimmen bei knapp 75 Prozent Beteiligung manipuliert sein mag, ist doch klar: Viele Menschen im Donbass wollen raus aus der Ukraine, sie glauben an Russland.

Die Buchhalterin Irina aus Donezk, eine hübsche und durchaus kluge Mittvierzigerin, erzählt von dem Malocherethos, das im Donbass schon zu Sowjetzeiten Grubenarbeiter und Geschichtslehrer einte. »Alle stehen um sechs Uhr morgens auf und gehen zur Arbeit. Die Fabrik, das Haus, die Familie sind für uns am wichtigsten. Und«, Irina lächelt, »natürlich der Gemüsegarten.« Sie erzählt von ihren Verwandten in Russland, von ihrer russisch-orthodoxen Gebetsgruppe, von ihrem Großvater, der im Krieg in der Roten Armee kämpfte, von russischen Siegen über die Schweden oder Napoleon. Ihr Sohn hat sich freiwillig gemeldet, er kämpft als Scharfschütze gegen die Ukrainer, sie hat Angst um ihn, aber sie ist sicher, dass er das Richtige tut. »Hinter uns steht die Wahrheit, hinter uns steht Gott«, sagt Irina. »Und deshalb werden wir siegen.«

Es ist ein eigenartiger Fall von Separatismus, ein Separatismus ohne Vorgeschichte. Noch ein paar Monate vor dem Auftauchen Romans und seiner Kameraden ahnte in Slawjansk niemand etwas von der Idee einer eigenen Volksrepublik. Der Donbass gehörte seit dem Ende des Russischen Bürgerkrieges 1922 zur Ukrainischen Sowjetrepublik. Seit dem »Großen Hunger« unter Stalin, dem vor allem die ukrainische Dorfbevölkerung hunderttausendfach zum Opfer fiel, sind russischsprachige Berg- und Industriearbeiter hier in der Mehrheit gewesen. Aber für Politik haben die sich eigentlich nie richtig interessiert. Als die Sowjetunion 1991 auseinanderfiel und sich auch die Ukraine für unabhängig erklärte, wurden in Donezk und Lugansk keine Stimmen laut, die eine Vereinigung mit Russland gefordert hätten. Später wählten die Leute hier die »Partei die Regionen«, die als Partei der ostukrainischen Industriemagnaten galt. Deren Parteichef Viktor Janukowitsch war von 2010 bis zu seinem Sturz im Februar 2014 Präsident der Ukraine: Ein ehemaliger Autoschlosser und Fabrikarbeiter, ein Malocher, einer der ihren, auch wenn er vorbestraft war und zum Schluss als Ausbund an Korruption galt. Ihr Fußballklub Schachtjor Donezk war ukrainischer Abonnementsmeister, der Lebensstandard der Gruben- und Fabrikarbeiter galt als höher als der in der Westukraine. »Auf den Parkplätzen vor den Schächten standen reihenweise Westautos«, sagt Alina, eine Separatistin in der Grubenstadt Sneschnoje, 100 Kilometer südöstlich von Slawjansk. »Die Leute glaubten an eine sichere Zukunft, konnten sich die nötigen Kredite erlauben.« Eigentlich wollen diese Separatisten das Gegenteil von Veränderung. Und sie hoffen, Russland werde die alte patriarchalische Stabilität am schnellsten wiederherstellen. Putin genießt hier jetzt weit mehr Respekt als Janukowitsch.

Überhaupt reagieren die Leute beleidigt, wenn man sie »Separatisten« nennt. »Wir leben hier, das ist unser Land, wir verteidigen es. Die Ukrainer sind doch die, die sich abtrennen wollen von Russland.« Die Menschen hier sind überzeugt, nicht zuletzt durch das Fernsehen, dass sie eine gerechte Abwehrschlacht führen. Unter Janukowitsch trichterten ihnen ukrainische wie russische Staatssender ein, die Maidan-Revolutionäre seien von Amerika verhetzte, bezahlte und kommandierte Gewalttäter. Jetzt sind die Maidan-Kämpfer die Helden der ukrainischen Staatssender, im Donbass aber schaut man russisches Fernsehen, zum Teil per Satellit, weil die neue Staatsmacht in Kiew die russischen Kanäle abgeschaltet hat. Die Sender aus Moskau aber malen die ukrainischen Streitkräfte als riesenhafte Mordfratze auf die Bildschirme, vermelden wieder und wieder Massenerschießungen, gekreuzigte Kleinkinder und andere Gräuel. Die Ukrainer wollten die Menschen im Donbass physisch vernichten, zumindest mit Stacheldraht einzäunen und versklaven. Die Propaganda hat die russisch-sowjetische Kollektiverinnerung an den Krieg gegen Hitlerdeutschland in das gegenwärtige Bewusstsein verlängert: ein heroischer Abwehrkampf gegen einen erzgrausamen Aggressor.

»Uns hat der Große Vaterländische Krieg immer fasziniert, mein Sohn und ich haben all die Spiel- und Dokumentarfilme darüber gesehen«, erzählt Tatjana, früher Mitarbeiterin eines Massagesalons in Sneschnoje, jetzt Separatistin. Auch ihr Sohn kämpft als Freiwilliger. »Wir haben uns schon damals gefragt, wie wir uns im Krieg verhalten würden.« Die Leute in der Bergarbeiterstadt erzählen uns von einem blutrünstigen Massaker, das ukrainische Nationalgardisten im Dörfchen Saurowka veranstaltet haben sollen. Die »Naziki« hätten alle Männer in dem Weiler am Fuße des monatelang umkämpften Denkmalhügels Saur Mogila umgebracht und alle Frauen vergewaltigt. Ein Massaker, von dem natürlich auch das russische Staatsfernsehen berichtet hat.

Ortstermin in Saurowka. Einige Häuschen in dem Weiler sind zerschossen, aus anderen Ruinen aber wachsen junge Weiden, die Einwohner sind schon vor Jahrzehnten weggezogen. Ein Fünfseelendorf, schon vor dem Krieg. Hinter einem windschiefen Gartenzaun steht ein Greis im Wollhemd, Nikolai Iwanowitsch. Die Ukrainer? Ja, ein paar seien kurz aufgetaucht, ganz am Ende des Dörfchens. Nein, sie hätten weder geplündert noch gemordet oder vergewaltigt. Die jüngste Frau hier sei 54. »Bombardiert haben uns beide Seiten, Krieg ist schließlich Krieg.« Nikolai Iwanowitsch scheint kein Fernsehen zu schauen.

Es herrscht Revolte und gleichzeitig Krieg. »Rebellionskrieg«, wie der exilrussische Militärtheoretiker Jewgeni Messner schon 1960 geschrieben hat. »In früheren Kriegen war es wichtig, Gebiete zu erobern, in Zukunft wird am wichtigsten sein, die Seelen im feindlichen Land zu erobern [...] Man wird im vierdimensionalen Raum Krieg führen, in dem die Psyche der kämpfenden Völker die vierte Dimension darstellt [...] Die Kriegsführung durch Rebellen, Diversanten, Saboteure und Propagandisten wird gewaltige Ausmaße annehmen.«

Auch im Donbass rebelliert man generalstabsmäßig. Nicht die Millionenstadt Donezk, sondern das provinzielle Slawjansk mit seinen Kurbädern und Keramikfabriken wird das erste Hauptquartier der Separatisten. Seine Lage ist militärstrategisch interessanter: Bei Slawjansk treffen sich die Autotrassen Donezk–Charkow und Rostow–Charkow mit den Eisenbahnlinien Kiew–Lugansk und Moskau–Donezk. Der Verkehrsknotenpunkt eignet sich gleichzeitig als Ausfalltor einer möglichen Offensive auf das von den Verfechtern »Neurusslands« so begehrte Charkow mit seiner Militärindustrie – und als nordwestlicher Eckpfeiler einer Frontlinie aus einer ganzen Reihe von Städten, die die Rebellen schon im April in ihre Gewalt gebracht haben. Mariupol, Donezk, Kramatorsk und Slawjansk bilden eine geografische Linie, die die Region komplett von Süd nach Nord zerschneidet und gegenüber der westlichen Ukraine abschirmt. Im Hinterland liegt Lugansk, die ebenfalls zur Rebellenhochburg gewordene Hauptstadt der östlichen Nachbarregion. Und dahinter die Grenze zu Russland, »ein großes, kaum zu kontrollierendes Loch«, wie ein proukrainischer Lugansker Regionalbeamter klagt. Lugansk ist die erste Basis für den Nachschub aus Russland in Richtung Slawjansk.

Das Führungspersonal der Rebellion entpuppt sich schnell als sehr russisch. Genauer: Als ein Kaderkarussell, das auf sehr russische Weise rotiert. Da ist Igor Girkin, genannt Strelkow, gleichzei-

tig Kommandant von Slawjansk und ab April 2014 Verteidigungsminister der Donezker Rebellenrepublik. Er wird zum ersten
Kriegshelden »Neurusslands«, in Donezk erscheinen Werbetafeln,
auf denen Strelkow mit vermummten Kämpfern vor rotem Feuer-
schein posiert: »300 Russen«, steht darunter, frei nach dem Holly-
woodgemetzel »300 Spartaner«. Im Mai kommt der Moskauer Politologe Alexander Borodai und wird Premierminister der »Volksrepublik Donezk«. Er war vorher PR-Berater des nationalpatrio-
tischen russischen Milliardärs Konstantin Malofejew, gilt als alter
Tschetschenienkumpel Strelkows. Aber als dieser im August zu-
rücktritt und nach Moskau zurückkehrt, verkündet Borodai, er
habe für seine Absetzung gesorgt – und für die Ernennung seines
eigenen Nachfolgers Alexander Sachartschenko, eines gebürtigen
Donezkers, dem aber mit Wladimir Antjufejew ein russischer Ge-
heimdienstspezialist als Vize an die Seite gestellt wird, der vorher die Sicherheitsorgane in der moldawischen Rebellenrepublik
Transnistrien organisiert hat. (Davon wird im nächsten Kapitel
noch ausführlicher die Rede sein.) Russische Journalisten witzeln
im Sommer 2014, Premier Sachartschenko erscheine zum Rapport
im Kabinett seines russischen Stellvertreters. Andere Rebellen-
führer rapportieren dagegen scheinbar direkt im Kreml, bei Putin-
Berater Wladislaw Surkow, der formal für die Zusammenarbeit
mit der georgischen Rebellenrepublik Abchasien und der moldawischen Rebellenrepublik Transnistrien zuständig ist.

Wie Strelkow werden im Spätsommer 2014 auch andere Häupt-
linge zurück nach Russland beordert. Etwa Borodai oder Igor
Besler, Kommandeur des ebenfalls lange umkämpften Gorlowka.
Aber nach Ansicht der meisten Experten haben ihre Karriere-
knicks nichts mit der wachsenden Macht der Führer zu tun, die
aus dem Donbass stammen. Ganz im Gegenteil. Die erfolgreichen
und bei den Rebellenkämpfern hoch angesehenen russischen Befehlshaber sollen zu viel Selbstbewusstsein gegenüber der Zentrale in Moskau entwickelt haben. Im Donbass gilt es als offenes
Geheimnis, dass Russland nicht nur den Aufstand organisiert
hat, sondern auch das militärische Rückgrat der Rebellenarmee.
Sachartschenko verkündet im August 2014, in den Reihen der Separatisten kämpften 3000 bis 4000 russische Berufsmilitärs, die
dafür eigens Urlaub genommen hätten. Ebenso gilt es als offenes

Geheimnis, dass tatsächlich russische Panzertruppen die entscheidenden Offensiven der Rebellen führen. Während der Kesselschlachten um Ilowaisk im August 2014 und um Debalzewo im Februar 2015 wimmelt es im Donbass von Militärfahrzeugen und Kriegsgerät, auf dem alle Kennnummern übermalt worden sind. Und von sehr schweigsamen Truppen ohne alle Abzeichen. Im Slang der Separatisten ist das Wort »Urlauber« längst zum Synonym für die russischen Verbündeten geworden, russische Militärs, die sich offiziell in den Ferien befinden.

»Die Frontbegradigung und den Vorstoß auf Mariupol, haben das alles die ›Urlauber‹ allein gemacht, oder haben die Aufständischen auch teilgenommen?«, fragt der nationalistische russische Schriftsteller Alexander Prochanow später den heimgekehrten Strelkow in einem Interview. Der antwortet: »Einzelne Abteilungen der Aufständischen waren ihnen unterstellt. Aber im Wesentlichen haben die ›Urlauber‹ den Angriff auf Mariupol ausgeführt.« Auch ein verletzter burjatischer Panzersoldat in einem Donezker Krankenhaus und mehrere russische Freiwillige werden gegenüber russischen Journalisten bestätigen, die wirklich schweren Kämpfe würden von russischen Soldaten und nicht von den Rebellen ausgefochten.

Der Aufstand ist längst Krieg, der Separatismus Militarismus. Nachschub an Waffen, Munition, Treibstoff und Personal, ebenso die Versorgung der Verwundeten hat Russland bestens organisiert. Die Wirtschaft dagegen ist halb tot. Die ökonomische Blockade der Rebellenrepubliken, die Kiew verhängt hat, haben die Separatisten zum Teil selbst provoziert. Sie beschlagnahmten schon in den ersten Wochen der Rebellion alle Geldtransporter, die sie erwischen konnten – mit Inhalt, versteht sich. Die Banken machten daraufhin dicht und sind es zum Großteil bis heute.

Es gibt kein klares Konzept der Besitzverhältnisse und des Staatswesens, in denen man leben will, kapitalistisch, sozialistisch, staatskapitalistisch oder kommunistisch, volksdiktatorisch oder volksdemokratisch. Die neue Elite der Separatistenrepubliken sind Feldkommandeure. Ihre Unterführer waren früher meist kleine Geschäftsleute oder Sportlehrer. Viele von ihnen haben noch eine der zahlreichen sowjetischen Offiziersschulen in Donezk oder Lugansk absolviert. Den Fall der UdSSR haben sie als bitteren Verlust der eigenen Zukunft erlebt. Jetzt sind sie die Herren ihrer Städte, rasen in aus japanischen Autohäusern »requirierten« Edeljeeps durch die nächtlichen Städte, oft mit hübschen Mädchen in Uniform auf dem Rücksitz. Sie fühlen sich als Che Guevaras aus dem Kohlenpott.

Ein Ende des Konfliktes, ein friedlicher Alltag, würde ihren sozialen Höhenflug jäh in Frage stellen. Allerdings sind sie im Gegensatz zu Che Guevara keine Selfmade-Revolutionäre. Sie sind von Russland, seiner Streitkraft, seinen Befehlen abhängig. Sollte Moskau ihnen morgen doch befehlen, sich mit einem nur formalen Sonderstatus innerhalb der Ukraine abzufinden, sie würden kaum meutern. Trotz aller Verhandlungsrunden in Minsk scheint dieser Sonderstatus allerdings sehr fern. Wie auch andere Lösungen. Viele Vertreter der intellektuellen und wirtschaftlichen »Vorkriegselite« der Region haben das Weite gesucht. Vor allem jener Großteil der regionalen Zivilgesellschaft, der für die Einheit mit der Ukraine auf die Straße gegangen ist. Einige ukrainische Patrioten wurden damals getötet, andere kämpfen inzwischen in den Bataillonen der ukrainischen Nationalgarde gegen die Rebellen. Wieder andere sind dageblieben und in einer kollektiven Depression versunken, in die sich inzwischen Verständnis für die Rebellen mischt. Denn in anderen Teilen der Ukraine neu anzufangen ist schwierig. »Die Ukrainer vermieten Leuten aus Donezk Wohnungen zu Wucherpreisen, wollen uns keine Arbeit geben«, schimpft ein Baumarkthändler in Schachtjorsk. »Und hier schießen sie aus Kanonen auf uns.« Der gebildete örtliche Mittelstand erlebt seine neue separatistische Wirklichkeit als dunkle Sackgasse. »Wer will denn, dass sein Kind ein Hochschuldiplom bekommt, das kein Staat anerkennt außer vielleicht Russland oder Abchasien?«, klagt der Verlagsmanager Ruslan.

Es ist Separatismus ohne inhaltliches Ziel. Auch die wenigen wirklichen Ideologen glänzen nicht mit klaren Konzepten. »Mir gefällt das bayerische Modell. Ich bin für einen gesunden Regionalismus«, erklärt etwa Andrei Purgin, Parlamentsvorsitzender der Donezker Rebellenrepublik. Purgin ist einer der ganz wenigen Separatisten, die sich schon zehn Jahre zuvor für einen Sonderstatus innerhalb der Ukraine eingesetzt haben. Wenn man entgegnet, dass die Bayern keinen Unabhängigkeitskrieg führen und zu

Deutschland gehören, antwortet Purgin: »Ich bin für ein bayerisches Modell innerhalb der russischen Welt.« Was Wirtschaft angeht, bekennt sich Purgin gern zur Marktwirtschaft. Aber zu einer sehr spezifischen. »Unter Stalin gab es doch in der Sowjetunion auch Kapitalismus. Der Krieg gegen Hitlerdeutschland wurde mit Waffen gewonnen, die private Handwerksgenossenschaften hergestellt haben«, verkündet er.

Auch die Basis träumt von gestrigen Utopien. »Wie viel gute Erde hier brach liegt«, sagt die Aktivistin Alina. Sie kann durchaus rechnen, hat früher mit Gold und Schmuck gehandelt. »Wir werden Kolchosen errichten, die Landwirtschaft hier wird blühen.« Dass die Kolchosen, die sowjetischen Kollektivgroßfarmen, ein längst und kläglich gescheitertes Modell darstellen, stört sie nicht. Ein Separatismus ohne wirkliches Konzept. Zuerst mal den Krieg gewinnen, das ist die Mentalität der Herrschenden, danach sehen wir weiter. Dabei will vor allem das Fußvolk die Hoffnung auf Russland nicht aufgeben: Die letzte Parole der zusammenbrechenden DDR wird in den Rebellengebieten längst in allen möglichen Varianten paraphrasiert. Ihr Geist aber hat sich nicht geändert: »Lieber Putin, nimm uns an der Hand und führ uns in dein Rohstoffwirtschaftswunderland!«

Derweil aber geht der Krieg weiter. Bei Nowokaterinowka hat Artillerie der russisch-rebellischen Allianz im August 2014 eine Fahrzeugkolonne der Ukrainer zusammengeschossen. Zwischen ausgebrannten Militärlastwagen und Kettenfahrzeugen steht ein zerfetzter Schützenpanzer auf der Straße. Daneben liegt die verkohlte Leiche eines ukrainischen Soldaten. Jemand hat ein zerknittertes Buch auf dem Asphalt vor ihr platziert: »Das Neue Testament«. Und etwa 15 Meter über ihm hängt geknickt und entstellt der schwarze Körper eines Kameraden über einem Starkstromkabel. Offenbar wurde er bei der Explosion des Munitionskastens in die Luft geschleudert. Ein Schützenpanzer der Separatisten hält darunter an, sonnenverbrannte Unabhängigkeitskämpfer springen herab, schauen hinauf. Einer höhnt: »Der wollte also Batman spielen!« Die anderen lachen. Nur ein junger Soldat blickt mit unfrohem Gesicht zu dem Toten hinauf. »Sollen wir ihn nicht doch runterholen, Kommandeur?«, fragt er. Der Kommandeur, ein drahtiger Mann mit rostrotem Bart, macht ein böses Gesicht: »Du bist nicht hier, um Ukros zu retten, sondern um sie plattzumachen. Soll doch seine Mutter kommen und ihn runterholen!«

Im Donbass herrscht Krieg, im Donbass herrscht Grausamkeit. Der Kommandeur mit dem Kodenamen »Sergeant« wirft einen Zigarettenstummel zu Boden. Wann der Krieg endet? »Ehrlich gesagt?«, er tritt auf den rauchenden Stummel. »Wir kämpfen so lange weiter, bis wir die ukrainische Westgrenze erreicht haben. Man muss das faschistische Übel an der Wurzel ausreißen.« Was danach sein wird, weiß er nicht. Wie lange dieser Krieg dauert, wo er endet, weiß er auch nicht. Denn das entscheiden nicht der »Sergeant« und die anderen Aufständischen. Das entscheidet Moskau.

Dnjestr

········· Sicherheitszone

Soroca

UKRAINE

Balti

Ribniza

TRANSNISTRIEN

MOLDAU

Chisinau

RUMÄNIEN

Bender
(Tighina)

Tiraspol

Dnjestr

Komrat

Cahul

UKRAINE

0   50 km

Transnistrien:
»Ein Phänomen, das Konflikt genannt wird«

Thomas Franke

Die massive Einmischung Russlands in ein fremdes Land wie jüngst in der Ostukraine ist nicht neu. Transnistrien ist ein deutlich älteres Beispiel. Seit Anfang der 1990er Jahre unterstützt Moskau den von der Republik Moldau abtrünnigen Staat, der an der Grenze zur EU liegt. Dass dort tiefe Armut herrscht, liegt indes an Kriminalität und Unfähigkeit auf beiden Seiten der nicht anerkannten Grenze.

Es war einmal und es ist noch gar nicht so lange her, da blätterte Juri Kuzmenko seine fünf Visitenkarten auf den Tisch wie einen Royal Flush. Zwei Direktorenposten für Landwirtschaft, einen für den Handel mit Erdölprodukten, Direktor des Milchkombinats Rybniza und obendrauf das Ass: Abgeordneter im Parlament von Transnistrien. Kuzmenko, 45 Jahre alt, aus der Industriestadt Ribniza im Norden von Transnistrien, hat es geschafft, Millionär zu werden. Transnistrien?

Transnistrien, auf Russisch »Pridnestrowje«, ist der Landstrich hinter dem Dnjestr. Auf Rumänisch heißt der Fluss Nistru. Als Ende 1991 (der Zusammenbruch der SU war ein Prozess) die Sowjetunion auseinanderbrach und die Moldauische Sozialistische Sowjetrepublik nach staatlicher Eigenständigkeit strebte, erklärte sich auch der Landstrich östlich des Flusses für unabhängig. Transnistrien ist schmal, an manchen Stellen nur zwei Kilometer breit. Dafür ist es etwa 200 Kilometer lang. Und es ist leer. Etwa eine halbe Million Menschen wohnen dort, vielleicht aber auch nicht, die Zahl stammt von 2004 und von transnistrischen Behörden. Man kann davon ausgehen, dass seitdem viele den Pseudostaat verlassen haben.

Auf der Landstraße von Chisinau, der Hauptstadt der völkerrechtlich anerkannten Republik Moldau, nach Tiraspol, der Hauptstadt des von keinem anderen Staat anerkannten Transnistrien: Die Gegend ist dünn besiedelt und arm. Menschen verkaufen Wassermelonen am Straßenrand. Wenige Autos, ein Pferdefuhrwerk. Mitten in der Landschaft ein Schlagbaum und eine Baracke mit Passkontrolle. Der Grenzposten ist illegal, völkerrechtswidrig, doch alltäglich und unbehelligt von den Sicherheitskräften Moldaus. PMR steht auf den Uniformen der Grenzpolizisten, Pridnestrowische (Transnistrische) Moldauische Republik. Fremde werden kurz befragt, dann erteilt ein Beamter die Einreiseerlaubnis. Dabei hatten beide Seiten 1992 vereinbart, den Verkehr von Menschen, Waren oder Dienstleistungen nicht zu behindern. Die Republik Moldau hält sich daran. Und natürlich kontrollieren moldauische Grenzpolizisten die Demarkationslinie nicht. Grenzkontrollen könnten den Anschein erwecken, Transnistrien sei tatsächlich ein eigener Staat, und Moldau erkenne das an. Und das muss die Regierung um jeden Preis vermeiden. Die Separatisten hingegen sehen die Kontrolle als Sicherung der Staatsgrenze. Alles andere wäre Selbstaufgabe – eine Grenze zum ungeliebten Mutterland zu ziehen ist ja ein Grundprinzip von Separatismus.

Transnistrien hat alles, was ein Staat braucht. Eine Flagge, die in keinem internationalen Flaggenverzeichnis auftaucht. Transnistrien gibt Pässe aus, mit denen man nirgendwo hinfahren kann, und hat eine Währung, die außerhalb des Separationsgebietes niemand umtauscht. Transnistrien hatte bis vor Kurzem sogar einen Auslandsrundfunk, der die Welt mit Erfolgsmeldungen beschallte, unter anderem über die Errungenschaften der Eisenbahn in der Transnistrisch-Moldauischen Republik; auf Englisch, Französisch und Deutsch. Und natürlich hat Transnistrien ein Außenministerium, mit dem allerdings nur selten jemand redet. Das befindet sich in einem zweistöckigen, recht neuen Bau. Die Räume im Erdgeschoss sind leer, die Wände kahl – bis auf einen Wandteppich aus Berg-Karabach im Treppenhaus. Ein Gastgeschenk. Berg-Karabach liegt im Südkaukasus und hat Transnistrien als unabhängigen Staat anerkannt. Auch Berg-Karabach hat sich von seinem Mutterland losgesagt, von Aserbaidschan, und auch Karabach wird international nicht anerkannt.

Direkt am Dnjestr auf transnistrischer Seite liegt die Kleinstadt Bender. An den grauen Plattenbauten sind die Spuren von Einschüssen oft nur grob verputzt. »Hier lagen überall Leichen«, sagt Grigorij Agre, ein drahtiger Mann mit schütterem grauem Haar, und zündet sich eine Zigarette an. »Wir saßen dort im Restaurant und haben gefeiert, als die Kämpfe ausbrachen.« Bender war das Zentrum eines Krieges im Frühjahr und Sommer 1992.

In Transnistrien eskalierte damals einer jener Konflikte, die die Unabhängigkeitsbestrebungen der Sowjetrepubliken ab Ende der 1980er Jahre begleiteten. Die Mehrheit der Moldauer ist rumänischstämmig und spricht Rumänisch, auf der Ostseite des Dnejstr jedoch, in Transnistrien, war eine Mehrheit prosowjetisch. Die Menschen auf dieser Seite des Flusses sprechen mehrheitlich Russisch und fühlen sich Russland viel näher als Rumänien. Im August 1991 erklärte sich die Moldauische Sozialistische Sowjetrepublik als Republik Moldau für unabhängig und trat aus der Sowjetunion aus. Östlich des Dnejstr riefen daraufhin prosowjetische Politiker um den ehemaligen Fabrikdirektor und Zerspanungsmechaniker Igor Smirnow die Transnistrische Sowjetrepublik innerhalb der Sowjetunion aus. Die Moldauer Machthaber erkannten die Unabhängigkeit des Landstrichs östlich des Dnjestr nicht an. Das hatte auch wirtschaftliche Gründe, denn in Transnistrien befand sich die Industrie der Republik Moldau mit Stahl-, Textil-, Möbel- und Schuhfabriken, dazu Kraftwerke und eine Schnapsbrennerei.

Als die nationalistische Führung in der Republik Moldau Russisch als zweite Amtssprache abschaffte und nur noch Rumänisch zuließ, kam es zum Krieg. Zwischenzeitlich war sogar von einer Vereinigung Moldaus mit Rumänien die Rede. »Warum sollte ich mich von hier verjagen lassen?« Der Russe Grigorij Agre rückt seinen Hosenbund zurecht. »Meine Frau hat hier gearbeitet, meine Eltern. Sie haben dazu beigetragen, die Moldauische Sowjetrepublik aufzubauen. Warum sollte ich das Weite suchen?« Agre war seinen Leben lang Soldat, er hat in Afghanistan gekämpft und die Grenze nach China bewacht. »Wenn wir uns 1992 nicht verteidigt hätten, wären wir jetzt nicht mehr am Leben.« Auch der heutige Unternehmer Juri Kuzmenko, der Mann mit den fünf Visitenkarten, meldete sich damals freiwillig. Er fühlte sich bedroht, sagt er.

Die Kämpfe begannen im März 1992. Sie dauerten fünf Monate. Die neugegründete Republik Moldau hatte eine 10 000

Mann starke, polizeiartige Truppe, die dem Innenministerium unterstand. Auf transnistrischer Seite kämpften Freiwillige. »Wir hatten ein Gewehr für zehn Kämpfer«, erinnert sich Agre, »hier lagen überall Leichen. Es war heiß, wir hatten Angst, dass sich Epidemien ausbreiten.« Mehr als 1000 Menschen starben auf beiden Seiten des Flusses. Der Krieg wurde schließlich von der 14. Russischen Armee, die damals in der Region stationiert war und unter Führung des Afghanistan-Veteranen Alexander Lebed stand, eingefroren. Die Macht übernahm Igor Smirnow. Russland nannte die russischen Soldaten eine Friedenstruppe. Die Führung in Moldau warf Russland vor, aufseiten der Separatisten zu stehen. Die russischen Soldaten blieben, anerkannt wurde Transnistrien von Russland aber nicht.

Im Sommer 1992 unterschrieben beide Seiten ein Waffenstillstandsabkommen. Absurderweise stellten sie darin die territoriale Integrität der Republik Moldau fest. Im Gegenzug wurde den Menschen in Transnistrien das Recht eingeräumt, eine Volksabstimmung über die Abspaltung für den Fall durchzuführen, dass sich Moldau mit Rumänien vereinigen sollte. Zwar schweigen die Waffen seitdem meistens, der Rest des Abkommens war aber von vornherein realitätsfern. Die Republik Moldau besteht auf einer Rückkehr Transnistriens, die Separatisten auf ihrer Unabhängigkeit. Für jene, die wie Agre für Transnistrien gekämpft haben, ist das eine existenzielle Frage: »Ich spüre einen starken Patriotismus und Verantwortung für Transnistrien.«

Dass die beiden Seiten des Flusses nicht zusammenkommen können, liegt auch an Russland. Es gibt internationale Verhandlungsgremien zum Transnistrienkonflikt, in denen Russland mit am Tisch sitzt. Das Format nennt sich 5+2. Die zwei sind Moldau und Transnistrien, die fünf sind die Ukraine, Russland und die OSZE, die EU und die USA als Beobachter. Kenner konstatieren jedoch, dass das Gremium Russland lediglich der Kontrolle dient und es auch deshalb nie echte Fortschritte gegeben hat. Russland nutzt Transnistrien, um Moldaus EU-Ambitionen zu unterlaufen. Zwar hat sich die Republik Moldau in ihrer Verfassung längst zur Neutralität verpflichtet, doch seit Russland die Krim annektiert hat und in Teilen der Ukraine Krieg führt, fordern einzelne Parteien in Chisinau einen NATO-Beitritt. Laut NATO-Vertrag können aber Staaten nur dann aufgenommen werden, wenn sie ihrerseits zur Sicherheit des Bündnisses beitragen. Länder mit einem eingefrorenen Konflikt scheiden damit aus.

Das Selbstbestimmungsrecht der Völker, das vom Völkerrecht in Einzelfällen über die territoriale Integrität der Mutterländer gestellt wird, greift in Transnistrien nicht. Anders als im Kosovo gab es keine massenhafte ethnische Verfolgung. Ein Beitritt Transnistriens zur Russischen Föderation ist nicht in Sicht. Andere Separationsgebiete wie Abchasien und Südossetien im Südkaukasus, die völkerrechtlich zu Georgien gehören, wurden nach einigen Jahren von Russland anerkannt. Anlass war dort ein erneuter Ausbruch der Gewalt zwischen Separatisten und georgischem Staat. Während die Kriegsgebiete im Osten der Ukraine sich als Volksrepubliken bezeichnen und von Russland unterstützt werden, passiert östlich des Dnjestr nichts dergleichen. 2006 hat die Regierung ein Referendum durchgeführt. Mehrheitlich wollte die Bevölkerung eine Angliederung an Russland. Transnistrien wäre dann eine Exklave, knapp 800 Kilometer vom Mutterland entfernt, eingeklemmt zwischen Moldau und der Ukraine. Die Lösung müsste demnach eine Wiedereingliederung in die Republik Moldau sein. Doch wie könnte die aussehen, sollte überhaupt jemand daran Interesse haben? Transnistrier sprechen von Garantien, die gegeben werden müssten, sollte sich Moldau doch noch entschließen, sich mit Rumänien zu vereinigen. Und sie bestehen auf den Schutz der russischen Sprache. Unternehmer Kuzmenko betont zusätzlich den Schutz des Eigentums. Denn Rechtsakte, die in Transnistrien vollzogen wurden, sind nicht unbedingt mit moldauischem Recht vereinbar.

In den ersten Jahren nach dem Krieg war Transnistrien ein Landstrich voller Schmuggler und Krimineller. Unter den Augen der Machthaber, ziemlich wahrscheinlich sogar unter ihrer aktiven Beteiligung, wurde so gut wie alles geschmuggelt: Menschen, Waffen, Lebensmittel. Und da in dieser Situation – die Sowjetunion war noch nicht lange zusammengebrochen, der Krieg hatte so etwas wie einen eigenen Staat möglich gemacht – natürlich auch Eigentum neu zu verteilen war, griff eine Gruppe Mächtiger zu. Östlich des Dnjestr ging 1993 der Stern des Sheriff-Konzerns auf. »Sheriff«, weil die beiden Gründer früher Polizisten waren. Das

Firmensymbol, ein Sheriffstern, ist in Transnistrien überall anzutreffen. Zum Sheriff-Imperium gehören eine Supermarktkette, Tankstellen, ein Fußballclub mit modernem Stadion und Spielern unter anderem aus Südamerika. Ein Luxushotel, ein Fernsehsender, ein Verlag, die Schnapsbrennerei, der Mobiltelefonkonzern. Sheriff hat die Finger im Bankensektor und im Glücksspiel. Es heißt, der Konzern gehöre in Wirklichkeit dem ersten Präsidenten Igor Smirnow und diene vor allem der Geldwäsche. Ein Diplomat der Europäischen Union bezeichnet Smirnow gar als »Paten«, der mit seinen beiden Söhnen sämtliche politischen und wirtschaftlichen Schritte Transnistriens kontrolliere.

Der Schmuggel der ersten Jahre funktionierte so: Im ukrainischen Schwarzmeerhafen Odessa kam etwa Hühnerfleisch aus Südamerika an. Zielland: die Republik Moldau. Das Fleisch wurde im Hafen auf LKWs verladen, kam aber in Moldau nicht an – es verschwand beim Transit durch Transnistrien und fuhr illegal über die grüne Grenze zurück in die Ukraine. Dort wurde es dann unter Umgehung jeder Art von Kontrolle oder Abgabe verkauft. Es soll Fleisch aufgetaucht sein, das mehrere Jahre unterwegs war. Wer sich auskennt, isst in der Gegend kein Huhn.

Am Separationsgebiet bereichern sich nicht nur transnistrische Mafiosi, auch hochrangige Regierungsvertreter der Republik Moldau und Eliten in der Ukraine stehen im Verdacht, ihren Reibach zu machen. Dem ukrainischen Zoll entgehen so Einnahmen in Millionenhöhe. Von den Moldauer Behörden, die keinerlei oder nur wenig Zugriff auf den Handel haben, gar nicht zu reden. Alle Seiten können die Gewinne untereinander aufteilen. Und die Reichen in Transnistrien werden immer reicher.

Auch Juri Kuzmenko wollte nach dem Krieg Geld verdienen. Tankstellen und Benzin versprachen schnelles Geld und viel davon. Doch das Geschäft in größerem Rahmen war gefährlich. »Ich musste ständig eine Splitterschutzweste tragen. Das wollte ich nicht«, erinnert sich Kuzmenko. Er überließ das Benzingeschäft den Machthabern, besorgte sich Kredite und pachtete Land. Er begann, Käse und Speiseeis zu produzieren. Oft gab es keine Milch oder kam es zu Stromausfällen.

Die transnistrische Hauptstadt Tiraspol: 150 000 Menschen wohnen nach offiziellen Angaben hier. Blumen blühen am Rand der Hauptstraße. Sie ist benannt nach dem 25. Oktober, dem Datum der Revolution von 1917 nach dem julianischen Kalender. Auf einem Sockel, haushoch, deren Anführer, Wladimir Iljitsch Uljanow, genannt Lenin. Transnistrien mit all seinen Sowjetsternen und Lenindenkmälern, Ehrenhainen für Soldaten und ewigen Flammen wirkt skurril, ein bisschen wie eine Miniaturausgabe der Sowjetunion, als wäre es aus der Zeit gefallen. Der Verkehr ist spärlich. Ein paar sowjetische Kleinwagen, dazwischen schwarze Jeeps mit verdunkelten Scheiben. Auf dem Mittelstreifen ein Plakat: Hammer und Sichel im Ährenkranz, die aufgehende Sonne, der Sowjetstern – Symbole Transnistriens. Ein Transparent verkündet: »Unsere Kraft liegt in der Einheit mit Russland.« Auf einem Bus prangt die Parole »Mit Russland in eine gemeinsame Zukunft!«. Früher dröhnte noch Propaganda aus Lautsprechern an der Straße, Chöre sangen Siegeslieder, eine Stimme lobte die Bestarbeiterin.

In den ersten Jahren der 2000er Jahre war die Regierung des Pseudostaates besonders nervös. Besorgt hatte man beobachtet, wie die aufgebrachte Bevölkerung in Serbien eine verbrecherische Regierung wegdemonstrierte. Als kurz darauf das Gleiche in Georgien und im Nachbarland Ukraine geschah, organisierte die Regierung Transnistriens ganz schnell eine eigene Bewegung. Die hieß Proriw, »Aufbruch«. Ihr Symbol war ein Winkel auf gelbem Grund, dazu die Porträts von Che Guevara und Wladimir Putin. Zwar ist die Stimmung in Transnistrien schlecht – 2015 hat die Regierung die Renten um ein Drittel gekürzt –, trotzdem muckt niemand auf. Die wenigen Ausländer, die nach Transnistrien kommen, werden gut überwacht. Oppositionelle werden unterdrückt, die Schergen des Regimes schrecken auch vor Brandstiftung nicht zurück. Lehrer, Kulturhausleiter, Beamte, eigentlich jeder, der eine Funktion hat, ist vorsichtig, etwas gegen die Regierung zu sagen. Jugendliche werden frühzeitig verunsichert. Verschiedene Geheimdienste überwachen sich gegenseitig.

2011 kam es in Transnistrien überraschend zu einem Machtwechsel. Zwar ist dort jede Art von Wahlen fragwürdig, doch hat Dauerpräsident Igor Smirnow unvorhergesehen die Macht an Jewgeni Schewtschuk abgeben müssen. Schewtschuk galt damals als Reformer. Er ist Jahrgang 1968, Rechtsanwalt, hat in Tiraspol,

Moskau und Kiew studiert und im Machtkonzern Sheriff Karriere gemacht. Vier Jahre nach dem Machtwechsel ist klar, dass von Schewtschuk keine Verbesserung der Situation zu erwarten ist. Die Beziehungen zum Westen sind weiterhin schlecht, und auch eine Anerkennung durch Russland oder gar ein Beitritt zur Russischen Föderation sind nicht in Sicht. Der Grund dafür ist nicht nur die politische Krise, die Russland in Europa ausgelöst hat. Auch Reformen im Inneren scheinen nicht wirklich Schewtschuks Ziel zu sein. Wie in Russland werden Nichtregierungsorganisationen auch in Transnistrien neuerdings wegen Spionage angeklagt. Einem Bericht der Deutschen Welle zufolge wird in den Gefängnissen gefoltert. Moldauer werden entführt und nur gegen Lösegeld wieder freigelassen.

Auf der Hauptstraße, die Tiraspol mit den Industrieorten im Norden verbindet, herrscht wenig Verkehr. Ab und zu kommt ein Minibus durch die ärmlichen Dörfer, immer mal wieder kreuzen Pferdefuhrwerke die Magistrale Transnistriens. Die Gegend ist arm, Wasser gibt es oft nur vom Brunnen. Farbe blättert von Gartentoren. Einige sind mit den olympischen Ringen verziert. Neue Zäune waren ein Geschenk der Sowjetmacht anlässlich der Sommerspiele 1980 in Moskau. Getreidefelder, Weinfelder, insgesamt 2500 Hektar. Sie gehören dem Machtkonzern Sheriff und versorgen die Schnapsbrennerei Kvint mit Trauben für Cognac. Rund 100 Millionen Euro soll Sheriff investiert haben. Doch davon kommt fast nichts bei den normalen Leuten an.

Die Bevölkerung ist an Armut gewöhnt. Die, die nicht weggezogen sind, geben sich bescheiden. »Es ist okay in Transnistrien. Ich habe Arbeit.« Juri ist Traktorist. Im Winter repariert er die Maschinen, im Sommer arbeitet er auf dem Feld. Zwölf Stunden dauert seine Schicht. Juri ist verheiratet, hat vier Kinder. Sie kommen so durch. Er hat Verwandte auf der Westseite des Flusses, im Mutterland Moldau. Von einer Wiedervereinigung will er trotzdem nichts wissen. »Warum auch?«, fragt Juri, »die sind doch auch arm.« Es gibt ja auch kaum Hindernisse, einander zu sehen. Er ist froh, dass er Arbeit hat. Die ist auf beiden Seiten des Flusses rar. Viele Transnistrier haben Pässe der Republik Moldau. Viele arbeiten in Russland oder der EU, vor allem in Italien. Auch haben sich viele Moldauer rumänische Pässe besorgt, sind damit Bürger der EU.

Frauen und Männer aus der Region sind häufig Opfer von Menschenhandel, Sklavenarbeit und Zwangsprostitution. In den Dörfern gibt es oft nur Kinder und Alte, alle anderen sind weg. Auch in den Dörfern Moldaus kommt das Wasser oft vom Brunnen. Die Menschen links und rechts des Dnjestrs könnten wohlhabend sein, denn die Industrie ist in Teilen der ehemaligen Sowjetunion konkurrenzfähig, der Boden ist fruchtbar und das Klima günstig. Alles hängt an kriminellen und unfähigen Eliten auf beiden Seiten des Dnjestr.

»Es ist die Atmosphäre, das Geschäftsklima«, stellt Juri Kuzmenko fest, »Präsident Schewtschuk möchte alles verstaatlichen.« Firmen, die keinen staatlichen Anteil hätten, fühlten sich »ne komfortno«, »nicht wohl«. Es scheint auch eine persönliche Feindschaft zwischen beiden zu geben. Man kennt sich: Schewtschuk und Kuzmenko stammen aus der Industriestadt Ribniza, sind ungefähr gleich alt. Beide saßen im Parlament, Schewtschuk war Parlamentspräsident. Mittlerweile hat Kuzmenko sich aus der Politik zurückgezogen. Das Parlament hat in Transnistrien aber ohnehin nicht viel zu sagen. Während Schewtschuk an der Macht ist, geht es für Kuzmenko ans Eingemachte. Er hatte Pachtverträge, 99 Jahre Laufzeit. Kaum war Schewtschuk an der Macht, seien die aufgekündigt und auf ein Jahr verkürzt worden, erzählt Kuzmenko. »Was kann ich für ein Jahr planen?« Kuzmenko zeigt auf seine Felder. Getreide sprießt. Unmöglich, so Landwirtschaft zu betreiben.

Im März 2013 bekam er die Willkür des transnistrischen Zolls zu spüren. Er hatte 33 Kühe in den Niederlanden gekauft. »Die geben doppelt so viel Milch wie die transnistrischen«, sagt Kuzmenko. Die Papiere seien nicht in Ordnung, hieß es plötzlich. »Bei mir finden die immer was.« Normalerweise lässt sich so etwas mit ein paar Scheinen lösen. »Mittlerweile bin ich Realist, also ein gut informierter Optimist.« Er lacht dröhnend. Er wurde auch schon festgenommen. »Eine Fehlinformation der Behörden, ein Missverständnis«, sagt er. Auch die Krise des russischen Rubels macht ihm zu schaffen. Die Bank möchte, dass er die Kredite tilgt. 24 Prozent bezahlt Kuzmenko an Zinsen. Bisher konnte er seine Raten zurückzahlen. Teure Kredite sind in fast allen Ländern der ehemaligen Sowjetunion ein Problem. Kuzmenko bat die Banken um Aufschub, »doch statt mir zu helfen, kamen sie gleich mit dem Staatsanwalt und der Polizei und haben überall ihre Aufkleber draufgeklebt«.

2015 beackert Kuzmenko 7000 Hektar Land, baut Weizen, Sonnenblumen, Mais und Gerste an und verkauft die Ernte teilweise ins Ausland. Kuzmenko hat 500 Kühe und zusätzlich zur Käserei und Speiseeisfabrik eine Molkerei. Sein Ziel ist ein Stall für 3600 Kühe und 100 Tonnen Milch, die pro Tag in seinem Kombinat verarbeitet werden. Kuzmenko bangt um all das. »Es läuft eine Umverteilung von Eigentum. Sie wollen es mir wegnehmen, um es sich in die Tasche zu stecken«, konstatiert er. In Transnistrien wisse man nie so genau, wie das Recht gerade gebeugt werde – im Zweifelsfall könne man auch davon profitieren. »Du musst nur mutig sein, eine Vision haben und viel arbeiten. Und du brauchst Glück.« Genau das ist der Unterschied zu einem Rechtsstaat. »Im Prinzip funktionieren alle staatlichen Institutionen«, erläutert Kuzmenko, »die Frage ist nur, wie. Und sie funktionieren für jeden anders.« Im Zweifel gilt in Transnistrien das Recht des Mächtigeren. »Wahrscheinlich muss ich das durchstehen.«

Juri Kuzmenko telefoniert, spricht über Skype, chattet und mailt gleichzeitig. Er sei gerade nicht liquide, sagt er einem Mitarbeiter am Telefon, »ich kann heute nicht zahlen. Du weißt doch, die Zeiten sind nicht normal zurzeit. Ich weiß doch auch nicht, was wir machen können, ehrlich. Mach einen Vorschlag, dann entscheiden wir gemeinsam.« Im Juli gebe es wieder Geld, sagt er dann, »nach der ersten Ernte.« Bisher hat Kuzmenko mit der EU und mit Russland gehandelt. Wegen der Krise zwischen Russland und der Ukraine funktioniert der Export nach Russland nicht mehr. Die EU dagegen ist für die meisten Firmen aus Ländern der ehemaligen Sowjetunion keine Alternative. »Dort wartet niemand auf uns«, sagt Kuzmenko. »Die EU hat eine hohe Produktivität, wir holen das nicht ein.« Außerdem brauchten die Unternehmen billige und langfristige Kredite, um die Betriebe zu modernisieren. »Der russische Markt ist viel leichter zugänglich.« Im Westen sind Produkte aus der ehemaligen Sowjetunion oft unbekannt, die Märkte sind längst aufgeteilt. Der Regalplatz in den Geschäften in der EU ist belegt und teuer. Keine Chance für transnistrische Produkte, denn sie haben weder eine Lobby noch wissen Einkäufer, wo der

Landstrich liegt. Die transnistrischen Unternehmen sind mit dem EU-Markt schlicht überfordert. »Ich weiß ja gar nicht, was Konkurrenz ist«, sagt Kuzmenko. »Und der Weg auf den russischen Markt wird auch immer unsicherer.« Seit geraumer Zeit nutzt Russland die Lebensmittelaufsicht als politisches Druckmittel. Länder, die sich nicht im Sinne der russischen Politik verhalten, werden von heute auf morgen mit Importverboten belegt. Die Republik Moldau hat das schmerzlich erfahren und bleibt seit Jahren auf ihrem Obst und Gemüse sitzen.

Schaut man auf den Alltag, kommen einem Zweifel, ob es überhaupt noch einen Konflikt zwischen Transnistrien und Moldau gibt. Der Fußballclub Sheriff-Tiraspol spielt in der moldauischen Liga, und auch andere Sportmeisterschaften werden gemeinsam ausgetragen. Transnistrische Politiker haben Moldauer Pässe, fahren unbehelligt in die Hauptstadt Chisinau und nutzen den Flugplatz für Auslandsreisen. Es gibt verwandtschaftliche Beziehungen, transnistrische Eliten haben Eigentum im Mutterland Moldau. Es scheint, als hätten alle Beteiligten das Interesse an einer Lösung des Konflikts verloren. Auf der politischen Agenda in Moldau steht der Konflikt nicht mehr weit oben. Auch das Wissen, wie es zur Abspaltung kam, wird immer geringer, vielen jungen Leuten ist der Landstrich östlich des Dnjestr egal. Hier geht es ums Geschäft, und solange die entscheidenden Personen von der Abspaltung rechts vom Dnjestr profitieren, wird sich nichts ändern.

Der Moldauer Politologe Oazu Nantoi vermeidet den Begriff Konflikt, wenn er über Transnistrien redet. »Das ist ein Phänomen, das Konflikt genannt wird«, meint er. Der »Konflikt« scheint ein Vehikel zu sein, um illegale Geschäfte machen zu können. Für Russland ist er ein geopolitisches Faustpfand gegen Moldaus Westambitionen. Angesichts der Konfrontation zwischen Russland auf der einen Seite und Ukraine, EU, NATO und den USA auf der anderen ist es fraglich, ob in absehbarer Zeit überhaupt Fortschritte erzielt werden können.

Bei allen Problemen, die Kuzmenko mit der neuen Machtclique hat, eine Lösung des merkwürdigen Konflikts möchte er auch nicht. »Der ungeklärte Status eröffnet mir mehr Chancen als Probleme«, sagt er. Eher möchte er eine Anerkennung der Unabhängigkeit Transnistriens. Trotz aktueller Schwierigkeiten ist Kuzmenko Patriot. »Ich bin hier geboren, aufgewachsen, habe es zu etwas gebracht. Und wir sind in den vergangenen 25 Jahren sehr verschieden von Moldau geworden. Niemand kann uns mit Gewalt zwingen, in einem Land zu leben, in dem wir nicht leben möchten«, sagt Kuzmenko. »Moldau muss Bedingungen schaffen, die uns gefallen, damit wir uns vereinen.« Es wäre eine Abstimmung mit den Füßen: »Die Leute wollen da leben, wo es besser für sie ist.«

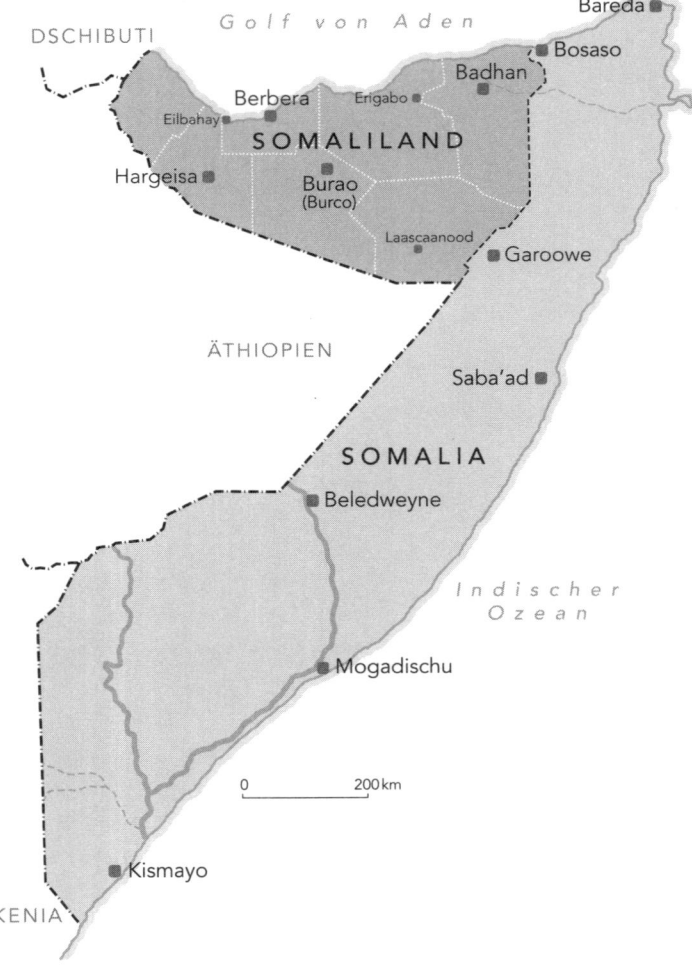

Golf von Aden

Bareda ■

DSCHIBUTI

Bosaso ■

Badhan ■

Berbera ■

Erigabo ●

Eilbahay ●

SOMALILAND

Hargeisa ■

Burao
(Burco)

Laascaanood ●

Garoowe ■

ÄTHIOPIEN

Saba'ad ■

SOMALIA

Beledweyne ■

Indischer
Ozean

Mogadischu ■

0   200 km

Kismayo ■

KENIA

Somaliland:
Der Selfmade-Staat

Bettina Rühl

Somalia steht als Synonym für Staatszerfall und Anarchie. Tatsächlich aber ist im Norden unbemerkt ein Staat herangewachsen, der nicht nur für Afrika als beispielhaft gelten kann. Warum ihn bis heute dennoch niemand anerkennt, versteht in Somaliland keiner.

Kapitän Omar Adil weist mit großer Geste auf sechs kleine Schnellboote, die im Hafenwasser von Berbera dümpeln, einer 200 000-Einwohner-Stadt an der Nordostküste Afrikas. »Willkommen bei der Küstenwache von Somaliland«, sagt der Kapitän, der eine braun-grüne Armeeuniform und drei Sterne auf den Schulterklappen trägt. Am anderen Ende der Hafenbucht rosten mehrere Schiffswracks vor sich hin, halb versunken in dem seichten Wasser. An der Pier gegenüber liegt ein Frachter, der zwar ebenfalls ein Wrack ist, aber offensichtlich immer noch in Betrieb. Schon am Vormittag ist das Sonnenlicht gleißend. Ein paar Hunde suchen Kühlung im flachen Uferwasser und fangen sich nebenher ein paar Fische. Die sieben Männer unter Kapitän Adils Kommando tragen unterschiedliche Uniformen, vermutlich Spenden verschiedener Geber. Kapitän Adil hat von seinem Vorgesetzten den Auftrag zu einer Manöverfahrt bekommen. Auf dem Steg fragt er allerdings vorsichtig nach, ob die Tour auf den Hafen beschränkt werden könne. »Wir haben nicht genug Benzin, um weiter rauszufahren.« Wer mehr sehen wolle, so lässt er durchscheinen, müsse sich an den Kosten für das Manöver beteiligen. »Das machen andere Journalisten auch so.«

Kapitän Adil ist trotz der knappen Mittel stolz darauf, Mitglied der Küstenwache zu sein. Denn Somaliland gibt es als Staat offiziell nicht, und dafür ist die Existenz einer insgesamt 700-köpfigen Einheit zum Schutz der maritimen Grenze in der Tat eine Leistung. Allerdings sind 13 Boote nicht übermäßig viel, um die 850 Kilometer lange Küste zu bewachen. Knapp die Hälfte der Flotte liegt in Berbera und ist, vom Spritmangel abgesehen, offenbar einsatzbereit. Auf einem der Schnellboote ist ein Geschütz montiert, eine orange Plastikplane schützt es vor Salzwasser. Die anderen Boote sind unbewaffnet, aber das ließe sich in kürzester Zeit ändern, versichert der Kapitän. Der Veteran unter den Booten am Steg ist schon 20 Jahre alt, viel jünger wirken auch die anderen nicht. Nur zwei von ihnen sind erst zwei Jahre alt, Geschenke der japanischen Regierung.

Kapitän Adil ist aufgeräumter Stimmung, heute ist Monatsende und Zahltag, er hat am Morgen seinen Beutel mit dem Sold schon bekommen. Die meisten Mitglieder der Küstenwache sind noch dabei, ihre Scheine davonzutragen. Somaliland hat eine eigene Währung, den Somaliland-Shilling, der Wechselkurs zum US-Dollar steht bei 7500 Shilling pro Dollar. Weil jeder Marinesoldat umgerechnet 100 US-Dollar bekommt, stehen im Büro des Kommandanten der in Berbera stationierten Einheit mehrere Säcke mit Geld, außerdem türmen sich Packen von Scheinen auf dem Boden. Aber immerhin, der Sold wird ausgezahlt und das auch noch pünktlich. In vielen international anerkannten afrikanischen Staaten warten Soldaten und Staatsangestellte monate- oder jahrelang auf ihr Geld, und die Währungen sind nicht unbedingt stabiler.

Neben Küstenwache und Währung gehören auch die grün-weiß-rote Landesflagge und eine Nationalhymne zu den Kennzeichen von Somalilands Staatlichkeit. Der Titel der Hymne, »Ein langes Leben in Frieden«, bringt den Stolz der Bevölkerung auf den Punkt. Seit zwei Jahrzehnten ist Somaliland halbwegs stabil, ein Fels in einer instabilen Region. Die somaliländische Regierung hat fast ein Gewaltmonopol und leistet sich sogar ein paar Polizisten, die den Verkehr in der Hauptstadt Hargeisa zu regeln versuchen. Der südliche Nachbar Somalia dagegen wird weiterhin von Kämpfen zerrissen und gilt international als Synonym für Anarchie und Gewalt. Dass Somaliland offiziell noch immer als Teil Somalias gilt, grämt Regierung und Bevölkerung gleichermaßen. Der schlechte Ruf des südlichen Nachbarn schrecke Investoren und Touristen ab, lautet die weitverbreitete Klage. Dass auch an Touristen gedacht wird, mag erstaunen. Zwar gibt es seit Anfang 2012 einen Reiseführer für Somaliland, aber wer denkt schon ernsthaft an Urlaub, wenn er Hargeisa womöglich für einen Vorort von Mogadischu hält?

Dabei ist die Metropole mit ihren schätzungsweise 800 000 Einwohnern seit dem 18. Mai 1991 Hauptstadt eines souveränen Staates, das ist jedenfalls das Verständnis seiner Bürgerinnen und Bürger. Die Region im Norden Somalias erklärte sich vier Monate nach dem Sturz des somalischen Diktators Siad Barre unabhängig. Mohamed Osman lässt diese Formulierung allerdings nicht gelten. Er ist Leiter des Antipateriebüros in Hargeisa und ehemaliges Mitglied der bewaffneten Befreiungsbewegung SNM, »Somalische Nationalbewegung«. »Unabhängigkeitserklärung« klingt auch in seinen Ohren viel zu sehr nach Revoluzzertum und Separatismus, ein Image, das Somaliland zu vermeiden sucht. »Wir haben nur eine Union aufgelöst, die nicht funktionierte«, erklärt Osman. Im Gespräch wirkt er überlegt und gut informiert, mehr wie ein Intellektueller als ein ehemaliger Militär. Die SNM war eine von mehreren Rebellengruppen, die Barre im Januar 1991 in die Flucht schlugen. Mit der Union meint Osman den – »und zwar freiwilligen!« – Zusammenschluss des ehemaligen Protektorats Britisch-Somaliland mit der ehemaligen italienischen Kolonie Somalia im Juli 1960.

Nach einem demokratischen, wenn auch von massiver Korruption geprägten Start putschte sich 1969 der Offizier Siad Barre in der gemeinsamen Hauptstadt Mogadischu an die Macht, ließ etliche Politiker verhaften, die Nationalversammlung schließen, das Oberste Gericht abschaffen, die Verfassung suspendieren und politische Parteien verbieten. Damit hatte er die Grundlagen seiner sozialistischen Diktatur gelegt, und über Somalia legte sich für die nächsten Jahre bleierne Repression. Durch das Verbot aller modernen politischen Organisationsformen wuchs die Bedeutung der Clans, historischer Großfamilien, die das politische und gesellschaftliche Leben in Somaliland und Somalia bis heute prägen. Die Clans wurden überall im Land zu Trägern des politischen Widerstands. Mitglieder des Isaaq-Clans gründeten 1981 im Londoner Exil die SNM, um den Diktator zu stürzen. Mohamed Osman, ein in der UdSSR ausgebildeter Marineoffizier, schloss sich der Bewegung in den 1980er Jahren an. »Da hatte ich eine mögliche Unabhängigkeit noch gar nicht im Kopf«, sagt er beim Gespräch in einem Hotel in Hargeisa. »Ich sehnte mich nach demokratischen Verhältnissen und einer gewählten Regierung.« Barre gehörte zum Clan der Darod. Die Isaaq fühlten sich als Clan vernachlässigt und politisch unterdrückt, ihre Heimatregion wirtschaftlich an den Rand gedrängt. In dem von ihnen dominierten Norden des Landes gab es kaum Jobs, dabei empfanden die Isaaq, von den Briten ausgebildet, sich als intellektuelle Elite des Landes. Die Besten von ihnen gingen nach Mogadischu, angezogen von der Aussicht auf Jobs, aber gleichzeitig abgestoßen von der harten Diktatur.

Gegen die zeitweise antireligiöse Politik Siad Barres betonte die SNM die Bedeutung des Islam, ohne islamistisch zu sein. Die Trennung von Religion und Politik war für die somaliländischen Rebellen selbstverständlich. Die SNM errichtete Basen im mit Barre verfeindeten Äthiopien. Von dort aus erhöhte sie ab 1984 die Zahl ihrer Angriffe, wofür sich das Regime an der Bevölkerung Somalilands rächte. Barres Soldaten verwüsteten die Region, töteten mehr als 50 000 Zivilisten, vergewaltigten Frauen, verminten das Weideland und vergifteten Brunnen. 1988 ließ Barre Hargeisa bombardieren, die Stadt wurde fast völlig zerstört.

Als der Diktator am 26. Januar 1991 aus Mogadischu floh, hatten die Rebellen aus dem Norden daran einen entscheidenden Anteil. Aber auch die Clans im Süden hatten ihre bewaffneten Gruppen, und mit der Flucht des Diktators begann der Kampf um das Bärenfell. »Wir haben Barre gestürzt und ihnen den Kadaver der Diktatur in den Schoß gelegt«, sagt Osman noch immer voller Empörung. »Aber sie taten so, als hätten nicht wir den Kampf gegen Barre begonnen, und das schon in den 1980er Jahren. Bei der Bildung einer Regierung schlossen sie uns aus.« Wenig später begannen die beiden wichtigsten somalischen Rebellengruppen, einander zu bekämpfen. Es begann ein Bürgerkrieg, der im Süden bis heute andauert.

Somaliland, gut drei Mal so groß wie die Schweiz, war zu diesem Zeitpunkt schon vom Krieg gezeichnet und im Mai 1991 eine verwüstete Region. Auch hier musste nach Barres Flucht der Frieden erst erkämpft, der Wunsch nach Rache gezähmt werden. Nach einigen Vergeltungsschlägen gegen Milizen anderer Clans und Massenhinrichtungen mutmaßlicher Regierungssoldaten versuchte die SNM, die Bevölkerungsgruppen miteinander zu versöhnen. Während einer Versammlung in dem Ort Burao beschlossen Clan-Älteste und Vertreter der SNM den Rückzug aus der Union mit Somalia und eine »Nationale Charta«. Demnach sollte die SNM für die nächsten Jahre die Regierungsgewalt übernehmen. Währenddessen sollte jedoch eine neue Verfassung ausgearbeitet werden und die Macht später an eine gewählte Regierung übergehen. Der damalige SNM-Führer Abd-ar-Rahman Ahmad Ali Tur wurde 1991 erster Präsident des selbsternannten Staates. Konfliktfrei waren die politischen Anfänge auch in Somaliland nicht, aber die Streitigkeiten wurden 1993 bei einer weiteren Konferenz von Rebellen und Ältesten beigelegt. Gleichzeitig übertrugen SNM und Clan-Älteste die Macht an eine zivile Regierung unter Mohammed Haji Ibrahim Egal, der die Demokratisierung Somalilands vorantrieb. Seit 1991 fanden mehrere Wahlen statt, und auch an der Spitze des Staates gab es einen friedlichen Wechsel, was auf dem Kontinent noch immer eine Ausnahme ist. Zuletzt wurde der Oppositionelle Ahmed Mohammed Mahamoud »Silanyo«, ebenfalls ein Isaaq, 2010 zum neuen Staatsoberhaupt gewählt. Das ehemalige SNM-Mitglied hatte 2002 die Partei Kulmiye gegründet und war deren Vorsitzender geworden.

»Wir haben unseren eigenen Weg gefunden, einen Staat zu schaffen«, meint Osman. »Wir haben traditionelle und importierte Regierungsformen gemischt. Ich finde, dass das sehr gut funktioniert hat.« Zu den traditionellen Formen gehören die Versammlungen der Clan-Ältesten und damit die breite Beteiligung des Volkes. Das allerdings im Rahmen der traditionellen Hierarchien: »Das Volk« wird von den alten Männern vertreten, junge Menschen und Frauen sind an der Macht nicht beteiligt. Die tragende Rolle der Ältesten spiegelt sich in der Struktur der staatlichen Institutionen: Somaliland hat neben dem gewählten Parlament noch eine zweite Kammer, den Guurti. Er besteht aus Clan-Ältesten, die auf Lebenszeit ernannt werden und damit ein Machtfaktor sind, an dem niemand vorbeikommt. Mit demokratischen Strukturen nach westlichem Verständnis hat das nichts zu tun.

Ursprünglich ist der Guurti eine Versammlung der Clan-Oberhäupter zum Schlichten von Konflikten, ein Instrument der traditionellen Justiz. In den ersten Jahren Somalilands war der Einfluss der Ältesten entscheidend, um die Kämpfer zur Abgabe der Waffen motivieren und Rachegelüste kanalisieren zu können. Inzwischen gilt Kritikern diese zweite Kammer nicht mehr als zeitgemäß, eben weil sie nicht demokratisch ist. Schließlich gibt es auch eine moderne Justiz, und die überwältigende Mehrheit der Bevölkerung ist jung und via Internet mit dem globalen Leben vernetzt. Die Jugend, die mehr als die Hälfte der Bevölkerung ausmacht, fühlt sich nicht mehr unbedingt von den Ältesten vertreten. Außerdem reichen die traditionellen Werte der Clan-Gesellschaft nicht aus, um ihre Sehnsucht nach einer Arbeitsstelle und Teilhabe an der Globalisierung zu stillen.

»Bei uns hat die Staatsbildung funktioniert, weil wir mit der Versöhnung angefangen haben«, sagt Mohamed Farah, Direktor der Akademie für Frieden und Entwicklung in Hargeisa. »Wir haben unseren Staat auf ein Volk gebaut, dessen Mitglieder einander nach dem Krieg verziehen und Vertrauen zueinander entwickelt haben. Die Akademie für Frieden und Entwicklung wurde 1999 mit finanzieller Unterstützung der Vereinten Nationen gegründet, damit beim Prozess der Staatsgründung Expertise und Studien zur Verfügung stehen. Davon abgesehen bekamen die Somaliländer wenig Unterstützung oder Aufmerksamkeit, die internationale Gemeinschaft verfolgte andere Ziele. 1992 marschierten die USA in Somalia ein, die einzig verbliebende Weltmacht hatte sich nach dem Ende des Kalten Krieges ein neues Ziel gesetzt und wollte nun, wie der damalige Präsident George Bush formulierte, eine »Neue Weltordnung« begründen. Der Einmarsch in Somalia wurde als »humanitäre Intervention« verbrämt. Mit Billigung der Vereinten Nationen sollte die US-Armee somalische Milizen bekämpfen, um die Verteilung von Lebensmitteln zu ermöglichen – der Bürgerkrieg hatte eine katastrophale Hungersnot ausgelöst, bis zu 500 000 Menschen verloren ihr Leben. Aber die US-Armee und eine UN-Mission scheiterten, Somalia wurde zum traumatischen Waterloo für die Supermacht USA. Kaum bemerkt, im Schatten dieser Entwicklungen, ging Somaliland seine eigenen Wege.

Dass sich niemand einmischte und niemand viel Geld gab, halten Mohamed Farah und viele andere Beobachter im Nachhinein für das Beste, was der jungen, etwas altertümlichen Demokratie widerfahren konnte. Der Süden gilt ihnen als abschreckendes Beispiel. Dort wurde von der internationalen Gemeinschaft viel Geld in humanitäre Hilfe und Friedensbemühungen investiert. Tatsächlich wurde das Geld zum Treibstoff des jahrelangen Krieges: Hilfsgelder und internationale Zuschüsse waren und sind dort eine der wichtigsten Ressourcen, um die zu kämpfen es sich lohnt. »Der Konflikt im Süden ist zu einem extrem internationalisierten Prozess geworden«, meint Farah. »Alle möglichen Organisationen, Institutionen und Länder mischen sich ein, jeder hat seine eigene Agenda. Es ist kaum möglich, die verschiedenen Ansätze unter einen Hut zu bringen, und was die Bevölkerung will, geht dabei völlig unter.«

Wie die meisten Somaliländer lässt auch der Jurist Farah auf »seinen« Staat nichts kommen. Als der Krieg begann, war er fünf Jahre alt und lebte mit seiner Familie in Mogadischu, wo seine Eltern in Ministerien arbeiteten. »Im Verlauf der Kämpfe wurden einige aus meiner Familie getötet und Frauen vergewaltigt. Ich selbst habe Jahre an Jugend und Bildungschancen in Flüchtlingslagern verloren.« Etwas Besseres als die Unabhängigkeit hätte weder ihm noch seinem Land jemals passieren können, davon ist er bis heute überzeugt. Vier Jahre lang lebte Farah mit seinen Eltern und Geschwistern in einem Lager in Äthiopien, ehe die Familie schließlich im kriegszerstörten Hargeisa neu anfing. »Bei null«, wie er betont. »Wir hatten unsere Würde, allen Besitz und Tausende unserer Mitbürger verloren.« Das Scheitern der Union mit Somalia habe jeden Somaliländer ähnlich wie ihn und damit ganz persönlich getroffen. »Entsprechend groß ist nun der Widerstand gegen einen neuen Zusammenschluss.« Dass sie trotz aller Leistungen im Staatsaufbau nach mehr als 20 Jahren noch nicht anerkannt sind, empfinden Farah und die meisten Somaliländer als tiefe und fast persönliche Demütigung. Die fehlende Anerkennung muss als Erklärung für alles herhalten, was nicht funktioniert.

»Wären wir anerkannt, hätten wir Sprit«, sagt zum Beispiel Kapitän Adil, nachdem er darum bitten musste, das Manöver der Küstenwache auf eine Runde im Hafen zu beschränken. »Wären wir anerkannt, würde unsere Jugend nicht nach Europa fliehen«, sagen andere. Inwiefern die Anerkennung in jeder Hinsicht segensreich wäre, ist nicht immer leicht zu verstehen. Es geht auf jeden Fall um die Mitgliedschaft in internationalen Organisationen, um ein Stimmrecht bei internationalen Entscheidungen, um Pässe, Visa, Reisefreiheit. Und um die Möglichkeit, im Ausland zu studieren. Aber natürlich auch um die klare Abgrenzung vom Chaos des Krieges in Somalia.

Nicht zuletzt geht es selbstverständlich auch um Geld. Das somaliländische Budget für 2015 ist bei einem Umfang von rund 251 Millionen US-Dollar selbst für die nur drei Millionen Bürgerinnen und Bürger bescheiden, und es ist noch das größte, das Somaliland je verabschiedet hat. Rund 14 Millionen US-Dollar kommen als Unterstützung von Dänemark und Großbritannien, den Rest generiert Somaliland selbst. Wichtigste Einnahmequelle ist der Hafen von Berbera. Von hier aus exportiert Somaliland Kamele, Schafe und Ziegen auf die Arabische Halbinsel, auf die Exporte erhebt der Staat Steuern. Abgesehen vom Viehexport lebt die Bevölkerung von der Landwirtschaft, von der Viehhaltung und von der Zuwendung ihrer im Ausland lebenden Verwandten. Entsprechend gering sind die staatlichen Einnahmen. Das Besondere ist nicht einmal, wie bescheiden die Mittel sind, sondern dass Somaliland – zwangsweise – schuldenfrei ist. Weil der Staat nicht anerkannt ist, bekommt er von der Weltbank oder vom Internationalen Währungsfonds keine Kredite. Womöglich ist das ein Segen. Und auf jeden Fall ist es, neben einem Grund zu chronischer Klage, auch ein weiterer Grund für nationalen Stolz. »Viele andere Staaten könnten ohne internationale Hilfe nicht einen Tag lang überleben«, sagt Mohamed Osman, das ehemalige SNM-Mitglied und der heutige Koordinator aller Anstrengungen gegen die Piraterie. »Aber uns gibt es schon seit über 20 Jahren.« Mit ihren knappen finanziellen Ressourcen hat die somaliländische Regierung einen erstaunlich funktionstüchtigen Staat auf die Beine gestellt.

Osman hat einen wichtigen Posten, denn die Piraterie macht Somaliland für die internationale Gemeinschaft interessant, Anerkennung hin oder her. Der De-facto-Staat liegt am Golf von Aden, einer für die Weltwirtschaft existenziell wichtigen Schiffspassage, die ab 2008 zum Revier somalischer Piraten wurde. Der Seeweg gilt deshalb als einer der gefährlichsten der Welt. Allein 2008 griffen die Piraten vor der somalischen Küste fast 300 Schiffe an, gut 30 dieser Angriffe waren erfolgreich. Um das Problem in den Griff zu kriegen, brauchte die internationale Gemeinschaft dringend verlässliche und politisch stabile Partner. Was das angeht, macht Somaliland in der Region kaum ein Staat etwas vor. Der südliche Nachbar Somalia war mehr als 20 Jahre lang einzig in seinem Scheitern unangefochten, ein »failed state« ohne Regierung. Als erster international anerkannter Präsident seit 1991 wurde 2012 Präsident Hassan Sheikh Mohamud von einem somalischen Parlament gewählt, das seinerseits nicht aus einer freien und demokratischen Wahl hervorgegangen ist – im Bürgerkriegsland Somalia ist daran noch immer nicht zu denken.

Also arbeitet die internationale Gemeinschaft in ihrem Kampf gegen die Piraterie seit 2008 mit der Regierung von Somaliland zusammen. Dabei geht es weniger um Waffenlieferungen als vielmehr um Ausbildungs- und Trainingsprogramme. Im Gegenzug erklärte sich Somaliland beispielsweise bereit, verurteilte Piraten auch aus anderen Ländern bei sich in Haft zu nehmen. Die UN brachten dafür ein Gefängnis in Hargeisa auf den internationalen Standard, dort sitzen jetzt knapp 30 auf den Seychellen verurteilte Piraten in Haft. »Aber die laufenden Kosten für das Gefängnis zahlen wir«, betont Osman. Anders als im benachbarten Puntland, das sich als autonom, aber nicht als unabhängig versteht, haben die Piraten an der 850 Kilometer langen Küste Somalilands keine Basis – jedenfalls ist eine solche nicht bekannt. Überhaupt ging die Zahl der Angriffe inzwischen drastisch zurück. Seit 2014 gab es vor Somalia keine erfolgreiche Kaperung mehr. Osman erklärt das nicht zuletzt mit den Bemühungen seiner Regierung und der Küstenwache. Die wurde schon 2005 mit finanzieller Unterstützung Großbritanniens gegründet. Ihr jährliches Budget von 200 000 US-Dollar ist mehr als bescheiden und wird allein von Somaliland finanziert. »Geholfen haben auch unsere Aufklärungskampagnen in den Dörfern an der Küste«, meint Osman. »Aber entscheidend waren wohl eher die Patrouillen der internationalen Kriegsschiffe und die Tatsache, dass heute die meisten Frachter bewaffnet sind.«

Das »Geheimnis« für das Funktionieren Somalilands erklärt sich vermutlich im Detail. In einem verdunkelten Raum summt ein Beamer, das Gerät wirft Filmaufnahmen einer bergigen Steinwüste an die Wand. Ein Geländewagen holpert über das Geröll, er wogt beim Fahren von rechts nach links wie ein Schiff in schwerer See. Aus dem Halbdunkel kommt die tiefe Stimme von Abdulkadir Hashi Elmi. »Auf dieser Strecke gab es früher ständig Unfälle. Wir mussten einfach etwas tun.« Elmi ist Somaliländer und etwa 80 Jahre alt. Der Film zeigt den ursprünglichen und den heutigen Zustand der Strecke: Gegen Ende der Vorführung ist eine begradigte, wenn auch nicht asphaltierte Piste zu sehen.

Elmi hat fast vier Jahrzehnte lang in Kuwait gelebt, dort für ein Erdölunternehmen gearbeitet und jede Menge Geld verdient. Vor zwölf Jahren kehrte er nach Somaliland zurück. »Wie jeder Mensch verdanke ich meinem Heimatland viel«, erklärt der Unternehmer seine Rückkehr. »Davon will ich jetzt etwas zurückgeben.« In seinen letzten Lebensjahren wolle er sein Geld in soziale Projekte investieren. Unermüdlich produziert der 80-Jährige Geschäftsideen und Projektskizzen. Die Straße durch die Steinwüste ist eine von diesen Ideen. Und ihre Entstehung erklärt viel vom Funktionieren Somalilands.

Um die Bedeutung »seiner« Straße zu veranschaulichen, greift Elmi nach einer Karte. Zu sehen sind dort die rechteckigen Landesgrenzen im nordöstlichen Zipfel Afrikas, darin mehr oder weniger hohe Berge und die Küstenlinie. »Hier sind wir also«, erklärt Elmi und tippt auf den roten Fleck unterhalb der Berge, der Hargeisa markiert. Das Rote Meer ist Luftlinie gerade mal 100 Kilometer entfernt. Aber zwischen der Stadt und der Küste liegt quer ein hoher Gebirgszug. »Er schneidet die Hauptstadt vom Roten Meer ab«, erklärt Elmi. Es gibt zwar noch eine gut asphaltierte Strecke von Hargeisa in die Hafenstadt Berbera, aber diese Strecke ist mit rund 200 Kilometern doppelt so lang. Noch 2012 dauerte die Fahrt von der Hauptstadt über die kürzere, aber kaum begradigte Gebirgspiste ans Meer mindestens einen Tag. Diese Fahrzeit wollte Elmi verkürzen. Sein Ziel: eine Straße, die eine Durchschnittsgeschwindigkeit von 100 Stundenkilometern erlaubt. »Dann könnten wir dort nämlich auch in Tourismus und Fischerei investieren, vielleicht würde sich sogar eine fischverarbeitende Fabrik lohnen.« Elmi denkt noch weiter in die Zukunft: Sollte das benachbarte Äthiopien tatsächlich über wirtschaftlich nutzbare Erdölvorkommen verfügen, wie derzeit vermutet wird, könnte das Öl entlang einer Straße gut durch Somaliland an die Küste geleitet und von dort aus exportiert werden. Denn Äthiopien hat seit der Unabhängigkeit Eritreas keinen eigenen Meereszugang mehr.

Vor drei Jahren fing Elmi mit dem Bau an. Dazu suchte er Spender und Sponsoren, investierte aber immer wieder auch eigenes Geld. Davon hat er reichlich. Nach seiner Rückkehr aus Kuwait gründete er zwei Hotels, von denen vor allem das Haus in Hargeisa ausgezeichnet läuft. Insgesamt beschäftigt Elmi nach eigenen Angaben rund 300 Angestellte. Für seine Heimat ist das von Bedeutung, denn kaum etwas braucht Somaliland so dringend wie Arbeitsstellen, vor allem für junge Menschen. Von denen sind die meisten arbeitslos. Elmi trauert dem Geld, das er in Projekte wie die Straße investiert, nicht hinterher. »Ich bin davon überzeugt, dass wir mehr produzieren können, wenn wir mehr in unser Land investieren. Am Ende werden wir mehr herausbekommen, als wir reingesteckt haben.« Das waren für die Straße immerhin schon 1,5 Millionen US-Dollar. Das Ergebnis ist eine planierte und gut befahrbare Piste, auf der die Fahrzeit statt ein bis zwei Tagen nur noch zwei bis drei Stunden beträgt. Aber Elmi und seine Projektpartner sind noch nicht fertig: Sie wollen eine Asphaltdecke, geschätzte Kosten: 12,5 Millionen US-Dollar. Wer Elmi zusieht, der weiß nach kurzer Zeit, dass er seine Asphaltdecke bekommen wird.

Weniger Geld, aber viel Zeit und Energie investieren auch die Bürgerinnen und Bürger des Dörfchens Eilbahay in »ihren« Staat. Für ungeübte Augen ist der Ort in gut 50 Kilometer Entfernung von Hargeisa kaum als ein solcher zu erkennen: ein paar weit verstreute Hütten in kargem Buschland, durchsetzt mit dornigen Büschen. Es ist heiß, nur ein paar Ziegen zeigen sich trotz der Sonne. Unter einem der wenigen, dürr belaubten Bäume sitzen drei alte Männer. Sie sind der »Bildungsausschuss« des Dorfes, in ihren Händen liegt auch das Management der Grundschule von Eilbahay. »Wenn wir beispielsweise zu wenig Schüler haben, gehen wir von Haus zu Haus und werben bei den Eltern für den Schulbesuch«, beschreibt Omar Ahmed Warsame seine Aufgaben. Die Vollversammlung des Dorfes hat ihn zum Ältesten gewählt. Auf Omars schwarzem Jackett liegt der Steppensand in einer feinen Schicht. Dazu trägt er ein Palästinensertuch, eine weite Hose aus afrikanischem Stoff, eine muslimische Kopfbedeckung, schwarze Straßenschuhe und einen Gehstock. Mit dem Bürgermeister als

Vertreter des modernen Staates arbeiteten die traditionellen Ältesten gut zusammen, meint Omar. Es gehe schließlich darum, das Beste für die Bevölkerung zu erreichen. Aber die Ältesten nehmen die Bevölkerung auch in die Pflicht: In den ersten Jahren der Unabhängigkeit wurden die Kinder von Eilbahay unter den dürr belaubten Bäumen unterrichtet. Um endlich eine Schule bauen zu können, gingen die traditionellen Dorfchefs von Haus zu Haus, sammelten Geld bei den Eltern, fragten aber auch den Bürgermeister nach staatlicher Unterstützung. Auf diese Weise bekamen sie genug Geld für ihre Schule zusammen, das Bauen übernahm die Dorfbevölkerung selbst.

Jetzt denken die Bewohner und Ältesten des Dorfes schon wieder weiter. »Wir brauchen drei zusätzliche Klassenräume«, sagt Omar. »Und einen Zaun um die Schule.« Die Ältesten haben mit dem Sammeln des Geldes schon angefangen. Die Schule ist nicht ihr einziges Projekt. Ist Trinkwasser gerade besonders knapp, wenden sie sich an die Regierung. Beim Staat, bei Hilfsorganisationen und bei der Bevölkerung werben sie derzeit für eine Gesundheitsstation. Noch müssen die Menschen sechs Kilometer bis ins nächste Dorf gehen, wenn sie die Hilfe einer Krankenschwester brauchen. »Für Frauen, die schon starke Wehen haben, ist das so weit, dass es gefährlich ist«, sagt Omar.

Dass sich die Bevölkerung am Aufbau staatlicher Strukturen beteiligt, dass sie für Schulen, Universitäten, Straßen und Krankenhäuser spendet, ist eines der Geheimnisse von Somaliland. Auch die demokratischen Strukturen seien in den vergangenen Jahren »sehr organisch« von unten nach oben aufgebaut worden, bekräftigt Claire Elder von der International Crisis Group die Auffassung von Mohamed Farah und anderen Somaliländern. Das ist anders als im benachbarten Somalia, wo mit internationalem Zutun immer wieder versucht wurde, eine Zentralregierung von oben einzusetzen – ein Modell, das seit mehr als 20 Jahren scheitert. Aber auch in Somaliland verblasse der Glanz, meint Elder. »Inzwischen streben auch die hiesigen politischen Eliten vor allem nach Macht.« Der Raum für Kompromisse zwischen Clans und anderen Interessengruppen werde kleiner. Eine gefährliche Entwicklung, denn genau diese Kompromissfähigkeit garantierte bislang den Frieden im Mitmach-Staat.

Auch gegenüber der Presse verschärfe sich der Ton, meint Abdul Farah, ein ehemaliger Journalist, dessen Name nur geändert angegeben werden kann. Der 31-Jährige wurde in Mogadischu geboren und ist wegen seiner Erfahrungen im Krieg der Regierung Somalilands gegenüber noch immer loyal. Doch den Journalismus gab er lieber auf; das Risiko einer Verhaftung schien ihm eines Tages zu hoch. »Viele Journalisten machen wirklich keine saubere Arbeit und verbreiten ungeprüfte Gerüchte«, räumt er ein. »Aber der Regierung fällt darauf nur eine Reaktion ein, und das sind Verhaftungen.« Diese harte Linie schade der Demokratie. »Die Regierung schießt sich damit ins Bein, begeht im schlimmsten Fall Selbstmord.« Er selbst verdient jetzt als Pressesprecher sein Geld und kann es sich leisten, mit Frau und zwei kleinen Töchtern in Hargeisa zu bleiben. »Aber viele meiner Freunde und Bekannten sind weg, abgehauen nach Europa«, sagt er. Denn der Staat, der lange als Erfolgsmodell galt, bietet seinem Nachwuchs keine Zukunft. »Das ist unglaublich traurig«, meint Farah. Die wenigen freien Stellen würden innerhalb des Establishments vergeben, auch Somaliland sei inzwischen von den »afrikanischen Krankheiten« Korruption und Vetternwirtschaft infiziert. Dass sie bislang vergleichsweise niedrig war, hat womöglich auch damit zu tun, dass kaum etwas zu verteilen ist. Somaliland hatte bislang keine nennenswerten Rohstoffe. Das ändert sich nun, in Somaliland wird nach Erdöl exploriert. Neben Hoffnung auf Reichtum breitet sich auch die Sorge aus, dass die Ressource zum Fluch werden könnte, so wie in vielen anderen afrikanischen Staaten. In Nigeria oder Angola hat das Erdöl nur Krieg und Korruption gebracht, die Bevölkerungsmehrheit lebt weiter in Armut. »Die meisten jungen Leute habe keine Hoffnung«, meint deshalb der junge Familienvater Abdul Farah. Er selbst hält sich für eine große Ausnahme, weil er einen Job bekam. Und zwar ohne Beziehungen zu haben, wie er behauptet.

Mohamed Osman, der Leiter des Antipateriebüros, teilt Farahs Sorge. 65 Prozent der jungen Somaliländer hätten keine Arbeit, schätzt er. Die Folgen sieht er in seiner Familie: Er hat zwei Söhne und zwei Töchter. Die jüngste ist 17 Jahre alt, sie geht in London zur Schule. Seine zweite Tochter, eine Rechtsanwältin, lebt ebenfalls in London. Sein jüngerer Sohn arbeitet für die Kommune von Manchester, nur sein ältester Sohn ist noch in Somaliland. Er ist Journalist und arbeitet beim staatlichen Fernsehen. Osman schafft es nicht, den Eindruck einer gewissen Aussichtslosigkeit zu zerstreuen. Jedes Jahr drängten 25 000 junge Menschen zusätzlich auf den Arbeitsmarkt, während es kaum neue Stellen gebe. Kein Wunder, dass die meisten nach Europa streben. Aber was wird aus einem Staat, den seine Jugend verlässt? Als Lösung für das Problem fällt auch Osman nur die Hoffnung ein, sein Staat könnte eines Tages doch noch international anerkannt werden. »Dann könnten wir Kredite aufnehmen und Arbeitsstellen schaffen.« Eine Lösung, die womöglich auch nicht in die Zukunft, sondern in die Überschuldung führt.

Keelung

Taipeh

Hsinchu

Taichung

Hualien

TAIWAN

Taitung

Kaohsiung

0   50 km

Taiwan:
Zwei Chinas und der Kampf um die Geschichte

Klaus Bardenhagen

So ähnlich, wie Somalias Regierung bis heute Anspruch auf Somaliland erhebt, so erhebt Chinas Regierung Anspruch auf Taiwan. Peking bezeichnet Taiwan als »unabtrennbaren Teil Chinas«. Oft ist die Rede davon, es gehe um die »Wiedervereinigung« mit der »abtrünnigen Provinz«. Doch die Realität in Taiwan ist ein gutes Stück komplexer.

Manche Drohungen verhallen ungehört. Im März 2015 wurde Chinas Staats- und Parteichef Xi Jinping mal wieder grundsätzlich. »Das größte Hindernis für die friedliche Entwicklung der Beziehungen an der Taiwanstraße sind die separatistischen Kräfte der sogenannten taiwanischen Unabhängigkeit«, tönte er in Peking bei einem Treffen chinesischer Blockparteien. »Sie bedrohen Chinas nationale Souveränität und territoriale Integrität. Wir müssen sie bekämpfen.« Das klingt drastisch, war aber weder neu noch originell und erregte auf Taiwan, getrennt von Chinas Südostküste durch die 180 Kilometer breite Taiwanstraße, kein Aufsehen. Seit Jahrzehnten hören die Menschen hier solche Drohungen und nehmen sie eher kopfschüttelnd zur Kenntnis.

Wenn »Unabhängigkeit« bedeutet, dass Menschen ihre Geschicke selbst bestimmen, dann genießen die 23 Millionen Taiwaner sie schon lange. Auf ihrer Insel, die kleiner ist als Niedersachsen und mehr Einwohner hat als Australien, hat die Volksrepublik nichts zu melden. Die Taiwaner besitzen eigene Pässe, eine Armee und eine Währung. Sie wählen ihre Regierung frei und demokratisch und geben sich ihre eigenen Gesetze. Chinas rote Flagge wehte noch nie auch nur einen Tag über Taiwan. Wie viel unabhängiger kann ein Staat sein? Das Schreckgespenst der Unabhängigkeit, vor dem Peking warnt: In Taiwan scheint es längst lebendig und wohlauf.

Trotzdem demonstrieren sie, die Unabhängigkeitsbewegten. Sie ziehen mit Flaggen durch die Straßen der Hauptstadt Taipeh, auf denen steht: »Wir sind Taiwaner, keine Chinesen.« Sie halten seit Jahren Mahnwache in einem Zelt direkt vor dem Parlament. Sie träumen von einem anderen Land und wettern in Talkshows gegen Taiwans Regierung genauso wie gegen Peking. Nur wer weiß, was sie wollen und warum, versteht auch, warum Taiwan seit 70 Jahren ein weltpolitischer Brennpunkt ist.

Es ist eine komplizierte Geschichte. Deshalb muss einer sie erzählen, der möglichst weit zurückblicken kann. Und einer, dem die Zukunft gehören könnte.

Der eine, Unabhängigkeitskämpfer, lebt in einer Vorstadt von Taipeh im dritten Stock einer in die Jahre gekommenen Wohnanlage direkt neben einem französischen Supermarkt. Die Tür öffnet er nicht selbst, sondern ein Betreuer und Weggefährte, der rund um die Uhr bei ihm ist. Mit 97 Jahren kommen auch eingefleischte Revolutionäre nicht mehr allein klar.

Su Beng ist ein Greis, der Rücken verkrümmt, die schulterlangen Haare schlohweiß. Doch noch steckt Kraft in Körper und Geist. Die steile Treppe ins Wohnzimmer steigt er ohne Hilfe selbst hinab. Der Händedruck ist fest, der Blick aus dem rechten Auge wach und aufmerksam – das linke ist getrübt und erblindet. Su, Jahrgang 1918, ist ein ewig Widerständiger. Er war Marxist, enttäuschter Weggefährte Maos, verhinderter Attentäter Chiang Kaisheks, Exilant. Er ist noch immer Aktivist, Historiker, Aufrüttler. In Taiwans Unabhängigkeitsbewegung gibt es Radikale und Gemäßigte, Träumer und Realisten. Su ist ihre gemeinsame Ikone.

Warum also hält er Taiwan nicht für unabhängig? Seine Stimme ist hoch und brüchig. »Weil die Taiwaner noch immer unter einem Kolonialregime leben. Unabhängigkeit haben wir erst erreicht, wenn wir selbst bestimmen, dass es ein Land namens Taiwan gibt.« Diesen Kern des Problems klammern westliche Medien so gut wie immer aus. Es hat einen Grund, dass Taiwaner mit »China Airlines« fliegen, Briefe per »chinesischer Post« verschicken und dass ihr Land oft »das andere China« genannt wird. Dieser Staat, in dem Su lebt und den er ablehnt, heißt: Republik China. Offiziell gibt es keinen Staat Taiwan, und es gab ihn auch noch nie. Genau das will er ändern.

Die Republik China ist viel älter als die Volksrepublik, sogar älter als Su Beng. Ihre Staatspartei Kuomintang (KMT) beherrschte einst ganz China, verlor aber den Bürgerkrieg gegen Maos Kommunisten. Kurz vor der totalen Niederlage zog sich Machthaber Chiang Kai-shek 1949 mit seiner Armee und den Eliten des Landes nach Taiwan zurück, das vier Jahre zuvor noch zu Japan gehört hatte. Mit sich brachte er den ganzen Staatsapparat der Republik China, die hier bis heute besteht – als Besatzungsmacht, wenn man die Dinge sieht wie Su. Vor mehr als 60 Jahren hat er ihr den Kampf erklärt.

Während des Kalten Krieges gab es tatsächlich zwei Chinas: Eines riesig, eines zusammengeschrumpft auf Taiwan und einige Inselgruppen. Eines kommunistisch, eines nationalistisch. Zwei Diktaturen mit dem Anspruch, ganz China zu repräsentieren – und beide überzeugt davon, dass Taiwan dazugehört und niemals eigene Wege gehen darf. Seit Jahrzehnten sorgt Peking mit seinem ganzen Gewicht dafür, dass die Insel isoliert bleibt. Die Republik China, einst UNO-Gründungsmitglied mit ständigem Sitz im Sicherheitsrat, verlor 1971 ihr Mandat an die Volksrepublik. Als Folge der Ein-China-Politik nach dem Motto »die oder wir« hat Taipeh mittlerweile nur noch gut 20 diplomatische Verbündete, meist Zwergstaaten. Fast allen Ländern, auch der gesamten EU und den USA, sind die Beziehungen zu Peking wichtiger.

Su ist alt genug, um sich an die Zeit vor der KMT zu erinnern. Späteren Generationen impfte die Obrigkeit von klein auf ein, sie seien Bewahrer chinesischer Traditionen, die in der kommunistischen Kulturrevolution zertrümmert wurden. Die Tempel, die Bräuche, die in der Volksrepublik verstümmelten traditionellen Schriftzeichen – viele Taiwaner über 50 sagen noch heute mit Stolz, sie seien »chinesischer als die Chinesen«. Für Unabhängigkeitsbefürworter wie Su Beng sind sie hingegen Opfer einer Gehirnwäsche. »Taiwan ist nie in andere Länder eingefallen, es wurde aber immer wieder besetzt.« Zuerst rammten im 17. Jahrhundert Holländer und Spanier ihre Flaggen in den Boden der Insel, später Chinesen, Japaner und dann wieder Chinesen.

Beim Gespräch sitzt Su im weiten Jeanshemd, den Gehstock neben sich, zwischen seinen eigenen Memorabilia: als überlebensgroße Büste auf dem Couchtisch, als Erlöserfigur auf einem

Gemälde, sein Konterfei auf Fahnen gedruckt. Neben Su sitzt eine taiwanischstämmige Kanadierin, die seit Jahren an seiner englischen Biografie schreibt. Zwei Kameras laufen mit, drei Aufnahmegeräte halten jedes Wort fest. Wenn Taiwaner wie er heute Unabhängigkeit fordern, meinen sie nicht die längst bestehende Unabhängigkeit von der Volksrepublik. So gut wie niemand, quer durch alle politischen Lager, will sich von den Apparatschiks um Xi Jinping regieren lassen. Sie meinen: das System der Republik China mit seinem historischen Ballast abschütteln. Ein Land, auf dessen Nationalflagge oben links noch immer das mit der KMT aus China gekommene Parteiemblem prangt – weiße Sonne auf Blau –, kann nicht ihres sein.

Für Su geht der Kampf um die eigene Identität, und er wird ausgetragen auf dem Schlachtfeld des Geschichtsbewusstseins. Noch heute lernen viele Schüler mehr über Chinas Dynastien, Berge und Flüsse als über Taiwan. Und in vielen Klassenräumen hängen Karten, auf denen die Schriftzeichen für »Republik China« quer über das Gebiet der ganzen heutigen Volksrepublik geschrieben sind und Taiwan als Anhängsel unten rechts in die Ecke gedrängt ist.

Als Su 1918 geboren wurde, gehörte Taiwan schon mehr als 20 Jahre zu Japan. Obwohl seine Generation als Staatsbürger zweiter Klasse aufwuchs, schaffte er es als einer von wenigen an die Waseda-Eliteuniversität in Tokio. Dort studierte er heimlich marxistische Literatur und lernte dafür sogar Deutsch. Der Krieg brach aus, Japan fiel in China ein. 1942 schloss Su sich den Kommunisten um Mao Zedong an und kämpfte jahrelang zuerst gegen die Japaner, dann gegen die nationalchinesischen Truppen der Kuomintang. 1949 hatte er zu viele Grausamkeiten miterlebt und kehrte China und der KP den Rücken. Parteimitglied war er nie gewesen. Zurück in Taiwan, stellte Su fest, dass es seiner Heimat noch schlechter ging als zu japanischen Kolonialzeiten. Die Nationalchinesen hatten 1945 mit Amerikas Hilfe die Insel übernommen, führten sich auf wie im besetzten Feindesland und beschimpften die Einheimischen, die Japanisch statt Mandarin gelernt hatten, als Kollaborateure. 1947 hatten die KMT-Truppen einen Volksaufstand niedergeschlagen und Taiwans Eliten massakriert, darunter Studenten, Anwälte und Politiker. Nun, wo Chiang Kai-shek das Festland an Mao verloren hatte, regierte er den letzten Rest seines »Freien China« per Kriegsrecht.

»Sechs Millionen Taiwaner wurden kontrolliert von mehr als einer Million Soldaten, Polizisten und der Geheimpolizei«, beschreibt Su die Lage. »Die Chinesen kontrollierten alle Waffen. Also mussten wir eine Untergrundbewegung aufbauen.« Sie hortete Gewehre, plante Attentate und Sabotageakte. »Jeder im Netzwerk suchte nach einer Gelegenheit, Chiang Kai-shek zu töten«, sagt Su. »Natürlich nannte die Regierung uns Terroristen. Aber für mich waren wir einfach Taiwaner, die ihr Land lieben.« Aus den militanten Plänen wurde nichts. Statt wie später Che Guevara auf Kuba einen Guerillakrieg anzuführen, musste Su fliehen, als seine Gruppe aufflog. Knapp entkam er 1952 nach Japan, erhielt politisches Asyl. Während im Taiwan der 1950er, 1960er und 1970er Jahre unter dem Kriegsrecht politisch Friedhofsruhe herrschte, wirtschaftlich der Aufstieg zum Tigerstaat begann und weltweit Kolonien ihre Unabhängigkeit errangen, betrieb Su in Tokio ein Nudelrestaurant. Im Hinterzimmer schmiedete er weiter Pläne, spann die Fäden seiner Bewegung. Und er schrieb einen 2000 Seiten starken Wälzer: »Taiwans 400 Jahre Geschichte.« Es war das erste Buch, das Taiwans Geschichte als seine eigene behandelte. Seinen Kampf führte Su von nun an mit Worten statt mit Waffen.

Während Su, der so viele Regime erlebt und bekämpft hatte, in Japan alt wurde, wandelte die Republik China auf Taiwan doch noch ihr Gesicht. Innenpolitisch wagten Dissidenten sich aus der Deckung, von außen wuchs der politische Druck. Nachdem die Regierung 1987 das Kriegsrecht aufgehoben hatte, erlebte das Land innerhalb weniger Jahre eine erstaunliche Demokratisierung. Ein junger Taiwaner, der mit seinen Eltern nach Kanada ausgewandert war, verfolgte das aus der Ferne. Chang Jiho war 19 und Politikstudent, als ihm in der Unibibliothek in Vancouver Su Bengs »Taiwans 400 Jahre Geschichte« in die Hände fiel. »Es war, als hätte ich eine neue Welt betreten. So hatte ich noch niemanden über Taiwan schreiben sehen.« Das Herz für die Heimat war entflammt. Wir werden Chang und seiner Generation weiter hinten in diesem Kapitel wiederbegegnen.

Nach mehr als 40 Jahren im Exil durfte Su 1993 endlich nach Taiwan zurückkehren. Da war er schon 75. Viel hat sich seitdem geändert. Seit 1996 wählen die Taiwaner ihren Präsidenten, also den Präsidenten der Republik China, selbst. Es gab schon mehrere

Machtwechsel. Dahinter steckt ein friedlicher Prozess, aber keine Revolution. Die alte, für ganz China geschriebene Verfassung gilt noch, sie wurde nur ergänzt. Die frühere Staatspartei Kuomintang hat sich zur Demokratie bekannt und für die schlimmsten Taten entschuldigt, sitzt aber noch immer auf einem riesigen Vermögen. Es gibt nun Opfer, deren gedacht wird, aber keine Täter, die bestraft wurden.

Dass es keinen klaren Bruch gab, liegt auch an der Volksrepublik. Machtlos musste Peking zusehen, wie vor seiner Haustür eine Demokratie entstand. Durch ihre reine Existenz beweist sie, dass eine ethnisch chinesische Gesellschaft nicht per Alleinherrschaft regiert werden muss. Schlimm genug für Xi Jinping und Co. Sollte Taiwan nun auch noch seine historischen Verbindungen zum Festland kappen, könnten Unabhängigkeitsbewegungen innerhalb Chinas Auftrieb erhalten. Die Uiguren in der muslimischen Region Xinjiang ganz im Westen, die Tibeter, vielleicht sogar die frustrierten Bewohner von Hongkong – eine separatistische Büchse der Pandora, deren Deckel die KP ganz fest zudrücken will. So wurden frühere Todfeinde zu Verbündeten. Chinas Kommunisten und die Nationalisten der KMT sind sich zumindest einig darin, dass Taiwan Teil eines wie auch immer definierten »China« ist. Ihr Konzept ist schwammig und widersprüchlich und genau deshalb für beide Seiten akzeptabel. Im Kern besagt es: Schwierige Entscheidungen werden in die Zukunft vertagt, de facto mag Taiwan eigenständig sein, aber irgendwie hängt es doch mit China zusammen.

Unabhängigkeit, Vereinigung oder Status quo? Das ist die Gretchenfrage für Taiwans Demoskopen. Aktuell wollen weniger als zehn Prozent tendenziell mit der Volksrepublik zusammengehen, knapp 25 Prozent die Unabhängigkeit erklären, 60 Prozent aber den Status quo einfach möglichst lange beibehalten. Nicht am Boot rütteln, kein Risiko eingehen – kein Wunder, denn 2005 hat Peking die Drohkulisse noch einmal verschärft. Mit dem »Antiabspaltungsgesetz« räumte es sich selbst das Recht ein, Taiwan anzugreifen, wenn es abspenstig wird.

»Früher war es die KMT«, sagt Su Beng, »aber inzwischen ist die Volksrepublik die größere Gefahr für Taiwans Unabhängigkeit.« Was kann Taiwans Unabhängigkeitsbewegung überhaupt durchsetzen? Bei der zweiten Präsidentenwahl im Jahr 2000 gab auch Su seine

Stimme ab und half mit, die früheren Regimegegner an die Spitze der Republik China zu wählen. Doch die achtjährige Präsidentschaft der Demokratischen Fortschrittspartei (DPP) wurde eine ernüchternde Erfahrung – nicht nur für ihn. Der Widerstand Pekings von außen und der KMT von innen sorgten dafür, dass die Träume der radikalen Unabhängigkeitsbefürworter der Realität nicht standhielten. Korruptionsskandale erschütterten das Vertrauen zusätzlich.

2008 wurde die KMT wieder an die Macht gewählt und setzte auf immer engere wirtschaftliche Verflechtungen mit Peking. Politische Fragen wollte sie ausklammern, den Status quo erhalten. Neben »Keine Vereinigung« und »Keine Gewalt« war »Keine Unabhängigkeit« eines der ständig wiederholten Mantras. Nach nur einem halben Jahr wurden die Grenzen dieser Politik deutlich, als ein chinesischer Unterhändler zu Verhandlungen nach Taipeh reiste. Demonstrierende Taiwaner, an Redefreiheit gewöhnt, wurden plötzlich von der eigenen Polizei zurückgedrängt. Sogar die Nationalflagge mit der KMT-Sonne riss man ihnen aus den Händen, um dem Gast aus Peking ihren Anblick zu ersparen. Es sah fast aus, als wäre der Regierung Taiwans real existierende Unabhängigkeit peinlich geworden.

In diesem Moment wurde Taiwans Zukunftsfrage zum Generationenkonflikt. Auf den Plan traten die 20- bis 30-Jährigen, eigentlich verschrien als hoffnungslos unpolitisch und oberflächlich: die erste Generation, die ganz selbstverständlich mit der Demokratie aufgewachsen ist. Zunächst blieb ihre Bewegung überschaubar. Nur wenige Taiwaner nahmen die zaghaften Mahnwachen und Protestbanner zur Kenntnis. Ein Wortführer war Chang Jiho, der Leser von Sus Mammutwerk aus Kanada, inzwischen zurückgekehrt in seine Heimat. 34 ist er heute und sitzt in seinem Lieblings-Künstlercafé in Keelung, einer alten Hafenstadt nördlich von Taipeh, wo es öfter regnet als irgendwo sonst auf der Insel. »Wir waren damals so friedlich«, erinnert sich der nicht mehr ganz junge Mann, hageres Gesicht und schulterlange Haare, an die Proteste von 2008. »Wir haben uns auf einen Platz gesetzt und gewartet, dass die Polizei uns abholt. Aber es kam niemand.« Ganz im Sinne seines Idols Su Beng kam er zum Schluss: »Wir müssen aggressiver auftreten und uns größere Ziele setzen. Danach hat dann jede Demonstration die vorherige übertroffen.« Es ist, als hätte

Su Beng zwei Generationen übersprungen. Viele junge Taiwaner, frustriert von einer technokratischen, wirtschaftsfreundlichen Politik, verehren den radikalen Alten als Vorreiter im Geiste. Die kompromisslose Rhetorik, das Aufbegehren gegen Autoritäten – das passt ins Lebensgefühl der neuen Protestbewegung.

Changs Handy klingelt. Er hört, stutzt, gibt einige ausweichende Antworten. »Das war die Polizei«, klärt er auf. »Sie wollten wissen, ob wir bei einem Protest demnächst dabei sein werden. Damit sie sich einrichten und mehr Beamte schicken können.« Es liegen Welten zwischen so einem Anruf und Taiwan zur Zeit des Kriegsrechts, doch die Botschaft ist klar: Wir haben dich im Auge. »Ich sage immer nur, ich weiß es noch nicht.« Chang ist halb belustigt, halb verärgert. »Das ist noch immer diese alte, autoritäre Denkweise. Als könnte man eine Bewegung stoppen, wenn man einige Schlüsselfiguren kontrolliert.« Es ist vor allem Zorn, der die Proteste anheizt, über soziale Ungerechtigkeit, schlechte Zukunftschancen und eine saturierte Elterngeneration, die nach konfuzianischer Tradition Gehorsam einfordert, aber keinen Gemeinsinn vorlebt. Aktivisten wie Chang kämpfen für Umweltschutz und Atomausstieg, Rechte von Ureinwohnern und Arbeitern. Und gegen Landnahme und Enteignungen, Immobilienspekulation und sinkende Löhne. Es geht ihnen um die eigene Identität und damit in letzter Instanz auch um Taiwans Unabhängigkeit. »Fuck the Government«, steht auf schwarzen T-Shirts, die sie bei Demos besonders gern tragen, und daneben auf Chinesisch: »Unser Land müssen wir schon selbst retten.«

Ihr Gegenspieler ist das vor allem durch die KMT und ihre Anhänger verkörperte Establishment. Von der Politik seit 2008 haben Konzerne und Wohlhabende besonders profitiert – und China, das über Handelsabkommen und Investitionen ganz ohne Militärgewalt immer mehr Einfluss in Taiwan gewinnt. Viele wichtige Weichenstellungen wurden ohne Bürgerbeteiligung durchgewunken. »Taiwans Demokratie ist nur Fassade«, meint Su Beng. »Die halbe KMT ist von den chinesischen Kommunisten gekauft.« Für Kritiker wie ihn verfolgen KP und KMT gemeinsame Interessen: die eigene Macht erhalten, Profite machen, Taiwan nicht davonkommen lassen. Eine »gemeinsame Front« wie damals im Krieg gegen Japan.

Doch nicht alle Taiwaner teilen diese Sorgen. Die KMT hat noch immer eine Stammwählerschaft von etwa 40 Prozent, das in Zeiten der Alleinherrschaft angehäufte riesige Parteivermögen hilft im Wahlkampf und kittet die eigenen Anhänger zusammen. Ihre Politik verkauft die Partei als pragmatisch und rational: Um den Status quo und damit den Frieden zu erhalten, ist Kooperation mit Peking unumgänglich. Basis dafür ist das – von beiden Seiten unterschiedlich ausgelegte – Ein-China-Prinzip. Es geht darum, Chancen zu nutzen und Risiken zu minimieren. Keine Vereinigung, keine Unabhängigkeit – ein bisschen erinnert Taiwans Festhalten am Status quo an eine Frau, der ein gewalttätiger Cousin als Verehrer nachstellt. Nachgeben will sie seinem Werben bestimmt nicht. Zu einem deutlichen »Nein« kann sie sich aber auch nicht durchringen – er ist kein Typ, der eine Abfuhr akzeptiert, und könnte fies werden. Und solange sie flirten, macht er immerhin ab und zu Geschenke.

Jahrelang konnte die KMT Kritik an dieser Politik ignorieren. Doch der Widerstand wuchs, wie Chang Jiho es geplant hatte. Das Fass lief über, als die KMT-Parlamentsmehrheit im März 2014 ein weitreichendes Freihandelsabkommen mit China im Eiltempo durch die Volksvertretung peitschen wollte – für die Aktivisten ein weiterer Sargnagel auf dem Weg zum Ausverkauf. Was dann passierte, mischte die politischen Karten in Taiwan ganz neu, belebte Taiwans Zivilgesellschaft in einem Maße, wie es nur wenige Beobachter für möglich gehalten hatten – und gab schließlich auch der Unabhängigkeitsbewegung neuen Auftrieb: Die fast vierwöchige Besetzung des Parlaments durch Studenten der »Sonnenblumenbewegung«.

Es ist der Abend des 18. März 2014. Chang Jiho ist dabei, als sich Hunderte Studenten vor dem Parlament in Taipeh versammeln. »Allen war klar, es würde etwas passieren«, erinnert er sich. »Dann hieß es, um neun Uhr stürmen wir. Als es losging, als ich eingeklemmt durch das Tor geschoben wurde, war mit klar: Es gibt kein Zurück mehr.« In dieser unerhörten Nacht besetzt er mit Studenten den Plenarsaal und hindert die Polizei mit Stuhlbarrikaden mehrfach an der Räumung. Am nächsten Morgen sieht Chang, wie sich vor dem Gebäude Tausende Unterstützer versammeln, »lauter neue Gesichter, die vorher nie dabei gewesen waren«. Überraschend viele Taiwaner sehen in der Besetzung keine illegale Aktion, sondern einen Akt demokratischer Notwehr. Ihre Logik: Taiwans demokratisches System ist kaputt, man muss es zur Reparatur zwingen. Der greise Su Beng spricht im besetzten Parlament zu den Jungen. »Ich habe ihnen gesagt, dass man nur mit Diskutieren nichts erreicht. Man muss die Initiative ergreifen und Leute mobilisieren. Nur so können wir China widerstehen.«

Den Kampf um die Herzen der Taiwaner hat die Volksrepublik, dieser unheimliche Möchtegern-Liebhaber, ohnehin längst verloren. »Sehen Sie sich als Chinese, Taiwaner oder beides?« Keine leichte Frage, denn hier vermischen sich politische, ethnische und kulturelle Identität. Auch wenn die Vorfahren von mehr als 90 Prozent der Bevölkerung irgendwann einmal vom Festland eingewandert sind: Sechs von zehn sehen sich heute laut Umfragen ausschließlich als »Taiwaner«, weniger als fünf Prozent als »Chinesen«, der Rest kann beides unter einen Hut bringen.

Im Vergleich mit derselben Frage vor zehn oder 20 Jahren hat sich das Bild deutlich gewandelt. »Und durch die Sonnenblumenbewegung ist noch mehr Menschen klar geworden, wie unterschiedlich die Gesellschaften in Taiwan und China sind«, sagt Su Beng.

Im Frühjahr 2014 spürt Taiwans Regierung, dass die Stimmung gekippt ist, und schreckt vor einer gewaltsamen Räumung des Parlaments zurück. Kurz vor dem 25. Jahrestag des Tiananmen-Massakers will niemand Gewalt sehen. Anders als ein halbes Jahr später bei den Regenschirmprotesten in Hongkong wird verhandelt. Die Regierung legt das Abkommen mit China auf Eis und verspricht in Zukunft mehr Transparenz. Die Studenten ziehen aus dem Parlament ab und starten mit der neugewonnenen Energie etliche gesellschaftspolitische Initiativen. Sie geben nun den Takt vor. Natürlich ist Chang Jiho einer von ihnen. Ganz im Sinne seines Idols Su Beng beschränkt er sich nicht aufs Reden. In seiner Heimatstadt Keelung wühlt er buchstäblich im Dreck, um historische Gebäude vor dem Verfall zu retten. Mit seinen Weggefährten räumt er sie frei, macht sauber, veranstaltet Kulturevents – oft auch gegen der Willen der Besitzer, die lieber auf Abriss und Neubau spekulieren. »Damit wollen wir einen Teil von Taiwans Geschichte bewahren. Je mehr die Leute wissen, desto besser. Wer seine eigene Geschichte kennt, setzt sich auch eher für Unabhängigkeit ein.«

Verglichen mit Su Beng klingt er gemäßigter: »Theoretisch ist Taiwan souverän, seit wir in den 1990ern angefangen haben, Parlament und Präsident frei zu wählen.« Das Problem: »Die Regierung muss sich an die Verfassung halten, aber die wurde nie demokratisch legitimiert.« Zeitgemäß sei sie sowieso nicht mehr. Haarsträubend findet Chang etwa den Anspruch auf ganz China, sogar auf das Gebiet der heutigen Mongolei. »Wir brauchen eine neue Vertragsgrundlage für die Beziehung zwischen Bürgern und Staat.« Um nicht von Spenden abzuhängen, finanziert Chang sein Aktivistenleben selbst. Auf dem Tresen im Café hinter ihm stehen bunte Schachteln, die er vor allem übers Internet verkauft. Darin stecken Familienrezepte: Kräuteraufguss-Mischungen mit heilender Wirkung. »Schon mein Urgroßvater hatte eine Kräuterapotheke, das wird bei uns überliefert.« Als er sah, wie junge Taiwaner keinen Geschmack mehr an den Aufgüssen fanden und lieber teuren Tee aus Europa kauften, ärgerte ihn das. Seine Lösung: die alten Traditionen neu zu verpacken und mit frischem Marketing dafür zu sorgen, dass auch Teetrinker sich angesprochen fühlen.

Auch politisch will Chang an Traditionen anknüpfen. »Wir stehen auf den Schultern von Giganten. Ein Su Beng ist wie eines unserer traditionellen Kräuterrezepte. Es schmeckt bitter, und die Leute wissen nicht recht, was es mit ihnen macht. Es wirkt. Aber es ist gewöhnungsbedürftig. Also verpacken wir das alte Rezept neu, und auf die Schachtel malen wir eine Blüte. Das hat früher niemand gemacht. Dabei sind ja wirklich Blumen drin.« Doch Taiwaner leben bereits in Freiheit. An all die Widersprüche und politischen Anomalien haben sie sich längst gewöhnt. Welche Blüten will Chang seinen Landsleuten schmackhaft machen, wofür sollten sie das Risiko eingehen, den Status quo gegen etwas womöglich noch Fragileres einzutauschen?

Bei allem Idealismus geht es auch in Taiwan am Ende um Wirtschaft und Arbeit. Wer die KMT-Politik für vernünftig hält, argumentiert mit Chinas riesigem Markt, von dem Taiwaner dank sprachlicher und kultureller Nähe profitieren könnten wie niemand sonst. Mehr Freihandel, freier Fluss von Menschen und Kapital – das soll beiden Seiten Wohlstand bringen und einen Konflikt unwahrscheinlicher machen. Vielleicht kann auf lange Sicht Taiwan sogar China stärker beeinflussen und verändern als umgekehrt. »China saugt uns aus«, hält Chang Jiho dagegen. »Wir erleben einen Brain Drain, den Abfluss von gut ausgebildeten Leuten.« Etwa jeder dritte junge Taiwaner kann sich laut Umfrage vorstellen, in China zu arbeiten – selbst wenn alles andere abschreckt, lockt das höhere Gehalt. »Wir müssen Chinas übermäßigen Einfluss wieder beschränken und unsere Wirtschaft selbst neu auf die Beine stellen. Mit Taiwan als Kern, nicht als Anhängsel. Wieder im eigenen Land investieren und lokale Marken aufbauen.« Also Protektionismus? »Taiwan ist nicht wettbewerbsfähig genug, sich komplett zu öffnen. Wir haben lange genug kurzsichtig agiert und uns ausbeuten lassen.«

Selbst wenn eine Mehrheit der Taiwaner den Willen aufbringen sollte, dem chinesischen Verehrer einen Korb zu geben – ein günstiger Zeitpunkt, etwa für ein Referendum über die Verfassung, ist nicht in Sicht. Jeder noch so kleine Schritt wäre für Peking ein Angriff auf die nationale Einheit. Das Antiabspaltungsgesetz von 2005 droht unverhohlen mit einem Militäreinsatz. Die Planspiele für einen Konflikt in Ostasien, die in Peking und im Pentagon in der Schublade liegen, würden mit einem Schlag aktuell werden. Washington hat an so einem Szenario kein Interesse und würde Taiwan wohl rechtzeitig in die Schranken weisen. Die Insel mit ihrer wichtigen strategischen Lage bleibt ein weltpolitischer Spielball der Großmächte. Wenn sie nicht von Peking dominiert werden will, darf sie es sich mit der inoffiziellen Schutzmacht USA nicht verscherzen.

Dass der China-Faktor sich nicht ausblenden lässt, weiß auch Chang Jiho. Aber er vertraut darauf, dass ein Moment kommen könnte, in dem Peking nicht mehr drohen will oder kann – weil es sich demokratisiert oder weil andere Krisen es erschüttern. Vielleicht Unruhen in Xinjiang oder Aufstände der Wanderarbeiter? »Wir wissen nicht, wann China offen oder schwach genug sein könnte. Aber es kann schnell gehen. Wir müssen für so einen Fall bereit sein. Damit wir die Gelegenheit ergreifen, wenn sie sich bietet.« Ob auch Su Beng das noch erleben wird? Natürlich ist es sein Traum. Aber die Welt nimmt auf sein Alter keine Rücksicht. In der Welt gelten die Wünsche von Idealisten weniger als Begriffe wie »Kräfteverhältnisse« und »Realpolitik«.

Über den Bergen Zentraltaiwans hängt feuchter Nebel. Um acht Uhr morgens sind Su und seine Anhänger aufgebrochen, mit dem Reisebus drei Stunden zum »Heiligen Berg« von Taiwans Unabhängigkeitsbewegung gefahren. Ein Gelände am Hang, auf dem zwischen Obstbäumen und Sträuchern Ehrenmale und Gedenktafeln für einige Dutzend Märtyrer der Bewegung stehen. Es ist ein taiwanisches Walhalla, ein Gegenstück zur soldatischen Heldenverehrung der KMT im Nationalen Märtyrerschrein von Taipeh. Ein neues Ehrenmal soll enthüllt werden. Su Beng sitzt im Rollstuhl, doch der Boden ist mit Kies bestreut. Zwei kräftige Männer müssen ihn samt Stuhl zum Mikrofon tragen. Den alten Weggefährten, den sie heute ins Pantheon aufnehmen, hat Su von Tokio aus in den Tod geschickt: 1973 sollte er ein Attentat auf Taiwans Premierminister verüben, den Sohn von Chiang Kai-shek. Doch er wurde gefasst, zum Tode verurteilt, hingerichtet. Freiheitskämpfer oder Terrorist?

Wie immer, wenn Su auftritt, halten Kameramänner und Fotografen drauf. Es könnten ja die letzten Bilder sein. Die Zuhörer geben sich Mühe, den 97-Jährigen zu verstehen. Wieder einmal erklärt er Taiwans Geschichte, holt ganz weit aus, bis zur Agrarpolitik der Japaner und noch weiter. Dabei predigt er hier zu den Bekehrten, sie haben das schon oft gehört. Und er spricht lang, zu lang. Es ist später Nachmittag, die Leute haben Hunger, eigentlich sollte die Veranstaltung längst vorbei sein. Sie hören nicht mehr zu, beginnen zu tuscheln, die hinteren Reihen wandern sogar schon ab. Der alte Mann merkt, dass er sein Publikum verliert. Aber er will nicht zum Ende kommen. Er hat noch so viel zu sagen. Ein Vertrauter rafft sich auf, flüstert Su ins Ohr, dass die Zeit um ist. Su ist ungehalten. Er bricht ab. »Es geht mir heute nicht gut, ich muss Schluss machen.« An diesem Punkt seines Lebens erzielt er allein dadurch Wirkung, dass er noch da ist. Solche Auftritte müsste er sich nicht mehr antun. Er will es aber.

Als Su Ende 2014 mit Nierenproblemen im Krankenhaus lag, pilgerten die Jünger ans Krankenbett. Auch Chang Jiho saß an seiner Seite, die Fotos sehen aus wie Abschiedsbilder. Aber Su erholte sich wieder. »Er ist wie ein Samurai«, sagt Chang. Einige von Sus japanischen Kommilitonen opferten sich im Krieg als Kamikaze-Piloten. Vielleicht ist es dieser Wunsch, der ihn antreibt: kämpfend unterzugehen, statt leise zu verschwinden. Auch wenn er seinen Traum wohl einer neuen Generation vererben muss.

LIBANON

SYRIEN

Safed ■

Golan-höhen

See Genezareth

Haifa ■

Mittelmeer

Nablus
■

Tel Aviv ■

WEST-
JORDANLAND

Ramallah ■

Jericho ■

Jerusalem ■

Aschkelon ■

Tel es-Safi ■

● Erez

GAZA-
STREIFEN

■ Gaza

Hebron
■

Totes Meer

■ Beer Schewa

ISRAEL

JORDANIEN

ÄGYPTEN

*Wüste
Negev*

0   40 km

Eilat ■

126

Palästina:
»PLO – Occupation No!«

Susanne Knaul

Abhängig vom Wohlwollen der internationalen Staatengemeinschaft ist auch Palästina. Präsident Mahmud Abbas versucht, die Eigenstaatlichkeit über die Internationalisierung des Nahostkonflikts voranzutreiben. Doch nach mehr als 50 Jahren Unabhängigkeitskampf sind die Palästinenser politisch gespalten – selbst innerhalb der eigenen Familie.

»Ich hatte noch nicht einmal Schuhe an den Füßen, als wir vertrieben wurden.« Ali Dusuki sitzt erkältet mit Mütze und Morgenmantel auf dem Sofa in einer modernen Eigentumswohnung in Ramallah, die ihm sein jüngster, im Ausland lebender Sohn gekauft hat. Seine Tochter Manar lebt bei ihm, und auch Enkelin Dania verbringt viel Zeit hier. Tante und Nichte verstehen sich gut: Beide haben lange dunkle Haare und ein ansprechendes Gesicht, beide sind erfolgreich und sprechen fließend Englisch. Manar arbeitet im Finanzministerium der Palästinensischen Autonomiebehörde, und ihrer Nichte schwebt eine Karriere im Auswärtigen Amt vor. Liebevoll reicht Dania ihrem Großvater eine Tasse Tee mit frischer Minze. Gerade zwölf Jahre alt war er, als die Panzer sein Dorf Tel es-Safi erreichten, auf halber Strecke zwischen der Mittelmeerküste und Jerusalem. Zu Fuß floh er mit den Eltern und zehn Geschwistern zuerst Richtung Süden, dann nach Osten. »Immer weiter nach Osten«, erinnert sich Dusuki an den tagelangen Fußmarsch und das Ende seiner glücklichen Kindheit. Das war im Frühling 1948. Im Herbst hatten die UN-Mitgliedsstaaten eine Teilung Palästinas in einen jüdischen und einen arabischen Staat beschlossen. Am 14. Mai feierten die Juden die langersehnte Gründung ihres Staates Israel, den sie sofort gegen die angreifenden arabischen Nachbarstaaten verteidigen mussten. Für viele Palästinenser begann die »Nakba«, die Flüchtlingskatastrophe.

750 000 Menschen wurden damals von ihrem Land vertrieben, jeder zweite Araber in Palästina. »Wir hatten immer ein gutes Verhältnis zu den Juden im benachbarten Kibbuz Kfar Menachem«, erzählt Dusuki. »Aber plötzlich verhielten sie sich wie Monster.« 67 Jahre später sehnt sich der alte Mann noch immer nach seinem Heimatdorf und ist unversöhnlich. Eines Tages werde er nach Tel es-Safi zurückkehren, und »die Juden gehen dahin, wo sie hergekommen sind«.

Ägyptens Präsident Gamal Abdel Nasser ließ die palästinensischen Flüchtlinge nach der bitteren Niederlage wieder Hoffnung schöpfen, als er 1952 in Kairo an die Macht kam. Die »Vernichtung Israels« gehörte zu seiner panarabischen Vision. Im Januar 1964 berief er aus Anlass der von Israel geplanten Wasserleitung vom See Genezareth bis in die Negev-Wüste ein arabisches Gipfeltreffen ein. »Dem Negev fehlen Juden und Wasser«, hielt David Ben-Gurion, Israels erster Ministerpräsident, fest, der sich nach seinem Rückzug aus der Politik selbst dort niederließ. Er wollte die Wüste fruchtbar machen und noch mehr Neueinwanderer ansiedeln. Nasser geriet in Zugzwang und überzeugte die Gipfelteilnehmer von der Notwendigkeit, eine Vertretung für die Palästinenser zu schaffen. Er schlug seinen Vertrauensmann Achmed Schukeiri vor, den die Arabische Liga daraufhin mit der Gründung der Palästinensischen Befreiungsorganisation beauftragte, kurz: PLO.

Schukeiri war ein begnadeter Redner und erfahrener Diplomat. Schon seit 1963 war er im Auftrag der Arabischen Liga als »Delegierter Palästinas« zur UN entsandt. Sein Palästinensisches Manifest strukturierte die PLO in Form einer Exilregierung, des Exekutivrats, und eines Exilparlaments, des Nationalrats. Ziel war die Befreiung Palästinas und die Vertreibung der Zionisten. Von einem eigenen Staat war anfangs nicht die Rede, das hätte auch Nassers panarabischer Vision entgegengestanden. Zeitgleich gründete Schukeiri die Palästinensische Befreiungsarmee (PLA), den militärischen Arm der PLO, deren Soldaten in arabischen Militärlagern trainierten. Die PLA diente auch dazu, anderen militanten palästinensischen Gruppen etwas entgegenzusetzen. Im Sechstagekrieg 1967 kämpften auch Palästinenser in Uniform unter dem

Kommando ihrer Gastländer gegen israelische Soldaten. Nur die Guerillakämpfer der Fatah durften nicht mit in die Schlacht, weil sie gegenüber Nassers Regime zu kritisch eingestellt waren.

Ali Dusuki war zum Zeitpunkt des Sechstagekrieges Mitte 30 und studierte in Damaskus. Seine Frau und drei kleine Kinder hatte er in Ramallah zurückgelassen. »Ich war an der Uni, als die Nachricht vom Krieg kam, und habe den ersten Wagen nach Palästina genommen.« Dusuki erinnert sich noch gut an den Taxifahrer, der ihm »fünf Dinar abknöpfte« für die Fahrt bis in die jordanische Hauptstadt Amman, die damals einen Bruchteil hätte kosten müssen. Von Amman schlug er sich zu Fuß und per Anhalter durch. Als er Jericho erreichte, kamen ihm schon die geschlagenen jordanischen Soldaten entgegen. Der Rückzug hatte begonnen. Dusuki schauderte. Bilder von Deir Jassin gingen ihm nicht aus dem Kopf, dem arabischen Dorf, in dem jüdische Untergrundkämpfer 1948 ein Massaker unter arabischen Zivilisten angerichtet hatten.

Während Dusuki verzweifelt versuchte, zu seiner Familie zu kommen, räumte Nasser in einer von Radio Kairo ausgestrahlten Rede »schwere Rückschläge« ein. Die Erinnerungen an die »Nakba« vor Augen, wollte Dusuki mit Frau und Kindern nach Jordanien entkommen. »Wir blieben einige Tage im Hisham Palace Hotel in Jericho«, erinnert er sich. Für eine Flucht war es zu spät. Die israelischen Panzer waren schon überall. Schukeiri hatte »die Juden ins Meer treiben« wollen, genau wie Nasser und all die anderen arabischen Führer. Nun kontrollierten israelische Soldaten das gesamte Palästina vom Jordan bis zum Mittelmeer und die syrischen Golanhöhen. In den palästinensischen Flüchtlingslagern herrschte Verzweiflung.

»Schukeiri war viel zu schwach. Er konnte nichts ausrichten«, meint Ali Dusuki rückblickend. Die Enttäuschung der Palästinenser richtete sich nicht gegen die PLO, sondern vor allem gegen die arabischen Staatsführer. Schukeiri musste trotzdem als Sündenbock herhalten. Seine Tage als PLO-Chef waren gezählt. Für Jassir Arafat, Chalil al-Wazir und Salah Khalaf, die drei Köpfe der Fatah, fing es jetzt erst richtig an. Schon Ende der 1950er Jahre hatten sich ein paar Dutzend »Fedajin«, die »zur Selbstopferung Bereiten«, mit Gründung der Fatah dem bewaffneten Kampf gegen Israel verschworen.

Mit einem allerdings gescheiterten Bombenanschlag auf das israelische Wasserverteilungssystem gaben die bewaffneten Widerstandskämpfer der Fatah Anfang Januar 1965 ihr Debüt. Immer mehr Exilpalästinenser schlossen sich den Fedajin an. »Die Niederlage von 1967 ist das Vorspiel zu einem großen Sieg«, tönte Arafat vor seinen Genossen, die in Al-Wazirs Wohnung in Damaskus den Widerstand planten. Des Redens überdrüssig, zog Arafat schließlich allein nach Jordanien und von dort aus heimlich über den Fluss ins besetzte Westjordanland, um neue Kämpfer zu rekrutieren. Er wollte die Palästinenser zu dem Sieg führen, an dem die arabischen Verbündeten gescheitert waren. Weit kam er nicht. Die Menschen im Westjordanland waren an die feste Hand des Königs gewöhnt, außerdem saß ihnen der Schrecken der Kriegsniederlage noch in den Knochen. Auch Dusuki und seine Familie versuchten, sich mit der neuen Situation und dem Leben unter Besatzung so gut es ging zu arrangieren. Im Fernstudium hatte Dusuki einen Abschluss an der Universität in Beirut in den Fächern Geschichte und Geografie nachgeholt, mit dem er anschließend als Lehrer arbeiten konnte.

Als der Schin Bet, Israels inländischer Nachrichtendienst, Wind von Arafats Aktivitäten im Westjordanland bekam und die Jagd auf ihn aufnahm, zog dieser sich nach Jordanien zurück. 300 000 Palästinenser waren infolge des Sechstagekrieges in die benachbarte Monarchie geflohen. Damit hatte sich die Zahl der im Reich König Husseins lebenden Flüchtlinge fast verdoppelt. Jordanien legte den Palästinensern den roten Teppich aus. Sie konnten Ausweise beantragen und erhielten Staatsbürgerrechte. Hussein machte keinen Unterschied; für ihn waren alle Araber in seinem Land Jordanier und er ihr König.

Entscheidend für das Ansehen der Fedajin und der Fatah wurde im März 1968 die Schlacht in der jordanischen Grenzstadt Karameh. Arafat verdankte den Sieg vor allem dem Einsatz jordanischer Soldaten, was ihn nicht davon abhielt, sich selbst des heldenhaften Widerstands gegen die israelische Armee zu rühmen, die ihren Angriff auf das Lager der palästinensischen Milizen in Karameh vorzeitig abbrechen musste. Gestärkt von diesem Sieg, übernahm Arafat noch im gleichen Jahr den Vorsitz der Fatah. Am 3. Februar 1969 wählte schließlich auch die PLO-Nationalversammlung Arafat zu ihrem neuen Chef.

Die Fatah hatte sich 1967 der PLO angeschlossen und bildete dort die größte Widerstandsgruppe. Daneben gab es die Volksfront zur Befreiung Palästinas (PFLP) unter George Habasch, die Demokratische Front zur Befreiung Palästinas (DFLP) von Naif Hawatmeh und die Gruppe Abu Nidals, das PFLP-Generalkommando. Sie alle waren weltliche Gruppen mit mehr oder weniger marxistischen und panarabischen Weltbildern, die sich in der Methode leicht unterschieden, letztlich aber dasselbe Ziel verfolgten. »Was bedeuten die Linke und die Rechte schon in dem Befreiungskampf«, stellte Arafat fest. »Ich will meine Heimat, selbst wenn der Teufel sie befreien sollte.«

Für den Widerstandskampf war Jordanien die ideale Basis. König Hussein ließ den Palästinensern zuerst weitgehenden Freiraum. Amman war kurzfristig sogar Tummelplatz deutscher Linksradikaler, die in Militärcamps der Fatah den Nahkampf übten. Immer neue Guerillagruppen entstanden. Die jordanischen Behörden zählten einmal 52 palästinensische Fraktionen, die sich aufführten, als seien sie selbst die Herren der Monarchie. Die linken Anhänger von George Habasch predigten Marx durch die Lautsprecher der Moscheen, schmierten Mao-Parolen an die Häuserwände und indoktrinierten die Gewerkschaften. Die Milizen unterhielten ihre eigenen Polizeitruppen, eigenen Gerichte und zwangen in Mafiamanier Ladenbesitzer zur Zahlung von Schutzgeldern. »Jeder Chef eines Sektors hielt sich für Gott«, erinnerte sich später Chalil al-Wazir, der zu Arafats Stellvertreter an der PLO-Spitze avanciert war. »Jeder hatte seinen Staat und tat, was er wollte.«

PLO-Chef Arafat und König Hussein wurden nun zu offenen Gegnern. Beide waren eher klein, beide hatten ein hitziges Temperament und den Hang zum Theatralischen. Doch der aparte, in England geschulte Hussein war charmant und souverän, auch auf internationalem Parkett, während Arafat, der sich selten anders als im schmuddeligen Kampfanzug, mit Fünftagebart und dem eigenwillig gewickelten Palästinensertuch auf dem Kopf sehen ließ, eher ruppig daherkam.

Im Februar 1970 verfügte der König einen Zwölf-Punkte-Erlass, um die Fedajin unter Kontrolle zu bringen. Das Tragen von Waffen war fortan verboten, ebenso Demonstrationen, Parteiaktivitäten und Flugblattaktionen. Die Behörden drehten den Flüchtlingslagern Strom und Wasser ab. Die Fedajin protestierten, König Hussein gab nach, sprach von einem Missverständnis und versuchte es erneut mit einer Beschwichtigungspolitik. Anfang September 1970 wurde ein Mordanschlag eines Kommandos der DPLP gegen Hussein vereitelt, woraufhin dieser am 16. September den Ausnahmezustand erklärte. Arafat verweigerte jeden Kompromiss. Einem Emissär der Armee, der einen letzten Versuch zur friedlichen Beilegung unternahm, soll er mitgeteilt haben: »Der König hat 24 Stunden Zeit, das Land zu verlassen.«

Hussein gab das Kommando zum Angriff. Seine rund 60 000 Mann umfassenden Truppen gingen rücksichtslos auch gegen Frauen und Kinder vor. Ihre Brutalität ließ am Ende viele der palästinensischen Kämpfer, die nicht Opfer des Massakers werden wollten, sogar in Israel Schutz suchen. Auf Intervention Nassers endeten die Kämpfe am 24. September. 3000 Palästinenser kamen nach Angaben des Roten Kreuzes ums Leben, Arafat sprach von 20 000 Toten. »Es war ein schwarzer Tag in unserer palästinensischen Geschichte«, resümierte Chalil al-Wazir und gab zu, dass die PLO »viele Fehler« gemacht habe.

»Ich werde mich immer daran erinnern, daß unzählige Fedajin vor den jordanischen Truppen flohen und in Israel Schutz suchten«, hielt Salah Khalaf später fest. Abu Iyad, so sein »Nom de guerre«, gilt als Pate der Terrorgruppe »Schwarzer September«, deren Ziel die Rache an König Hussein war und internationaler Terror. Der »Schwarze September« stand hinter der Ermordung elf israelischer Sportler während der Olympischen Spiele 1972 in München. »Zwischen 1969 und 1972 waren wir alle verrückt«, gibt Jassir Abed Rabbo zu, der damals zu Hawatmehs DFLP gehörte. »Wir wollten gegen Israel kämpfen, gegen die Amerikaner und sogar gegen die Sowjets, weil sie uns nicht unterstützten, gegen König Hussein, gegen die palästinensische Bourgeoisie – gegen alle.«

Erst nach dem Jom-Kippur-Krieg im Oktober 1973 begann Khalaf radikal umzudenken. Rein äußerlich hatte der Krieg wenig verändert: Israel war nach wie vor Besatzungsmacht im Gazastreifen und im Westjordanland. Aber die ägyptische Regierung signalisierte zum ersten Mal Bereitschaft zu einem Friedensabkommen. Khalaf selbst riet Präsident Anwar as-Sadat dringend zu. Solange die Palästinenser immer nur Nein sagten, würden sie am Ende gar nichts bekommen, argumentierte Khalaf. Die kompromissbereitere Haltung der PLO-Führung zahlte sich aus. Die Arabische Liga erkannte die PLO endlich als Alleinvertretung der Palästinenser an, und die Vereinten Nationen zogen nach. Im November 1974 sprach Arafat vor der UN-Generalversammlung. »Ich bin mit einem Olivenzweig und der Waffe des Freiheitskämpfers in der Hand gekommen«, sagte er. »Lasst den Olivenzweig nicht aus meiner Hand fallen.«

Ali Dusuki verfolgte die Rede im Radio und verstand nicht, wovon Arafat sprach. Zum ersten Mal fühlte er sich von der PLO betrogen. Jahrelang predigte der Lehrer an den UN-Schulen in den Flüchtlingslagern seinen Schülern, »niemals zu vergessen, wo ihr herkommt«. Ein Verzicht auf das Land seiner Eltern steht für ihn bis heute außer Frage. Sein Sohn Maher denkt genauso. Nicht Arafat, sondern George Habasch war 1974 der Held des damals 13-jährigen Jungen. Habaschs PFLP setzte zu dieser Zeit auf terroristische Kommandoaktionen und begeisterte den halbwüchsigen Maher mit ihren dramatischen Flugzeugentführungen viel mehr als Arafats Gerede vom Frieden. Die Besatzer sollten vertrieben werden und die Heimat von den Zionisten befreit.

Dementgegen verfolgt Mahers Frau Khawla Alian eine versöhnlichere Strategie. Schon als Jugendliche schloss sich Alian den Kommunisten an. Moskau hatte dem von der PLO rundweg abgelehnten UN-Teilungsbeschluss aus dem Jahr 1947 das »Ja« gegeben, und die palästinensischen Kommunisten stellten sich nicht dagegen. Die Marxisten – heute »Partei des palästinensischen Volkes« (PPP) – engagierten sich stark in den Gewerkschaften und in Frauenorganisationen. Jedes Jahr am 15. Mai nahmen ihre Mitglieder an den »Nakba«-Demonstrationen teil, die sich gegen die Besatzung im Westjordanland richteten. »›PLO – Occupation No‹, das war einer unserer Sprüche«, erinnert sich Khawla Alian, die selten eine Demonstration verpasste. Khawla träumte vom eigenen Staat Palästina, auch wenn er auf das Westjordanland und den Gazastreifen beschränkt bleiben würde.

Arafat verfolgte eine zweigleisige Strategie. Während er 1974 in New York vom Frieden sprach, planten seine Genossen in Beirut schon den nächsten Coup. Die PLO-Führung hatte ihr Hauptquartier nach dem Rauswurf aus Jordanien in die libanesische Hauptstadt verlegt. Al-Wazir zog die Fäden eines Kommandos, das im März 1975 mit Gummibooten an der Küste Tel Avivs anlegte. Acht bis zum Hals bewaffnete Palästinenser schossen auf dem Weg zum Hotel Savoy wild um sich und nahmen dort Dutzende Menschen in ihre Gewalt. Die Verhandlungen um einen Austausch der Geiseln gegen inhaftierte Fatah-Genossen zogen sich fast 24 Stunden hin. Dann gab Israels neuer Regierungschef Jizchak Rabin der Armee grünes Licht für die gewaltsame Befreiung. Acht Geiseln kamen dabei ums Leben, drei israelische Soldaten und sieben der Angreifer.

»Fatah-Land« nannten die Israelis das Gebiet zwischen dem Litani-Fluss im Südlibanon bis nach Beirut, als Arafat dort in den Jahren nach der Flucht aus Jordanien mit seinen Männern einen bewaffneten Staat im Staate errichtete. Um die Familien der Fedajin mit Arbeit zu versorgen, hatte die Fatah Fabriken errichtet. Schuhe wurden hergestellt, Kleidung, Nahrungsmittel und Möbel. Arafat war Geschäftsführer, Schatzmeister, Sekretär und Personalchef in einem. Er kontrollierte die Gelder der PLO und der Fatah. Jeder Scheck, jede Überweisung musste von ihm unterzeichnet werden. Er kaufte sich die Loyalität seiner Untergebenen und stärkte Tag für Tag seine Alleinherrschaft über den zunehmend von Korruption vergifteten palästinensischen Führungsapparat.

In Jerusalem beobachtete die israelische Regierung das Treiben der Fatah mit wachsendem Unbehagen. Der Anschlag auf einen Linienbus, bei dem 34 Menschen ums Leben kamen, war für den konservativen Likud-Chef Menachem Begin, der seit der Wende 1977 das Land regierte, der sprichwörtliche Halm, der dem Kamel den Rücken brach. Im Frühjahr 1978 schickte er zum ersten Mal für kurze Zeit Truppen in den Libanon. Wirklich ernst wurde es für die PLO jedoch erst vier Jahre später. »Frieden für Galiläa« hieß der Feldzug unter dem Oberkommando von Verteidigungsminister Ariel Scharon. Erklärtes Ziel war ein von den »bösartigen Kriminellen und Terroristen«, wie Begin die PLO nannte, befreiter Libanon. Zum ersten Mal kämpfte Israel nicht allein. Die christlich-maronitischen Soldaten der Südlibanesischen Armee kamen dem Land zu Hilfe. Im 48-Stunden-Takt zog die PLO-Führung von einem Bunker zum nächsten. Arafat schlief mal in einem Versteck, mal auf einer Parkbank oder am Strand. Scharon bekam ihn nicht zu fassen. Die PLO musste den Libanon trotzdem verlassen.

Maher und Khawla waren damals Abiturienten und kämpften –
jeder auf seine Art – für Palästina. Khawla engagierte sich im Schü-
lerkomitee ihrer Partei, der einzigen, die die israelische Besatzung
nicht verboten hatte und die deshalb offen auftreten konnte. »Wir
waren sehr aktiv«, sagt sie rückblickend. »Wir wollten das Volk an
den politischen Prozessen und dem Aufbau unseres Staates teilnehmen lassen.« Sie wurde Mitglied der Gewerkschaft und engagierte sich in Frauenorganisationen. Maher zog mit seinen Freunden los, um die Besatzungssoldaten zu piesacken. Auf dem Tisch
in seinem Wohnzimmer liegt heute noch die alte Steinschleuder,
die er sich damals aus einem Ast schnitzte. »Mein Vater hat ihr die
Gummis abgeschnitten«, sagt er und zeigt die improvisierte, abge-
griffene Waffe. »Er wollte nicht, dass ich ins Gefängnis komme.«
Verhindern konnte er es nicht. 1983 traf Maher während einer
Demonstration eine gummiumhüllte Kugel in den Oberschenkel.
»Ich spüre die Verletzung bis heute«, sagt er, weiß aber, dass es
schlimmer hätte kommen können. »Es sind Freunde von uns ums
Leben gekommen.«

Erez – der Grenzübergang zwischen dem Gazastreifen und Israel, gehört heute zu den am strengsten bewachten Kontrollpunk-
ten weltweit. Wer kein Politiker ist oder Diplomat, überquert die
Grenze zu Fuß. Die Reise Richtung Israel beginnt mit der Passkontrolle durch Hamas-Beamte, dann geht es per Shuttle oder Taxi bis
kurz vor die Trennanlagen, wo die Papiere zum zweiten Mal, diesmal von Palästinensern in Zivil, kontrolliert werden. Ein schlauch-
ähnlicher Käfig führt anschließend bis zu einer von Kameras beob-
achteten Reihe eiserner Schiebetüren. Dahinter liegt eine weitere
Reihe, diesmal von eisernen Drehtüren, die wie die Schiebetüren
auf Knopfdruck der israelischen Sicherheitsbeamten geöffnet werden. Von dort aus sind es nur noch wenige Schritte bis zur vollkli-
matisierten, modernen Abfertigungshalle, inklusive Nacktscanner
und separater Sprengstoffkontrollen für das Gepäck.

Am 8. Dezember 1987 war Erez eine Straßenkreuzung, an der
Soldaten die Autofahrer oft ohne jede Kontrolle durchwinkten.
Vier palästinensische Arbeiter starben, und sieben wurden an
diesem Tag verletzt, als ein israelischer Lastwagen unweit des
Übergangs in eine Autokolonne fuhr. Das Gerücht vom gezielten
Racheakt verbreitete sich wie ein Lauffeuer. Denn zwei Tage zuvor

war ein Israeli in der Stadt Gaza niedergestochen worden. Das Begräbnis der vier Männer wurde entsprechend zu einer wütenden Demonstration gegen die Besatzung. Als Soldaten einen Jugendlichen erschossen, eskalierten die Ausschreitungen. Die Intifada hatte begonnen.

In ihrem tunesischen Exil, weitab von den Entwicklungen, hatte die PLO-Führung den Volksaufstand nicht kommen sehen. Überhaupt war es still geworden um die PLO, doch Arafat sprang auf den fahrenden Zug. Endlich war die Palästinenserfrage wieder in den Schlagzeilen, und er wollte dabei sein. Schon in der Nacht zum 10. Dezember 1987 wandte er sich im PLO-Sender aus Bagdad an die Palästinenser und ermutigte sie, den Aufstand fortzusetzen. In Wirklichkeit hatte die PLO nichts damit zu tun. Federführend bei den Protesten war die Schabiba, die Fatah-nahe Jugendorganisation in den besetzten Gebieten.

Auch Maher Dusuki und seine Freunde standen in erster Reihe bei den Straßenkämpfen und warfen Steine auf die Jeeps und Panzer der Besatzungstruppen. Der angehende Journalist war inzwischen Mitglied der PFLP. Das allein genügte den Besatzern, um ihn hinter Gitter zu bringen, 16 Mal saß er im Gefängnis, die längste Zeit für zwei Jahre. In einer der kurzen Phasen in Freiheit heiratete er Khawla Alian. »Es war keine große Hochzeit«, erzählt sie. »Während der Intifada feierte man nicht.«

Im Gazastreifen reagierte Scheich Ahmed Jassin auf die Intifada mit der Gründung der Hamas. Der fromme Muslim war seit einem Sportunfall als Jugendlicher an den Rollstuhl gefesselt. Er trug stets ein Kopftuch und einen langen grauen Bart. Nur mit Mühe konnte er seinen Oberkörper bewegen. Auch das Sprechen mit seiner markanten Fistelstimme strengte ihn an. Als Vorbild für die Hamas galten Jassin die ägyptischen Muslimbrüder. Jassin sorgte für Kindergärten, Waisenhäuser, Schulen, Kliniken und Altenheime. Israels Geheimdienste ließen die Islamisten gewähren. In Jerusalem hoffte man, dass die innerpalästinensische Konkurrenz die PLO schwächen würde, und sah nicht kommen, dass hier ein noch brutalerer Feind heranwuchs.

Während Arafat noch immer im fernen Tunis saß, drängte die US-Regierung auf einen Friedensprozess im Nahen Osten. König Hussein gab den jordanischen Anspruch auf das Westjordanland auf und ebnete damit den Weg für Arafat als alleinigen Verhandlungsführer. Am 15. November 1988 verkündete der Palästinensische Nationalrat die Unabhängigkeit Palästinas mit der Hauptstadt »Al-Quds«, Jerusalem. Gleichzeitig stimmten die Abgeordneten des Exilparlaments für die Annahme der UN-Resolution 242, die den Abzug der israelischen Truppen aus den besetzten Palästinensergebieten bis an die Waffenstillstandslinie vorsieht, die von 1949 bis 1967 Gültigkeit hatte. Zum ersten Mal erkannte die PLO Israel indirekt an. Gleichzeitig rückte damit der Staat Palästina in Reichweite, auch wenn es nicht der Staat war, den sich Ali Dusuki und seine Familie erträumt hatten. Für Maher Dusuki und seinen Vater Ali war die PLO jetzt endgültig gestorben. »Sieben Jahre lang war er Mitglied in der PFLP, mir tut es leid um jeden Tag«, sagt Maher. Die PLO sei für ihn nur so lange relevant gewesen, wie sie für Befreiung kämpfte. »Wenn das Gewehr spricht, findest du glückliche Palästinenser«, lacht er, meint es aber ernst.

Mit der Unabhängigkeitserklärung der PLO hätte der Friedensprozess schon beginnen können, aber nun war Israel nicht bereit zu Verhandlungen. Kontakte zur PLO waren gesetzlich verboten, und als auf Drängen der USA im Oktober 1991 die erste Nahost-Friedenskonferenz in Madrid stattfand, saß dort nicht Arafat am Tisch, sondern »Vertreter der Palästinenser«, die offiziell nicht zur PLO gehörten. Erst nach Wahlen in Israel und der erneuten Machtübernahme 1992 durch Jitzchak Rabin begann der Dialog zwischen Israel und der PLO, der im September 1993 zur Unterzeichnung der Osloer Prinzipienerklärung führte. Das Abkommen hielt den schrittweisen Abzug der israelischen Besatzungstruppen fest, aus Gaza und Jericho zuerst. Innerhalb von fünf Jahren sollte ein Staat Palästina gegründet werden. »Ein kleines, aber jüdisches Israel« strebte Rabin an. Nicht jeder stimmte ihm zu.

Fünf Monate nach Unterzeichnung des Osloer Abkommens drang ein orthodoxer Jude in die Abraham-Moschee von Hebron. Baruch Goldstein, ein studierter Arzt und Sanitätsoffizier, feuerte mehrere Salven aus seinem Maschinengewehr auf die Muslime, die zum Gebet auf dem Boden knieten. 28 Menschen starben in dem Blutbad. Die Hamas reagierte mit einer Serie von Bombenanschlägen, vorzugsweise auf Linienbusse. »Den Friedensprozess vorantreiben, als gäbe es keinen Terror, und den Terror bekämpfen, als gäbe es keinen Friedensprozess«, predigte Rabin seinem Volk, in dem Zorn und Verzweiflung mit jedem neuen Attentat wuchsen. Die Regierung hielt trotzdem an den Osloer Vereinbarungen fest.

Arafat trug wie immer seine grüne Uniform und das schwarzweiß karierte Kopftuch, als er über Land in den Gazastreifen kam, wo er von einer militärischen Ehrengarde mit der Biladi, der palästinensischen Nationalhymne, in Empfang genommen wurde. Die 35 Kilometer von der Grenzstadt Rafah bis nach Gaza säumten jubelnde Palästinenser die Straßen. Sie zwangen die Kolonne über Strecken ins Schritttempo, um ihren »Mister Palästina« willkommen zu heißen. Arafat tat die Warnungen der Sicherheitsleute ab und stand aufrecht in seinem offenen Mercedes. Gefahr drohte ihm von Islamisten und von israelischen Siedlern: Knapp 5000 Israelis lebten noch im Gazastreifen. Sichtlich erschöpft, stützte Arafat sich auf das Autodach, winkte seinem Volk und ließ sich von ihm feiern. »Ich komme zurück in die ersten freien palästinensischen Gebiete«, sagte er in seiner Ansprache vor dem Parlament in Gaza Stadt, in dem noch zwei Monate vorher das israelische Militär einquartiert gewesen war.

Die Israelis verfolgten Arafats Ankunft mit gemischten Gefühlen. Drei Jahre vorher hatten die Palästinenser auf den Dächern getanzt, aus Freude über die irakischen Raketen, die Saddam Hussein auf Tel Aviv schoss. Nun verteilten sie Kekse und Ölzweige an die israelischen Soldaten. Die Linke klammerte sich an die Hoffnung auf einen Frieden, während die Konservativen und die Religiösen aus Sorge um »Eretz Israel«, Großisrael, das nach alttestamentarischer Überlieferung Gott selbst den Juden schenkte, gegen die Regierung hetzten. Auf Plakaten trug Rabin SS-Uniform oder Palästinensertuch. Unter dem Titel »Blutsbrüder« saß er dort neben Arafat. Beide wurden 1994 mit dem Friedensnobelpreis ausgezeichnet, zusammen mit Schimon Peres, Israels Außenminister. Aufstachelt von der Kritik der Opposition, schlich sich am 4. November 1995 der israelische Jurastudent Igal Amir hinter die Bühne am Rathausplatz von Tel Aviv, wo Friedensbefürworter eine Kundgebung zur Unterstützung der Regierungspolitik abhielten. Rabin hielt selbst eine kurze Ansprache. »Ich glaube, dass der Frieden eine Chance hat, eine große Chance, die müssen wir wahrnehmen.« Etwas schief sang er dann das »Friedenslied«, in das begeistert auch Peres einfiel, der neben ihm auf der Bühne stand. Umgeben von Sicherheitsleuten, bahnte sich Rabin am Ende den Weg zu seinem Auto und wollte gerade einsteigen, als ihn Amir mit drei Schüssen in den Rücken niederstreckte. »Er war ein Held des Friedens, aber er war auch mein persönlicher Freund«, sagte Arafat, als er kurz darauf Lea Rabin besuchte, die Frau des ermordeten Ministerpräsidenten.

Igal Amir erreichte sein Ziel. Mit Rabins Tod gerieten die Friedensverhandlungen über Jahre ins Stocken, während Israel in den noch besetzten Regionen immer neue Siedlungen errichtete. Trotzdem entschied Arafat die ersten freien Wahlen 1996 in den autonomen Gebieten mit deutlicher Mehrheit für sich und war fortan PLO-Chef und Palästinenserpräsident in einem. Maher Dusuki verzichtete damals und auch bei späteren Wahlen darauf, seine Stimme abzugeben. »Erst wenn Palästina befreit ist«, wolle er an Wahlen teilnehmen. Der Fernsehjournalist nahm die Führung unter die Lupe und scheute sich nicht, offen über Korruption vor allem in den Reihen der Fatah zu berichten. Fünf Mal kam er dafür ins Gefängnis, das diesmal Palästinenser bewachten, die den unbequemen Reporter bisweilen nachts aus der Zelle zerrten und einmal so schwer misshandelten, dass er das linke Auge verlor. »Arafat war ein Diktator«, schimpft Dusuki, der den Palästinenserpräsidenten persönlich traf. »Ich bekam einen Anruf aus der Muqataa«, dem Sitz des Präsidenten. Arafat bat, den Journalisten zu sehen, der im Gefängnis so schlecht behandelt worden sei. Während des Treffens forderte er Dusuki auf, seine Brille abzunehmen, und küsste ihn auf das blinde Auge. Der Journalist blieb unversöhnlich. »Glaubst du vielleicht, dass es davon wieder sehen kann?«

Unter der Schirmherrschaft von US-Präsident Bill Clinton gab es im Sommer 2000 einen letzten ernsthaften Versuch, den Friedensprozess voranzutreiben. Vergeblich. Das Scheitern der Verhandlungen in Camp David wurde zum Auftakt der zweiten Intifada. »Ich bin gekommen mit einer Botschaft des Friedens«, rief der schwergewichtige Außenminister Ariel Scharon über die Köpfe der Grenzpolizisten. »Ich glaube, wir können mit den Palästinensern zusammenleben.« Hunderte Sicherheitsleute umgaben den umstrittenen Politiker, als er provokativ den Tempelberg in Jerusalems Altstadt besuchte und damit den Protest der Palästinenser in Gang brachte, die diesmal mit Gewehren und Sprengstoff kämpften, nicht mit Steinschleudern. Die zweite Intifada »war kein Volksaufstand, sondern der Kampf einer kleinen Gruppe«, meint Alian, die der PLO-Führung vorwirft, »das palästinensische Volk viel zu wenig an den politischen Prozessen teilhaben zu lassen«.

Arafat entließ seine bisherigen politischen Gegner, die Islamisten, aus den Gefängnissen. Hamas und Dschihad lieferten sich fortan mit den der Fatah nahestehenden Al-Aqsa-Brigaden einen regelrechten Wettkampf mit ihren Selbstmordattentaten. Israel reagierte mit der Invasion der autonomen Städte und schließlich mit Hausarrest für Arafat. Er verbrachte seine letzten Lebensjahre in der Muqataa in Ramallah. Der palästinensische Staatsmann war wieder als Terrorist entlarvt, nachdem israelische Soldaten Unterlagen über die Finanzabwicklungen der Autonomiebehörde und der Fatah fanden, die Arafat nicht voneinander trennte. Internationale Hilfsgelder flossen direkt in die Finanzierung seiner Al-Aqsa-Brigaden.

Arafat starb 2004, ohne einen Staat Palästina verwirklicht zu haben, und auch innenpolitisch hinterließ er ein Chaos. »In all den Jahren gab es keine Finanzpolitik, die gut für die Arbeiter gewesen wäre, keine Versicherung, kein soziales Netz, kein Mindesteinkommen«, schimpft Alian, die inzwischen PPP-Stadtverordnete von El-Bire bei Ramallah ist. »Ich hatte Angst, dass es jetzt Krieg geben würde«, erinnert sich Dania Dusuki, die Tochter von Khawla und Maher, an den Tod Arafats. Das jüngste Mitglied der Familie war damals zehn Jahre alt. Die Nachfolge im Präsidentschaftsamt verlief mit der Wahl von Mahmud Abbas indes glatt für die Fatah. Problematisch wurde es erst, als die Hamas Anfang 2006 die allgemeinen Parlamentswahlen für sich entschied. Die PLO, der die Islamisten bis heute nicht angehören, verlor mit der Niederlage der Fatah ihren legitimen Anspruch der Alleinvertretung für die Palästinenser, denn formal hätte die Hamas die Regierung in den besetzten Gebieten übernehmen müssen. Allerdings vertritt die PLO unverändert die Exilpalästinenser. Auch die außenpolitischen Angelegenheiten, einschließlich der Friedensverhandlungen, bleiben mit Einverständnis der Hamas weiter in den Händen der PLO. Mit ihrer Entscheidung für die Hamas lieferten die Palästinenser ihre Quittung für die Korruption in der Fatah. Maher Dusuki, der in seinen Fernsehsendungen immer wieder auf die unsauberen Geschäfte in den Führungsreihen aufmerksam machte, muss sich mit Gelegenheitsjobs auf dem Bau durchschlagen, seit ihn Abbas vor Jahren unter Berufsverbot stellte. Ohne das feste Gehalt seiner Frau und die Hilfe des jüngsten Bruders im Ausland hätte Dusuki seine Kinder nicht studieren lassen können. »Ich kann nicht ausreisen aus dem Westjordanland«, sagt er bitter, denn Israel verweigert ihm die Genehmigung, »und meine Verwandtschaft aus Jordanien darf nicht herkommen. Wie kann es angehen«, fragt Dusuki, »dass ein Jude aus der Ukraine in Jaffa leben darf, aber mein Onkel nicht?«

Die Fatah, die seit Arafats Wahl zum PLO-Chef fast vier Jahrzehnte zuvor die bestimmende Partei war, weigerte sich, nach den Wahlen von 2006 ihre Macht aufzugeben. Der Verwaltungs- und der Sicherheitsapparat waren in den Händen von Fatah-Mitgliedern, deren Verwandten und Freunden, die nicht die Absicht hatten, ihre Posten zu räumen. Die Hamas gründete daraufhin eigene Militärtruppen und plante die Übernahme des Gazastreifens, in dem Israel im Sommer 2005 die Siedlungen geräumt hatte. Abbas und den führenden Kommandanten des autonomen Sicherheitsapparates gelang noch rechtzeitig die Flucht, als die Schlacht im Juni 2007 begann. Viele Fatah-Anhänger fielen aufgebrachten Islamisten zum Opfer, die ihre Gegner von Hochhäusern in den Tod stießen oder lebend verbrannten.

Seither herrscht die Hamas im Gazastreifen, und Fatah-Chef Abbas hält sich im Amt des Palästinenserpräsidenten, der de facto nur das Westjordanland kontrolliert. Nach drei Kriegen im Gazastreifen und wiederkehrenden Attentaten in Ostjerusalem und im Westjordanland stecken Friedensprozess und innerpalästinensische Versöhnung seit Jahren fest. In den noch besetzten Gebieten hat sich die Zahl der israelischen Siedler seit Beginn der Friedensverhandlungen verfünffacht.

Die PLO setzt ihre letzte Hoffnung auf den Kampf an internationaler Front. In New York gelang es den palästinensischen Diplomaten im November 2012 bei der UN-Generalversammlung eine überragende Mehrheit für die Anerkennung als »Beobachterstaat« zu mobilisieren. Seit April 2015 sind die Palästinenser zudem Mitglied des Internationalen Strafgerichtshofs in Den Haag. Dania Dusuki studiert wie einst ihr Vater Journalismus an der Bir-Zeit-Universität bei Ramallah. Ihr Nebenfach ist Internationales Recht. Die junge Palästinenserin träumt von einer diplomatischen Karriere. Sie will die BDS-Kampagne vorantreiben, die die Palästinenser seit Jahren verfolgen. BDS steht auf Deutsch für: »Boykott, Investitionsentzug und Sanktionen« – gegen Israel. Ihr Ziel ist es, »in Freiheit zu leben, tun zu können, was ich will, ohne Gefahr zu laufen, dass mich jemand erschießt«. Allein auf dem Weg zur Uni könne sie jederzeit gestoppt werden. »Manchmal kommen die Soldaten sogar auf den Campus, um unter fadenscheinigen Gründen Akten zu konfiszieren.« Eine offizielle Abkehr vom Osloer Friedensprozess wäre günstig für die BDS-Bewegung. »Oslo steht uns im Weg beim Boykott.« Wenn sich viele Länder anschließen, »dann wird sich etwas ändern«, sagt die 19-Jährige, die wie ihr Großvater auf die Rückkehr der Flüchtlinge in ihre Heimatdörfer hofft. Ali Dusuki nickt zufrieden: »Zurück nach Tel es-Safi, das wäre der Himmel.«

TÜRKEI

Urmiasee

■ Dohuk
■ Akrah

● Bashiqa
Mosul ■ Karrakosh
● Erbil

IRAN

AUTONOME
REGION
KURDISTAN

Tigris

■ Kirkuk   ■ Suleimanij

SYRIEN

IRAK

Tikrit ■

0   100 km
⬡⬡⬡ Von Kurden kontrolliert

● Bakuba

Ramadi ■   ■ Bagdad

Irakisch-Kurdistan:
Schlappe für die Peschmerga

Birgit Svensson

Im Norden Iraks kämpfen die kurdischen Peschmerga seit Jahrzehnten für ihren eigenen Staat. Derzeit scheinen sie ihrem Ziel so nah wie nie: auch deshalb, weil die Terrorgruppe »Islamischer Staat« die Gruppe zusammenschweißt und für den Westen unentbehrlich macht. Doch die Hoffnung geht mit schweren Verlusten einher.

»Nächstes Mal trinken wir Tee in Bashiqa«, sagt Brigadegeneral Izadin Sadus zum Abschied. Optimistisch blickt der Offizier der kurdischen Peschmerga von seinem Hauptquartier auf der Anhöhe in die Stadt hinunter, deren Rückeroberung sein Ziel ist. Die umliegenden Häuser sind militärisches Sperrgebiet. Alles, was hinter dem Backsteinhaus des Generals liegt, ist Peschmerga-Gebiet. Alles davor kontrolliert der IS, die Terrormiliz »Islamischer Staat«. Die Front ist nur einen Steinwurf entfernt. Durch sein Fernglas »Made in Germany« kann man gut die schwarze Fahne der Killertruppe sehen, die sie auf Moscheen, Funkmasten und Kirchtürmen in Bashiqa gehisst hat, um allen zu zeigen, wer hier herrscht. Vom Standort des Generals und seiner Peschmerga-Brigade aus sind es nur drei Kilometer bis dorthin. Doch die scheinen unüberwindbar. »Wir haben Erdhügel, Schützengräben und wieder Erdhügel geschaffen, um unsere Stellungen zu festigen«, erklärt Sadus, »aber die da drüben haben Minen und TNT-Sprengsätze.« Über 1500 Peschmerga-Kämpfer haben bereits ihr Leben im Kampf gegen den IS gelassen. Immer wieder treten sie auf Minen, wenn sie Gebiete zurückerobern. Der General hofft, dass seine Leute mit der Zeit lernen, wie man diese Minen entdecken und entschärfen kann. Inzwischen gibt es schließlich unzählige Ausbilder aus unterschiedlichen Ländern, die den Kurden beibringen wollen, wie eine richtige Armee kämpft. Auch Deutschland hat Experten in den Nordirak geschickt. Sieben Jahre lang hat der 53-jährige Peschmerga-General in Lübeck gelebt. »Auf die Deutschen kann man sich verlassen«, ist sein Fazit.

Als Peschmerga bezeichnet man heute die Streitkräfte der Autonomen Region Kurdistan im Nordirak mit den mehrheitlich von Kurden bewohnten Provinzen Erbil, Dohuk und Suleimanija. Doch das war nicht immer so. Jahrelang waren die Peschmerga-Kämpfer eine Guerillatruppe, die vorwiegend in den Bergen entlang der türkischen und iranischen Grenze beheimatet war. Ihre Wurzeln reichen zurück bis in die Zeit des Untergangs des Osmanischen Reiches sowie der Safawiden-Dynastie, die sich bis in die 1920er Jahre hinein die Herrschaft über das Gebiet der Kurden aufgeteilt hatten. In dieser Zeit erstarkte die kurdische Unabhängigkeitsbewegung, deren Ursprung wiederum bis in die 1890er Jahre zurückverfolgt werden kann. Damals schon wurden erste Einheiten von Peschmerga genannten bewaffneten Kämpfern aufgestellt. Das Streben nach einem unabhängigen Kurdenstaat hat längst eine historische Dimension. Keiner der den Mittleren Osten beherrschenden Mächte ist es jemals gelungen, all die unzähligen Gebiete, in denen die Kurden beheimatet sind, vollständig zu besetzen und unter ihre Kontrolle zu bringen. Umgekehrt ist es aber auch keiner kurdischen Dynastie je geglückt, ein Heer aufzustellen, mit dem sie ihre Macht langfristig über all diese Gebiete ausdehnen konnte. Doch das könnte sich ändern, hofft Izadin Sadus. Noch nie waren die Kurden einem eigenen Staat so nah wie heute.

Um zum Brigadegeneral und seinem Kommando 12 zu gelangen, müssen einige Hindernisse überwunden werden. Zwar liegt das Gebiet, das er und seine 3000 Peschmerga-Soldaten kontrollieren, nur knapp 80 Kilometer von der Kurdenmetropole Erbil im Nordirak entfernt. Doch die Straßen sind schlecht. Jeden Winter reißen Regen und Schnee den Asphalt auf und lassen die Fahrbahnen zu Buckelpisten werden. Die Hauptstrecke zwischen Erbil und Dohuk ist eine ernste Herausforderung für jeden Autofahrer. Nach Bardarash, wo die Straße nach Bashiqa abbiegt, braucht man bis zu drei Stunden. Abwechselnd kontrollieren Peschmerga und Mitarbeiter des kurdischen Geheimdienstes Assajesch hier die Passierenden. »Ja, gern«, antwortet Kommandeur Sadus am Handy auf die Frage, ob er eine deutsche Reporterin empfangen wolle. »Wir haben gerade Waffen aus Deutschland bekommen.« Er schickt ein Militärfahrzeug zur Abholung des Gastes.

Woher die Kurden ursprünglich kommen, deren Siedlungsgebiete im Nordirak, im Süden der Türkei, im Osten Syriens und im Westen Irans liegen, ist noch nicht eindeutig geklärt. Sie selber behaupten, »Cousins« der Deutschen zu sein, und verweisen auf ihre indogermanische Herkunft. Es gibt wissenschaftliche Quellen, die dies zu belegen suchen. Demnach sind die Kurden iranischen Ursprungs, Nachfahren der Meder, und haben 612 v. Chr. das Assyrische Reich erobert – also wären sie Einwanderer. Andere Quellen verorten das Volk der Kurden schon seit Urzeiten im Vorderen Orient, in dem Gebiet, in dem sie auch heute noch leben.

Vom letzten Kontrollpunkt geht es 15 Minuten lang über Stock und Stein, bis ein hagerer Mann in grün-braun gescheckter Uniform mit drei Sternen und einem Vogel auf den Schulterklappen vor einem zweistöckigen Haus auftaucht. Holzdielen weisen den Weg ins Innere. Brigadegeneral Izadin Sadus stellt sich vor. Mit seinem pechschwarzen Haar, einem ebenso dunklen Schnauzbart und brauner Haut sieht er sehr kurdisch aus. Seine Männer sagen, er sei ein guter Kommandeur. Er gehe vorneweg, wolle niemanden verheizen und trinke Tee mit allen, ungeachtet des Dienstgrads. Und, vielleicht das Wichtigste: Er habe Teamgeist, was selten ist im Irak. Der IS hatte ein leichtes Spiel, als die Terrorarmee Anfang Juni 2014 weite Teile des Nordiraks überrollte und ihr Kalifat errichtete. Die unterschiedlichen Volksgruppen des Landes waren zu dem Zeitpunkt zerstritten wie nie. Der damalige Premierminister Nuri al-Maliki hatte es geschafft, alle gegen sich und die Zentralregierung in Bagdad aufzubringen. Er gilt als mitverantwortlich für das Machtvakuum, das den Vormarsch der Al-Qaida-Nachfolger begünstigte. Seitdem versucht die internationale Gemeinschaft, allen voran die Amerikaner, die Iraker im Kampf gegen den Islamischen Staat an einen Tisch zu bekommen und zumindest militärisch ein vereintes Oberkommando zu bilden. Doch die Zentralen in Bagdad und Erbil tun sich schwer damit. Teamarbeiter wie der Brigadegeneral sind Mangelware. Dabei dürfte genau dies ausschlaggebend sein für Erfolg oder Misserfolg im Kampf gegen den IS. Nur wenn alle an einem Strang ziehen und ihre Differenzen überwinden, gibt es eine reelle Chance, den Islamischen Staat zu besiegen. Dem Verhältnis zwischen Kurden und Arabern fällt dabei eine Schlüsselrolle zu.

Wer sich der Entstehungsgeschichte des Kurdenkonfliktes im Land zwischen Euphrat und Tigris stelle, werde den Geschehnissen und frühen Folgen des Ersten Weltkrieges nicht aus dem Weg gehen können, schreibt Awat Asadi in seinem Buch »Der Kurdistan-Irak-Konflikt«. Die erste entscheidende Phase beginnt für den Politologen und stellvertretenden Vorsitzenden des Zentrums für kurdische Studien in Bonn im Jahr 1917, noch vor dem Ende des Ersten Weltkrieges. Damals brachte Großbritannien den Irak und Südkurdistan, wie die Briten den heutigen Nordirak nannten, unter seine Kontrolle. Das Empire wollte einen probritischen Staat Mesopotamien inklusive Südkurdistan kreieren. Die Kurden dagegen strebten unter Führung von Scheich Mahmud Berzanci die Gründung eines eigenen kurdischen Staates an.

Zunächst von den Briten 1918 als Gouverneur über die Kurden in Suleimanija eingesetzt, ernannte sich Berzanci zum Herrscher von ganz Kurdistan. Im Mai 1919 konnte er sogar die Briten aus Suleimanija vertreiben, wurde aber im Juni des folgenden Jahres von ihnen geschlagen. Obgleich Großbritannien bis 1933 Entscheidungsträger im Irak war und seine dominante Rolle bis zum Ausbruch der nationaldemokratischen Revolution von 1958 unumstritten blieb, waren dort nationale, regionale und internationale Faktoren im Spiel, die sämtliche Lösungsoptionen der Kurdenfrage zum Scheitern verurteilten. Das Abkommen von Sèvres 1920, das die Zukunft der Region nach dem Ende des Ersten Weltkrieges regelte und den Kurden Autonomie zubilligte, wurde nur drei Jahre später unter dem Einfluss der Türkei revidiert. Die Ironie, so Asadi, liegt aus heutiger Sicht darin, dass die Briten zwar die Gründung eines kurdischen Staates verhinderten, andererseits aber Südkurdistan wenigstens vor dem Zugriff der türkischen Kemalisten bewahrte. Deren aggressive Assimilationspolitik sei den irakischen Kurden dadurch erspart geblieben. Im Gegensatz zu ihren Volksgenossen in der Türkei konnten die Kurden im Irak ihre Sprache sprechen und erhielten eingeschränktes Verwaltungsrecht. Insofern, folgert Asadi, könne die Angliederung Südkurdistans an den »arabischen Irak« – wenn auch als eine historisch fehlgelaufene Entwicklung – in einem milderen Licht gesehen werden.

Kein innerstaatlicher Konflikt im Vorderen Orient kennt so viele gescheiterte politische Bemühungen wie der Kurdenkonflikt im Irak. Ab 1961 und wieder ab dem Frühjahr 1969 brachen Revolten zwischen den Regierungstruppen und den seit 1961 gegen die Zentralregierung kämpfenden Peschmerga aus. Zwar unterzeichneten Vizepräsident Saddam Hussein und der Kurdenführer Molla Mustafa Barzani 1970 einen Friedensvertrag, der den Kurden politische Autonomie gewährte – eine einmalige Vereinbarung zwischen einem Staat des Mittleren Ostens und Vertretern einer staatenlosen Volksgruppe. Die Kämpfe waren damit aber noch nicht vorbei, sie endeten erst 1975 mit der Kapitulation der Kurden. Während des Irakisch-Iranischen Krieges 1980 bis 1988 kontrollierten die Peschmerga erneut einen Großteil der drei kurdischen Provinzen. Nach dem Golfkrieg 1991 und der Errichtung der nördlichen Flugverbotszone durch die UNO erhielten die Kurden die Kontrolle über ihre Region einschließlich der Städte. 2003, Saddam Hussein war gestürzt und die Amerikaner einmarschiert, wurden die Peschmerga als »Regionalgarde« anerkannt und mit US-amerikanischen Mitteln aufgerüstet. Die Transformation der Unabhängigkeitskämpfer hin zu einer regulären Armee begann.

Brigadegeneral Izadin Sadus ist seit 1979 dabei, dem Jahr, als Saddam Hussein irakischer Präsident wurde. Drei verlustreiche Kriege fanden unter seiner Herrschaft statt: gegen Iran, gegen Kuwait, gegen die USA. Immer wieder kämpften die Peschmerga für einen unabhängigen kurdischen Staat und gegen Iraks Gewaltherrscher. Drei Mal sei er verwundet worden, erzählt Izadin Sadus, Vater dreier Kinder. In der Operation »Anfal« der irakischen Armee gegen die Kurden Ende der 1980er Jahre hat er Giftgas abbekommen. Saddams Cousin Ali Hasan al-Madschid, genannt Chemie-Ali, bestrafte die Kurden wegen ihrer Kooperation mit dem damaligen Erzfeind Iran mit Sarin und anderen Giftgasen. Tausende starben, Hunderttausende wurden verletzt. 183 000 Kurden sollen gestorben sein. Es gab Deportationen, Konzentrationslager, Massenerschießungen, Luftangriffe und verbrannte Erde. Nach der Errichtung der Flugverbotszone über den Kurdengebieten begann wenig später der »Bruderkrieg« zwischen den Anhängern der beiden Kurdenführer, Molla Mustafas Sohn Masud

Barzani und Jalal Talabani. Damals, 1996, verließ Izadin Sadus den Irak und ging nach Deutschland.

Erst nach dem Sturz Saddams kehrte er zurück ins mittlerweile weitreichend autonome Irakisch-Kurdistan. Barzani und Talabani hatten sich versöhnt und eine gemeinsame Regionalregierung mit Sitz in Erbil gebildet. Talabani wurde Präsident Gesamtiraks, Barzani Präsident in Kurdistan. Die Kurden wurden zum politischen Machtfaktor im ganzen Land. Maßgeblich arbeiteten sie an der neuen Verfassung Iraks mit und verankerten in ihr den Föderalismus. Im Nordirak entstanden ein Regionalparlament und eine eigene Gerichtsbarkeit – die Vorbereitung auf einen eigenen Staat. Erbil entwickelte sich zur Kurdenhauptstadt. Als Sadus Kurdistan verließ, wohnten 750 000 Menschen in einer der ältesten Städte der Welt. Jetzt sind es 1,4 Millionen. Und Erbil wächst unaufhörlich weiter, überall entstehen neue, moderne Stadtviertel. »Manhattan Kurdistans« wird die Stadt am Fuße einer 5000 Jahre alten Zitadelle mit ihren unzähligen Wolkenkratzern inzwischen genannt. Izadin war angetan und überrascht. Auch er wollte zur Erneuerung seiner Heimat beitragen. Exilkurden aus aller Welt kamen zurück. Die sechs Millionen irakischen Kurden hatten erreicht, wovon ihre Volksgenossen in anderen Ländern träumten und bis heute träumen. Die kurdische Selbstverwaltung bekam eine Dynamik, die nicht mehr aufzuhalten war. Strenge Grenzkontrollen sollten den Terror, der im Rest Iraks tobte, von Kurdistan fernhalten. Mit Erfolg. Kurdistan wurde zur Region des Friedens und der Stabilität. Man wähnte sich als Sieger der Geschichte.

Als fast ein Jahrzehnt später, 2011, der Bürgerkrieg in Syrien begann, nahm Kurdenpräsident Barzani großzügig Hunderttausende syrische Kurden auf und unterstützte die Rebellen gegen Machthaber Baschar al-Assad. Zahlreiche Versuche, die vordem zersplitterte syrisch-kurdische Opposition zu einigen, vergrößerten den Einfluss der irakischen Kurden auf syrischem Territorium. Hinter vorgehaltener Hand wurde bereits die späte Erfüllung des Autonomieabkommens von Sèvres aus dem Jahre 1920 gefeiert. Statusgemäß und strukturell hatte der Nordirak eine partielle Eigenstaatlichkeit erreicht. Die irakische Regierung in Bagdad war zu schwach, um dem wirkungsvoll entgegenzutreten. Einziges Instrument des Protests: Premierminister Nuri al-Maliki drehte den

Geldhahn zu. Die Regionalregierung in Erbil reagierte mit der Erschließung neuer Öl- und Gasquellen auf ihrem Territorium. Kurdenpräsident Barzani reiste Ende 2012 zur Aussöhnung mit dem Erzfeind Türkei nach Ankara. Mit Staatschef Recep Tayyip Erdoğan vereinbarte er eine Pipeline durch die Türkei. Die irakischen Kurden wähnten sich am Ziel ihres Unabhängigkeitskampfes. Iraks Premier in Bagdad tobte. In Dohuk, Suleimanija und Erbil erwarteten die Menschen nun die Ausrufung eines unabhängigen kurdischen Staates. Die Peschmerga sollte diesen Staat schützen und verteidigen. Doch dann kam die Mörderbande des IS. Es gibt nicht wenige, die behaupten, der damalige Premier Maliki habe diese Entwicklung unterstützt oder sie zumindest nicht verhindern wollen. Unterschätzt hat er sie allemal.

»Wir sind bereit«, salutiert ein junger Soldat vor Kommandeur Izadin Sadus und bittet nach draußen. Auf dem Platz vor dem Hauptquartier der Brigade 12 haben sich fast 40 kurdische Kämpfer versammelt, um ihre neuen Waffen aus Deutschland zu präsentieren. Die G36-Gewehre seien viel besser als die alten Kalaschnikows, loben sie. 800 hätten sie bekommen, außerdem 3 BKC-Panzerfäuste und 24 Nachtsichtgläser. Im Dezember 2014 hatte die Bundesrepublik erstmalig insgesamt 20 Flugzeuge mit militärischem Gerät in den Nordirak geschickt. Alle Maschinen flogen zuerst nach Bagdad, wurden dort gesichtet und dann nach Erbil weitergeleitet. Um sicherzugehen, dass nichts entnommen wird, war stets ein Mitarbeiter der Deutschen Botschaft in Bagdad auf dem Flugfeld. Die Waffen aus Deutschland seien dann an alle kurdischen Brigaden verteilt worden, weiß der General. Bei ihm seien sie erst spät eingetroffen. Insgesamt zählt die Peschmerga-Armee zwölf Brigaden. Izadins war als letzte dran. Brigade 1 ist in Kirkuk stationiert.

Der junge Peschmerga-Soldat Foad bringt einen großen Plastikkoffer, auf dem »Milan« steht. Er ist die größte Hoffnung von Izadins Männern. Gespannt schauen sie zu, wie Foad den Koffer öffnet und die Panzerabwehrrakete vorsichtig heraushebt. »Sie ist sehr leicht«, sagt er anerkennend, »das hätte ich nicht gedacht.« Als Einziger der 12. Brigade durfte der 24-Jährige eine Woche nach Hammelburg in Bayern, um zu lernen, wie die Rakete bedient wird. Jetzt instruiert er die anderen. Ein Kollege darf helfen,

die Rakete zusammenzuschrauben und sie auf die Abschussvor-
richtung zu montieren. »Das Tolle an der ›Milan‹ ist, dass sie sich
beim Abschuss des Lenkflugkörpers selbst nicht bewegt. Sie steht
vollkommen still und schießt auf zwei Kilometer Entfernung«,
erläutert Foad mit großer Bewunderung. »Damit sind wir dem
IS überlegen.« Die hätten Raketen mit geringerer Reichweite, die
auf einen Pick-up montiert werden müssten. Die »Milan« dagegen
könne auf ihrem Dreibein überall stehen. Allerdings hätten sie nur
16 Schuss bekommen, schränkt Foad die Schlagkraft der Brigade
ein. Für einen Angriff zur Rückeroberung von Bashiqa reiche das
nicht aus. Der irakisch-kurdische Peschmerga-Minister Mustafa
Sayid Qadir wünscht sich daher für den Kampf gegen den IS mehr
Waffen aus Deutschland: Nicht nur neue »Milan«-Raketen, sondern auch die G36-Sturmgewehre, die die Bundeswehr ausmus-
tern will, seien willkommen.

Peschmerga heißt übersetzt soviel wie »die dem Tod ins Auge
sehen«. Doch im Sommer 2014 war davon nicht viel zu spüren.
Nachdem schon im Juni Tausende Soldaten der irakischen Armee
desertierten und Menschen, Territorium und militärische Ausrüstung der Terrormiliz nahezu kampflos überließen, kapitulier-
ten zwei Monate später die kurdischen Peschmerga an mehreren
Stellen ebenfalls vor dem IS. Seitdem beschäftigen sich Jesiden,
Christen, Turkmenen, Araber und Kurden gleichermaßen mit den
Folgen. Wie konnte es passieren, dass die Mörderbande erneut
weitreichende Landgewinne für sich verbuchen konnte und die
Peschmerga-Soldaten hastig das Weite suchten? Mit seiner zweiten Offensive brachte der IS nicht nur die Jesidenstadt Sinjar nahe
der syrischen Grenze ohne größere Gegenwehr in seine Gewalt,
sondern auch die Christenstadt Karakosh sowie gemischte Gemeinden wie Bartilla und Bashiqa. Erst kurz vor Erbil und Dohuk
konnte der IS gestoppt werden. Die kampflose Flucht von 8000 bis
10 000 Peschmerga, die zuvor auch noch die Waffen der Jesiden
konfisziert hatten, hinterließ Verbitterung. Etwa 700 kurdische
Kämpfer sollen zum IS übergelaufen sein. Die Schuldzuweisungen
kommen aus allen Richtungen. Der Mythos, den die kurdischen
Freiheitskämpfer über Jahre hinweg aufgebaut hatten, erhielt tiefe
Kratzer. Die Schmach für die Peschmerga war groß. Aus aktuellem
Anlass: Der Traum vom eigenen Kurdenstaat ist in weite Ferne ge-

rückt. Auch ein Jahr nach dem Angriff auf die Kurden im Nordirak sind die Gebiete noch weitgehend in der Hand des IS. Zwar konnte das Sinjar-Gebirge zurückerobert werden und auch Makhmour, in der Nähe der Kurdenhauptstadt Erbil gelegen, ist wieder in der Hand der Regionalregierung. Doch große Siege sind bislang ausgeblieben. In Städten wie Sinjar, Karakosh oder Bashiqa weht nach wie vor die schwarze Dschihadistenfahne.

Nareen Shammo stammt aus Bashiqa, ihr stehen Tränen in den Augen, wenn sie an ihre Heimatstadt und deren Schicksal denkt. Als Mitglieder der Terrormiliz IS am 7. August 2014 die Stadt überfielen, war Bashiqa nahezu leer. Die meisten der knapp 100 000 Einwohner waren nach dem Abzug der Peschmerga geflohen, wer noch da war, leistete keinen Widerstand. Die Gräueltaten der IS-Kämpfer hatten sich herumgesprochen, und die Kunde vom Rückzug der Peschmerga rief Panik hervor. »Bashiqa war ein Klein-Irak«, schwärmt die 28-Jährige traurig. Dort lebten alle Volksgruppen des Landes seit Jahrhunderten zusammen. Nareen selbst ist Jesidin. Im Vielvölkergemisch Bashiqas spielte dies für sie stets eine untergeordnete Rolle. Sie hatte Freunde aus allen Kulturen und Glaubensrichtungen. Wenn sie als Kind oben auf den Hügeln hinter der Stadt stand, konnte sie Moscheen, Kirchen und auch jesidische Grabmäler sehen. »Ich war glücklich, dass wir alle zusammenlebten«, erzählt sie euphorisch. »Das wird nie wieder so sein.« Dort, wo Nareen als Kind stand, steht jetzt Brigadegeneral Sadus, den sie für die Misere mitverantwortlich macht. Inzwischen hat die Journalistin ihre Arbeit beim kurdischen Fernsehsender Rudaw aufgegeben, um sich ganz dem Schicksal der Jesiden zu widmen. Sie dokumentiert akribisch Fälle von Verschleppung, Versklavung jesidischer Frauen und Rückkehr aus der IS-Gefangenschaft. Seitdem hat Shammo ein Bewusstsein für ihre Religion entwickelt. Anderen gegenüber ist sie misstrauisch. »Es ist das Vertrauen, das durch die Grausamkeiten des IS verloren geht«, umschreibt sie den Vorwurf, den sie den Peschmerga-Soldaten macht. »Sie haben uns im Stich gelassen und dem Terror ausgeliefert.« Auch Turkmenen und Christen sprechen von Versäumnissen der Kurden, die ihnen Schutz versprochen hatten. Bei den Kurden selbst ist dagegen von Verschwörungen die Rede. Die Amerikaner hätten den Kurden befohlen, sich zurückzuziehen, und der israelische Geheimdienst Mossad mache gemeinsame Sache mit dem IS, hört man häufig. Oder auch, dass der damalige Premier Maliki sich rächen wollte und deshalb den zweiten Angriff der Terrorbande auf die Kurden initiiert habe. Nur die plausibelste Erklärung für die Schlappe der Peschmerga will niemand hören: »Wir waren nicht gut genug vorbereitet, und unsere militärische Ausrüstung war zu schlecht, um diesem Gegner entgegenzutreten«, begründet Brigadegeneral Sadus nüchtern. »Das muss sich ändern.«

Das hat letztendlich auch der Präsident der Autonomen Region Kurdistan und Oberbefehlshaber der Peschmerga, Masud Barzani, erkannt. Er ordnete »notwendige Reformen« an, um die Peschmerga unter ein einheitliches Kommando zu stellen. Bei einer Untersuchung nach den schnellen IS-Landgewinnen wurde die uneinheitliche Kommandostruktur als größter Mangel festgestellt. Eine Studie des Regionalparlaments in Erbil belegt: Große Teile der Peschmerga gibt es nur auf dem Papier. Von den über 200 000 Kämpfern, die auf der Gehaltsliste der kurdischen Regionalregierung stehen, sind demnach nur etwas mehr als 30 000 tatsächlich einsatzfähig. Etwa genauso viele seien als Polizeikräfte eingesetzt, das Gros aber irgendwo in Kleinverbänden organisiert.

Khoshawe Farag, Politikdozent an der Universität Suleimanija, geht tiefer in seiner Analyse und sieht den Grund für das Versagen der Peschmerga in den politischen Strukturen Kurdistans. Korruption und Vetternwirtschaft hätten eine Vernachlässigung der Sicherheitskräfte zur Folge gehabt. Der Transformationsprozess von einer Guerillatruppe zu einer schlagkräftigen Armee sei nur schleppend vonstattengegangen. Besonders junge Soldaten erhielten kaum oder zu wenig Training. Gravierender aber sei die politische Fehleinschätzung der kurdischen Führungsriege gewesen, die glaubte, der IS würde die Kurden nicht angreifen. Man setzte auf Koexistenz. Ein fataler Fehlglaube.

Mam Rostam ist drei Jahre länger dabei als Izadin Sadus und ein Bilderbuch-Peschmerga mit seinen beigefarbenen Pluderhosen, der braunen Schärpe und dem vernarbten Gesicht. Auf der dicken Knollennase rutscht die Brille nervös hin und her, bis er sie schließlich abnimmt und durch seine Finger gleiten lässt. Im September 1976 sei er Peschmerga geworden, erzählt er – beim ersten damals gegründeten Kommando der PUK, der Patriotischen Union Kurdistans von Jalal Talabani. Davor sei er Partisan gewesen, habe in losen Verbänden in den Bergen gekämpft. Dann entstand eine gewisse Struktur. Entweder man ging zu Barzanis Peschmerga-Verbänden oder zu Talabani. Da Rostam in Kirkuk geboren wurde und dort die PUK herrscht, ging er zu Talabani. Von 1976 bis 1991 habe er gegen die irakische Regierung in Bagdad gekämpft – zumeist in den Bergen. »Wir wollten einen Regimewechsel.« Als dann nach dem Kuwaitkrieg US-Präsident Bush senior die Kurden ermutigte, ihr Schicksal in die eigenen Hände zu nehmen, kamen Rostam und seine Kameraden in die Städte, vertrieben die irakischen Soldaten und besetzten Suleimanija, Erbil und Dohuk. Am kurdischen Frühjahrsfest Nawroz nahmen sie 1991 Kirkuk ein, Rostams Heimatstadt. »Wir dachten, Herr Bush würde uns helfen und uns vor der Rache Saddams schützen.« Aber der US-Präsident ließ die Kurden im Stich. Millionen von ihnen mussten wieder in die Berge fliehen, Tausende starben jeden Tag. Erst als 1992 die Flugverbotszone eingerichtet wurde, konnten sie wieder zurück in die Städte. Außer nach Kirkuk. Die Ölstadt blieb in der Hand Saddam Husseins.

Wie Brigadegeneral Sadus verließ auch Rostam 1996 den Irak und ging nach Deutschland – nach Nürnberg. Die blutigen Auseinandersetzungen zwischen Anhängern der beiden Kurdenführer Barzani und Talabani wollte der heute 60-jährige Mann aus Kirkuk nicht mitmachen. In Kurdistan ist es immer noch tabu, über diesen Bruderkrieg zu diskutieren. Dass Barzani Saddams Panzer gegen seinen Gegner Talabani anforderte, nachdem Saddam nur wenige Jahre davor Tausende Kurden umbringen ließ, will niemand wirklich wahrhaben. Zweifelsohne sind die Jahre zwischen 1994 und 1996 die finsterste Epoche in der Geschichte der irakischen Kurden. Für die älteren Peschmerga-Kämpfer gelten diese Jahre bis heute als das größte Hindernis für eine gemeinsame kurdische Streitmacht. »Die Armee darf nicht parteipolitisch sein«, sagt Rostam im Brustton der Überzeugung. »Der Armeeaufbau muss patriotisch sein.« Sollte dieses Grundproblem nicht überwunden werden, habe ein unabhängiges Kurdistan keine Chance. In der Studie des kurdischen Regionalparlaments über die Situation der Peschmerga klingt dies ebenfalls an. Dort ist von 70 000 Kämpfern die Rede, die mehr oder weniger stark entweder Barzanis Demokratischer Partei Kurdistans (DPK) oder Talabanis PUK unterstellt sind. Die politische Rivalität der beiden Parteien erschwere auch zehn Jahre nach der Einigung immer wieder die Koordination. Speziell im Raum Kirkuk kämpften beide um die politische Vorherrschaft. »Wir selbst sind unsere Feinde«, resümiert Rostam. »Wenn Peschmerga-Minister Qadir jetzt die Einheit der Truppe als vollendet erklärt, so ist das Blabla«, lächelt der Freiheitskämpfer. Die Gräben seien noch immer tief.

Izadin Sadus' Brigade führt vor, wie die Zukunft der Peschmerga einmal aussehen könnte: Jung und alt gemischt, unterhält sie Soldaten aus allen Parteien und Richtungen. Kämpfer aus Suleimanija, Erbil und Dohuk versehen ihren Dienst gemeinsam. Mit 3000 Peschmerga-Soldaten ist das Kommando 12 jedoch eine vergleichsweise kleine Einheit. Insgesamt sind inzwischen 60 000 Kämpfer an der Front präsent, die sich im Wochentakt abwechseln. Hinzu kommen 60 000 Peschmerga, die als Reserve dienen. Stimmen werden laut, eine allgemeine Wehrpflicht für alle kurdischen Männer einzuführen. Denn alle sind sich einig, dass der Kampf gegen den IS noch lange dauern wird. Doch solange dieser nicht zugunsten der Peschmerga entschieden ist, wird es keinen unabhängigen kurdischen Staat geben. Soviel steht fest. Dennoch gibt sich Brigadegeneral Sadus zum Abschied optimistisch: »Nächstes Mal trinken wir Tee in Bashiqa.«

Siedlungsgebiete der Kurden

Türkisch-Kurdistan:
Die PKK

Susanne Güsten

Wie unterschiedlich der Kampf desselben Volkes um Unabhängigkeit sein kann, zeigt das Beispiel der PKK. Wie die Peschmerga, so kämpft auch sie für einen Kurdenstaat – nur auf der anderen Seite der Grenze in der Türkei.

Faik Atabay fuhr ein gewaltiger Schreck in die Glieder, als er im Teehaus saß. Es war gegen 21 Uhr am Abend des 15. August 1984, als Explosionen und Schüsse die Stille seines Heimatstädtchens Eruh im Südosten der Türkei zerrissen. Atabay ist Kurde, so wie die meisten Bewohner. Doch sein Pass ist türkisch. Atabay und die anderen Teehausgäste tauchten unter die Tische oder rannten ins Innere. »Die Kugeln flogen uns um die Ohren«, sagt der heute 80-Jährige. Atabay spähte durch die Tür des Teehauses ins Freie und sah, dass eine Gruppe Bewaffneter die Polizeiwache gegenüber angriffen. Es waren einige Dutzend Mitglieder einer kurdischen Rebellengruppe, die sich »Partiya Karkeren Kurdistan« (PKK) – Arbeiterpartei Kurdistans – nannte und an diesem Abend zum ersten Mal den Kampf gegen die türkische Staatsgewalt aufnahm.

Über den Lautsprecher der örtlichen Moschee wandten sich die PKK-Kämpfer nach dem Gefecht, bei dem ein Polizist getötet wurde, an die Menschen von Eruh. »Fürchtet euch nicht«, sagte PKK-Mitglied Mustafa Cimen in seiner Lautsprecherrede. »Wir sind Kurden, und wir kommen aus den Bergen.« Die PKK wolle die Kurden aus der »Knechtschaft« befreien. Und noch eins versprach die PKK: Sie werde künftig immer wieder nach Eruh kommen, um zu kämpfen.

Der Angriff von Eruh markierte den Beginn eines Aufstandes, der bis heute mehr als 40 000 Menschen das Leben gekostet und

Millionen weitere zu Flüchtlingen gemacht hat. Ganze Landstriche in Südostanatolien wurden durch den Krieg zwischen der PKK und der türkischen Armee verwüstet, Tausende Dörfer zerstört. Der Kurdenkonflikt bremste die Demokratisierung der Türkei und lähmte die Wirtschaftsentwicklung im Kurdengebiet. Millionen von Flüchtlingen trugen den Konflikt in die türkischen Großstädte und bis nach Deutschland und in andere Staaten Westeuropas, die für die PKK als Anwerbegebiete für neue Kämpfer und für die Geldbeschaffung an Bedeutung gewannen.

Gegründet wurde die PKK im Jahr 1978 von dem damals 28-jährigen Politikstudenten Abdullah Öcalan aus der südostanatolischen Provinz Urfa, der von seinen Anhängern »Apo« genannt wird. Es war eine Zeit bürgerkriegsähnlicher Auseinandersetzungen zwischen rechten und linken Gruppen auf den Straßen der Türkei. Die Politiker in Ankara versagten bei der Aufgabe, dem Land Stabilität zu geben, wirtschaftliche Probleme blieben ungelöst und entluden sich in wilden Streiks, Anschlägen und Straßenkämpfen. Öcalan entwarf die PKK als sozialistische Organisation mit stark stalinistischen Zügen, inklusive eines Führerkults, der ihn bis heute zur unangefochtenen Leitfigur und »Sonne Kurdistans« macht. In Gegenden wie Faik Atabays Heimatstadt Eruh, Hunderte von Kilometern östlich von Öcalans Geburtsstadt, wird der PKK-Chef nach wie vor verehrt wie ein Halbgott.

Bei ihrer Rebellion gegen Ankara baute die PKK auf die soziale Rückständigkeit des feudal geprägten Kurdengebietes und auf die lange Geschichte kurdischer Aufstände gegen die türkische Zentralmacht. Die Kurden siedelten schon lange vor den aus Zentralasien einwandernden Türken in Anatolien und stellen heute mit acht bis zwölf Millionen Menschen rund zwölf bis 15 Prozent der Bevölkerung der Türkei. Im Osmanischen Reich genossen kurdische Herrscher in Ostanatolien weitgehende Autonomie, doch bereits kurz nach Gründung der türkischen Republik im Jahr 1923 regte sich Misstrauen in Ankara gegen mögliche separatistische Absichten der Kurden, denen die Siegermächte des Ersten Weltkrieges einen eigenen Staat in Aussicht gestellt hatten. Kurdische Schulen und Vereine wurden verboten.

Diese Unterdrückung löste im Jahr 1925 den ersten großen Kurdenaufstand der modernen Türkei aus, bei dem die Kurden unter ihrem Anführer Scheich Said einige Städte im Südosten unter ihre Kontrolle brachten. Der junge türkische Staat schlug die Rebellion blutig nieder, der Scheich wurde gehenkt. Mit dem Aufstand begann das chronische Misstrauen zwischen der Zentralregierung in Ankara und den Vertretern der Kurden, das bis heute andauert. Die Türkei verbot die kurdische Sprache, sperrte lange Zeit das Kurdengebiet für ausländische Besucher und negierte sogar die Existenz der Kurden – sie wurden »Bergtürken« genannt. Nur wenn sie ihre kurdische Identität völlig verneinten, konnten Kurden in Wirtschaft und Politik der Türkei Karriere machen. Kurdische Clanchefs arrangierten sich unterdessen mit Ankara und konservierten eine feudale Gesellschaftsordnung, die das Kurdengebiet sozial rückständig hielt.

Als Öcalan mit seiner PKK Ende der 1970er Jahre die Bühne betrat, schien der Boden bereitet für eine neue Kurdenrebellion. Erklärtes Ziel der PKK war die Gründung eines marxistischen Staates namens »Kurdistan«. Eine der ersten Gewaltaktionen der PKK richtete sich gegen einen angeblichen Unterdrücker. Im Jahr 1979, fünf Jahre vor Beginn des bewaffneten Kampfes der PKK gegen den türkischen Staat, verübte die Kurdengruppe einen Mordanschlag auf den Ankara-treuen kurdischen Clanchef Mehmet Celal Bucak, der aber misslang. Die Bucaks herrschen seit jeher über die Stadt Siverek bei Diyarbakir in Südostanatolien und arbeiten traditionell mit der türkischen Staatsgewalt zusammen: Im Kurdenaufstand von 1925 kämpften sie auf der Seite der Republik gegen Scheich Said; Mehmet Celal Bucak saß zur Zeit des Mordanschlags für eine konservative Partei im Parlament in Ankara. Auch der heutige Clanchef Sedat Bucak war lange Parlamentsabgeordneter.

Von Anfang an kämpfte die PKK nicht nur gegen die Unterdrückung durch den türkischen Staat, sondern auch gegen angebliche oder tatsächliche kurdische Kollaborateure und Feudalherren. Noch heute werden ganze Dörfer in Südostanatolien als PKK-nah oder PKK-feindlich eingeteilt. Der türkische Staat bezahlt und bewaffnet immer noch Zehntausende kurdische Milizionäre, die »Dorfwächter«, die gegen die PKK kämpfen und wichtige Infrastruktureinrichtungen wie Ölpipelines bewachen.

Nach dem Angriff von Eruh im August 1984 baute die PKK ihr militärisches Engagement in Südostanatolien immer weiter aus.

PKK-Kämpfer, die in Syrien, im Libanon oder von den Peschmerga im Norden Iraks ausgebildet wurden, erwischten mit ihrer Guerillataktik die türkische Armee zunächst auf dem falschen Fuß. Sie griffen Armeeposten an, verübten Anschläge und errichteten Straßensperren, bevor sie sich wieder in die Berge zurückzogen. Ankara reagierte mit einer erheblichen Verstärkung der Militärpräsenz in Ostanatolien. Mehrere Tausend Dörfer, die als Versorgungsstationen für PKK-Trupps in den einsamen Berggegenden galten, wurden niedergebrannt und zerstört. Die Bewohner mussten fliehen und wurden wegen der Brutalität des staatlichen Vorgehens häufig selbst zu PKK-Anhängern: so wie Mahmut Cakan, 44, kurdischer Aktivist im Istanbuler Stadtteil Esenyurt. Cakans Familie stammt aus einem Dorf in der ostanatolischen Provinz Mus, musste wegen des Krieges aber fliehen. Cakan hat sein Dorf nur ein einziges Mal wiedergesehen, vor etwa 15 Jahren. »Aber auch da fing gerade eine Armeeoperation in der Gegend an, da bin ich wieder geflohen.« Die Cakans fanden ein neues Zuhause in Istanbul, doch Mahmuts Engagement in der PKK brachte ihm zwischen 1995 und 2012 insgesamt zwölf Jahre Gefängnis ein. »Ich hatte nicht einmal Zeit, eine Frau zu finden und eine Familie zu gründen«, sagt er. Tiefe Furchen durchziehen sein Gesicht, die Jahre im Gefängnis haben ihn vorzeitig altern lassen. »Ich bin mit der Bewegung verheiratet.«

Neben den direkten Kriegserlebnissen von Menschen wie Cakan bildet die Alltagserfahrung vieler Kurden eine Quelle der Unterstützung für die PKK. Kurden berichten immer wieder davon, dass sie sich fühlen wie Bürger zweiter Klasse, die häufiger von der Polizei schikaniert werden als Türken, schlechtere Aufstiegschancen im Beruf haben oder aus Angst vor ihren Nachbarn gezwungen werden, ihre Herkunft zu verschweigen.

Wie Umfragen belegen, bilden die Kurden sich die Ablehnung nicht ein. So ergab eine Studie der Denkfabrik Bilgesam, dass etwa 24 Prozent der Türken eine Heirat mit einem Kurden ablehnen – umgekehrt haben nur drei Prozent der Kurden etwas gegen eine Ehe mit einem Türken. Jeder dritte Türke möchte keinen kurdischen Staatspräsidenten oder Ministerpräsidenten sehen. Fast 44 Prozent der Kurden erklären, dass sie aufgrund ihrer Volkszugehörigkeit diskriminiert werden. Zementiert werden türkische

Vorurteile gegen Kurden zudem durch die Tatsache, dass nur wenige Türken freiwillig in den kurdischen Osten Anatoliens reisen.

Der Aufstand der PKK war zwar eine Folge des türkischen Misstrauens den Kurden gegenüber. Zugleich verstärkte er dieses Misstrauen aber auch. Der Kampf gegen die Rebellen des als »Babymörders« bezeichneten PKK-Chefs Öcalan und die Terroranschläge der PKK, die viele türkische Soldaten und Zivilisten das Leben kosteten, ließen keinen Raum für die Suche nach einer Lösung der grundlegenden Probleme wie der sozialen Unterdrückung oder der wirtschaftlichen Rückständigkeit in der Kurdenregion. International stuften die EU, die USA und viele andere Staaten die PKK als Terrororganisation ein.

Im Namen der nationalen Einheit griff Ankara bei der Bekämpfung der Rebellen zu undemokratischen und teils menschenverachtenden Mitteln. Rechtsgerichtete Killer und Spezialkommandos der Polizei töteten im staatlichen Auftrag angebliche oder tatsächliche Gefolgsleute der PKK, um die Unterstützung für die Kurdenrebellen in der Bevölkerung zu brechen. Tausende Menschen verschwanden spurlos – erst seit einigen Jahren können Menschenrechtler und Staatsanwälte mit der Untersuchung von Massengräbern beginnen. Einer der damals Getöteten war der kurdische Geschäftsmann Savas Buldan, der 1994 entführt wurde. Seine Leiche wurde zwei Jahre später gefunden. Buldans Witwe Pervin Buldan ist heute eine der prominentesten Kurdenpolitikerinnen der Türkei. Als mutmaßliche Verantwortliche für den Mord an Savas Buldan und anderen ermittelte die Justiz den ehemaligen Innenminister Mehmer Agar und frühere Mitglieder von Sondereinheiten der Polizei; die Prozesse dauern noch an. Kurdische Parteien wurden immer wieder wegen ihrer separatistischen Absichten verboten, kurdische Abgeordnete im türkischen Parlament, wie beispielsweise Leyla Zana, ins Gefängnis gesteckt.

Dass die PKK diesem Druck standhielt, lag unter anderem daran, dass die Führung der Rebellen außerhalb der türkischen Grenzen Zuflucht fand. Öcalan selbst lebte lange in der syrischen Hauptstadt Damaskus, wohin er 1980 wegen des Militärputsches des türkischen Militärs geflohen war. Zudem richtete sich die PKK mit Duldung durch die Peschmerga in den Kandilbergen im Nordirak ein Hauptquartier ein. Der Nordirak war seit 1991, seit dem

Zweiten Golfkrieg, dem Zugriff von Saddam Hussein entzogen. Von Kandil aus konnten PKK-Trupps immer wieder über die Grenze in die Türkei einsickern, um Anschläge zu verüben oder Armeeposten anzugreifen. Im zunehmend gesetzlosen Irak versorgten sich die Rebellen mit Waffen, auch mit Plastiksprengstoff, der bei Anschlägen benutzt wurde. Gleichzeitig diente der Nordirak als sichere Zuflucht vor der türkischen Armee. Mehrere Vorstöße der Türken in den Nordirak hinein und Luftangriffe auf die Kandilberge konnten der PKK nichts anhaben.

Öcalan stand in seiner Brutalität der türkischen Regierung nur wenig nach. Vom Exil aus steuerte er die Rebellenorganisation mit harter Hand, was der PKK einen stalinistischen Charakter gab. Mutmaßliche oder tatsächliche PKK-interne Dissidenten ließ er mithilfe grausamer Strafaktionen aus dem Weg räumen. Widerspruch gegen die Linie des Chefs wurde nicht geduldet. Eine Dissidentengruppe um den früheren Oberkommandierenden der PKK-Guerrillatruppen, Ex-Zentralratsmitglied Ayhan Ciftci, und den früheren Guerilla-Gebietskommandanten von Diyarbakir, Sait Cürükkaya, prangerte schon im Jahr 2000 die Schicksale von PKK-Mitgliedern an, die wegen ihrer abweichenden Ansichten für immer verschwanden. Die Gruppe, die sich aus den Rebellenlagern im Nordirak absetzte und über die iranischen Berge ins europäische Exil floh, schilderte detailliert Verschleppungen, Folterungen und Tötungen von rund 30 zurückgebliebenen Gesinnungsgenossen in einer Säuberungsaktion.

Selbst alte Weggefährten Öcalans wurden nicht verschont. PKK-Mitbegründer Kani Yilmaz zum Beispiel verließ im Jahr 2004 die Rebellen, die nach seiner Meinung nach von Extremisten geführt wurden, keinerlei Beziehung mehr zum kurdischen Volk hätten und »nur um des Kampfes willen kämpfen«. Nach fast drei Jahrzehnten sagte er sich deshalb von der PKK los. Zwei Jahre später wurde er im Nordirak mit einer mutmaßlichen PKK-Autobombe getötet.

Tatsächlich geht es manchen Mitgliedern der PKK-Führung nicht mehr so sehr um kurdische Rechte, sondern vor allem um Macht. Mit der Androhung von Gewalt beeinflussen die Rebellen viele Entscheidungen gewählter Politiker im Kurdengebiet und profitieren davon, dass in der kurdischen Bevölkerung der Eindruck vorherrscht, nur die PKK stelle einen gewissen Schutz vor staatlicher Willkür dar. Zudem verdient die Organisation laut türkischen Berichten am Schmuggel und am Menschenhandel zwischen der Türkei, dem Irak und dem Iran. Für langjährige PKK-Führungskader gibt es keinen Weg zurück in eine legale Existenz – der Konflikt mit dem türkischen Staat ist so über die Jahre zumindest teilweise zum Selbstzweck geworden.

Schon Ende der 1990er Jahre war für alle erkennbar, dass der Krieg zwischen der PKK und der Türkei in eine Sackgasse geführt hatte: Keine Seite konnte die andere militärisch besiegen, und doch ging das Sterben weiter. Erst Ende 1998 kam die Wende. Die türkische Regierung ließ an der Grenze zu Syrien Panzer auffahren, um die Regierung in Damaskus zu zwingen, Öcalan aus dem Land zu werfen.

Die Kriegsdrohung wirkte. Öcalan musste Syrien verlassen und begab sich auf eine Odyssee, die ihn unter anderem nach Italien führte und im Februar 1999 in der kenianischen Hauptstadt Nairobi endete. Nach einem Tipp der US-Geheimdienste, die Öcalans Mobiltelefon orteten, fassten türkische Agenten den PKK-Chef, als dieser von der griechischen Botschaft in Nairobi zum Flughafen fuhr. Öcalan wurde in die Türkei gebracht und auf der Gefängnisinsel Imrali im Marmarameer bei Istanbul inhaftiert – lange Jahre als einziger Gefangener. In einem Prozess auf Imrali, den der Europäische Menschenrechtsgerichtshof mehrere Jahre später als nicht rechtsstaatlich rügte, wurde er am 29. Juni 1999 zum Tode verurteilt. Mit Rücksicht auf ihre EU-Ambitionen verzichtete die türkische Regierung allerdings darauf, das Urteil vollstrecken zu lassen; Öcalans Strafe wurde in lebenslange Haft umgewandelt.

Bereits kurz nach seiner Festnahme und auch während seines Prozesses betonte Öcalan mehrmals, er sei bereit, den Kurdenkonflikt gemeinsam mit dem türkischen Staat beizulegen. Doch Ankara lehnte es lange Zeit ab, den gefangenen Rebellenchef als Gesprächspartner anzuerkennen. Dabei zeigte Öcalan sogar aus der Zelle heraus, dass er es nach wie vor in der Hand hatte, die PKK-Gewalt zu beenden. Über seine Anwälte hielt er Kontakt zur Kurdenbewegung und zur PKK, blieb der starke Mann und traf alle wichtigen Entscheidungen. Er verteilte von Imrali aus sogar Chefposten bei den PKK-nahen Medien in Europa. Nachdem sich die PKK bereits in den 1990er Jahren vom Ziel der Gründung eines eigenen Kurdenstaates losgesagt hatte, unterstrich Öcalan in der Haft allerdings immer wieder, dass er mehr Autonomie und Rechte für die Kurden anstrebe, aber dem Separatismus abgeschworen habe. »Die Kurden erkennen das Bestehen des türkischen Staates an, und der Staat erkennt seinerseits das demokratische Recht der Kurden auf ihre Existenz als Nation an«, erklärte er im Jahr 2009. Im Jahr darauf nahm Ankara Geheimverhandlungen mit PKK-Vertretern in der norwegischen Hauptstadt Oslo auf, die jedoch ergebnislos blieben.

Unmittelbar nach Öcalans Festnahme 1999 hatte die PKK einen Waffenstillstand ausgerufen, der fünf Jahre lang hielt. Danach begann der Krieg erneut. Die PKK-Unterorganisation »Freiheitsfalken Kurdistans« machte ab dem Jahr 2005 mit tödlichen Anschlägen in nichtkurdischen Gebieten der Türkei von sich reden und griff auch Touristen an. Der türkische Staat antwortete mit Militäroffensiven in Südostanatolien und im Nordirak sowie mit Massenverhaftungen mutmaßlicher PKK-Unterstützer.

Im Jahr 2012 erlebte die Türkei die schwersten Gefechte seit langer Zeit – und doch wurde das Jahr zu einem Meilenstein. Im Dezember 2012 nahm der türkische Geheimdienst MIT auf Weisung des damaligen Ministerpräsidenten Erdoğan auf Imrali Friedensverhandlungen mit Öcalan auf. Dass Erdoğan bereit war, Öcalan als Verhandlungspartner des Staates zu akzeptieren, war ein klares Zeichen dafür, dass Ankara mittlerweile nicht mehr an einen militärischen Sieg über die PKK glaubte. Erdoğans Regierung schaffte einige Beschränkungen für die Verwendung der kurdischen Sprache ab und gründete sogar einen kurdischsprachigen Fernsehsender. Doch die von der PKK geforderte verfassungsmäßige Anerkennung der Kurden als eigenes Volk und kulturelle Autonomierechte wie einen Anspruch auf muttersprachlichen Schulunterricht lehnte Erdoğan weiter ab.

In den Verhandlungen einigte man sich deshalb zunächst auf konkrete Schritte, um die Kämpfe zu beenden. Im März 2013 rief Öcalan einen erneuten Waffenstillstand aus und forderte den Rückzug der PKK-Trupps aus der Türkei in den Nordirak. Zwei Jahre später wiederholte er seinen Friedensappell, doch greifbare Ergebnisse des Friedensprozesses über den Waffenstillstand hinaus blieben aus.

Dieser Schwebezustand hatte mehrere Gründe. Erdoğan, inzwischen Staatspräsident, betrachtete die Bestrebungen zur Beendigung des Kurdenkonflikts vor allem durch die Brille eines Parteipolitikers, der die nächsten Wahlen gewinnen will. Die Erdoğan-Partei AKP ist im Kurdengebiet der einzige ernsthafte politische Konkurrent der Kurdenpartei HDP, die Kontakt zur PKK-Führung im Nordirak und zu Öcalan hält und die bei der Parlamentswahl im Juni 2015 mit 13 Prozent der Stimmen und 80 Abgeordneten ins Parlament von Ankara einzog. Angesichts großer Skepsis in der türkischen Gesellschaft bezüglich der Verhandlungen mit der nach wie vor als Terrororganisation betrachteten PKK zögerte die Regierung aber mit konkreten Zugeständnissen an die Kurden. Gleichzeitig setzte sie alles daran, den Gesprächsfaden nicht abreißen zu lassen, um nicht neue Kämpfe in Südostanatolien zu riskieren.

In der Substanz kamen die Gespräche aber nicht weiter. Die Forderungen Öcalans und der PKK nach mehr administrativer und kultureller Autonomie der Kurdengebiete und entsprechenden Verfassungsgarantien kollidierten mit dem Selbstverständnis der türkischen Republik als zentralistisch organisiertem Staat. Öcalan forderte von Ankara zwischenzeitlich sogar ein Recht der Kurden in Südostanatolien, eigene Sicherheitskräfte zu gründen – so wie die Peschmerga im Nordirak.

Eine Verwirklichung der kurdischen Forderungen käme einem grundsätzlichen Umbau des türkischen Staatsgebildes gleich. Regionale Autonomie gilt jedoch insbesondere bei Nationalisten und bei Kemalisten – Anhängern der säkular-autoritären Ideologie von Staatsgründer Mustafa Kemal Atatürk – als Anfang vom Ende der staatlichen Einheit. Diese grundsätzliche Unvereinbarkeit der PKK-Forderungen mit den Positionen Ankaras konnte bisher in den Friedensverhandlungen nicht überwunden werden. Deshalb gab es auch auf militärischem Gebiet nach dem Waffenstillstand keinen weitergehenden Fortschritt. Die PKK wirft dem türkischen Staat vor, überall im Kurdengebiet festungsartig gesicherte Posten der Sicherheitskräfte zu errichten, was auf Pläne für eine Fortsetzung der auf Unterdrückung angelegten Kurdenpolitik vergangener Jahrzehnte schließen lasse. Im Gegenzug beklagt die türkische Regierung, dass sich die PKK weiterhin weigere, ihre Waffen niederzulegen. Die Rebellen wollen diese militärische Trumpfkarte bis zuletzt in der Hand behalten. Ende Juli 2015 begann eine neue Welle der militärischen Auseinandersetzungen zwischen der PKK und der türkischen Armee.

Während im türkisch-kurdischen Friedensprozess nach einem Kompromiss gesucht wurde, belebte der Bürgerkrieg in Syrien den Traum der PKK von einer kurdischen Selbstverwaltung. Im kurdischen Gebiet Rojava – der Name bedeutet »Westen« und bezeichnet das kurdische Siedlungsgebiet entlang der syrisch-türkischen Grenze – bildete sich unter Führung des syrischen PKK-Ablegers PYD eine inoffizielle Autonomiezone. Als im Jahr 2011 in Syrien die Proteste gegen Staatschef Baschar al-Assad in Gewalt umschlugen und sich zu einem landesweiten Bürgerkrieg entwickelten, hielten sich die Kurden in Nordsyrien zunächst zurück und füllten das durch den Bürgerkrieg und die Schwächung der Staatsgewalt verursachte Vakuum mit einer Selbstverwaltung. Die türkische Regierung, die Assads Sturz anstrebte und deshalb die syrische Opposition politisch und militärisch unterstützte, betrachtete dies mit Misstrauen, griff aber nicht ein.

Die Erfolge der Dschihadisten-Miliz »Islamischer Staat« (IS) im Jahr 2014 brachten dann für die PKK und die PYD die Gelegenheit, sich vor der kurdischen und der internationalen Öffentlichkeit zu profilieren und die Autonomie in Rojava zu festigen. Im Nordirak warf die PKK ihre Einheiten in den Kampf gegen den IS, der das irakische Kurdengebiet angriff und zeitweise die Gebietshauptstadt Erbil bedrohte. Insbesondere bei der Abwehr von Angriffen der Dschihadisten auf die religiöse Minderheit der Jesiden verdienten sich die Kurdenrebellen viel internationale Anerkennung. In Deutschland wurden Rufe nach einer Aufhebung des seit 1993 geltenden PKK-Verbotes laut.

Gleichzeitig verteidigte die PYD die syrische Stadt Kobane an der Grenze zur Türkei. Mit einer mehrmonatigen Belagerung vom Sommer 2014 bis zum Januar 2015 versuchte der IS, Kobane einzunehmen und den dortigen Grenzübergang zur Türkei unter seine Kontrolle zu bringen. Obwohl die kurdischen Verteidiger den Angreifern hoffnungslos unterlegen waren, weigerte sich die Türkei, zugunsten der Kurden einzugreifen: Erdoğan und der neue türkische Ministerpräsident Ahmet Davutoğlu wollten nicht zu einer Aufwertung der PYD/PKK beitragen. Ankara hatte aber nicht erwartet, dass die Schlacht um Kobane auch für die internationale Gemeinschaft und besonders für den Partner USA zu einer symbolträchtigen Auseinandersetzung mit den Dschihadisten werden würde. Mithilfe von US-Luftangriffen sowie der Verstärkung von nordirakischen Kurdenverbänden konnten die Kurden die IS-Einheiten zurückschlagen. Die Autonomie der Kurden in Syrien ist seitdem weitgehend unumstritten.

So könnte in Syrien entstehen, was die PKK in mehr als 30 Jahren des Krieges in der Türkei nicht durchsetzen konnte: eine funktionierende kurdische Selbstverwaltung. Zum ersten Mal in ihrer Geschichte kontrolliert die PKK über die PYD eigene Gebiete. Selbst wenn die Kurdenrebellen mit Ankara Frieden schließen sollten und den bewaffneten Kampf in der Türkei endgültig aufgäben, dürfte mit Blick auf Rojava eine völlige Entwaffnung für die PKK nicht in Frage kommen. Das bedeutet auch, dass die Organisation in Ländern wie Deutschland weiter aktiv bleiben wird, etwa um sich mit Geld zu versorgen. Nach Jahrzehnten des Krieges wird die PKK möglicherweise bereit sein, in der Türkei auf ihre Maximalforderungen zu verzichten, mit der sie bei ihrem nächtlichen Angriff von Eruh im August 1984 angetreten war – doch im Nachbarland Syrien lebt der Traum vom Kurdenstaat weiter.

SUDAN

Abyei

Bentiu

Malakal

SÜDSUDAN

ÄTHIOPIEN

Wau

Tonj

Rumbek

Bor

ZENTRAL-
AFRIKANISCHE
REPUBLIK

Juba

Ilemi-Dreieck

KENIA

DEMOKRATISCHE
REPUBLIK KONGO

UGANDA

umstrittene Gebiete

0   200 km

Südsudan:
Unabhängig in den Abgrund

Marc Engelhardt

Die Sudanesische Volksbefreiungsarmee (SPLA) hat geschafft, wovon die Kurden noch träumen. Nach mehr als 50 Jahren Unabhängigkeitskampf wurde der Südsudan 2011 unabhängig. Doch kurz darauf kämpft die Führungselite schon wieder, diesmal um die Macht und den Ölreichtum im Land. Der Traum vom Frieden in der Unabhängigkeit ist geplatzt.

Schon bei Sonnenaufgang haben die Menschen sich entlang der Hauptstraße aufgereiht, der einzigen asphaltierten Straße in Juba. Während die Sonne immer höher steigt und die Temperatur die 35 Grad längst überschritten hat, schwatzen und lachen die Massen. Immer wieder stimmt ein Grüppchen ein Lied an. Dann wird wieder aus vollen Kehlen jubiliert, eine Art afrikanisches Jodeln, das die Frauen minutenlang durchhalten können. Als in der Ferne die Klänge der Militärkapelle ertönen und bald die ersten Einheiten in Reih und Glied vorbeiziehen, kennt der Jubel kein Halten mehr. Auf frisch lackierten schweren Unimogs schwenken Soldaten die Fahne des Staates, dessen Unabhängigkeit heute auch formal ausgerufen wird. Es ist der 9. Juli 2011, Südsudans Unabhängigkeitstag. »Wir haben 56 Jahre auf diesen Tag gewartet«, wird Präsident Salva Kiir später auf dem großen, staubigen Platz verkünden, auf dem das Mausoleum des Staatsgründers steht. John Garang, die charismatische Führungsfigur im südsudanesischen Unabhängigkeitskampf, hatte seine Nation gerade auf den Pfad der Unabhängigkeit geführt, als er 2005 mit einem ugandischen Militärhubschrauber abstürzte. Die genauen Gründe dafür sind bis heute ungeklärt.

»Heute ist der Tag, an dem wir unserer Heldinnen und Helden, unserer Märtyrer gedenken«, sagt Kiir in seiner Eröffnungsrede und verspricht: »Sie sind nicht umsonst gestorben.« Die Ehrengäste lauschen ihm auf den überdachten Tribünen, unter ihnen UN-Generalsekretär Ban Ki Moon, Sudans Präsident Omar al-Baschir und Kiirs Vize, Riek Machar. Die Masse der Zuhörer steht in der sengenden Hitze und bejubelt jedes Wort ihres neuen Staatsoberhaupts. Noch mehr hören der knisternden Live-Übertragung im Radio zu, versammeln sich um batteriebetriebene Empfänger oder blechern scheppernde Lautsprecher, die Kiirs Sudanesische Volksbefreiungsbewegung (Sudan People's Liberation Movement – SPLM) in den wenigen Städten des Vielvölkerstaats aufgebaut hat. »Wir mögen Zande sein, Kakwa, Nuer, Toposa, Dinka, Lotuko, Anyuak, Bari oder Shilluk, aber erinnert euch daran: zuallererst seid ihr Südsudanesen!« Die vom Präsidenten aufgezählten Ethnien, die im Südsudan bis zuletzt gemeinsam gegen den Feind aus dem arabischen Norden des Sudans gekämpft haben, eint bis zu diesem Tag ihre Opposition gegen den Sudan und die Regierung Omar al-Baschirs in Khartum. Kiir weiß, dass eine der größten Herausforderungen des jungen Staates darin bestehen wird, ein Nationalgefühl zu schaffen. »Wir hoffen, dass das unser letzter Krieg war«, ruft er in die Menge. »Unsere Kritiker hatten uns bereits abgeschrieben, bevor wir die Unabhängigkeit erlangt haben: Sie sagen, wir werden in einen Bürgerkrieg stürzen, sobald unsere Flagge gehisst ist. Es wird entscheidend sein, dass wir ihnen beweisen: Ihr habt unrecht!«

Es ist ein historischer Tag. Am Ende hat fast jeder Zuhörer Tränen in den Augen, und das, obwohl der ehemalige Rebellenvize Salva Kiir alles andere als ein begnadeter Redner ist. Seine Stimme ist schleppend, gleichförmig dröhnen die Worte über den inzwischen unmenschlich heißen Platz. Doch die Macht des Moments macht selbst das vergessen. Kiir erinnert an den Ghanaer Kwame Nkrumah, den ersten schwarzen Präsidenten Afrikas, der die Bürger dazu aufrief, das »politische Königreich« zu erobern, um ihrer Belohnung sicher zu sein. »Jetzt, wo wir dieses politische Königreich haben, müssen wir unsere eigenständige Nation erhalten – wir müssen uns auf die wirtschaftliche Entwicklung konzentrieren, den Schlüssel zum Wohlstand und zur Befriedigung aller menschlichen Bedürfnisse«, fordert Kiir. Wie schwer das werden wird, ist ihm bewusst. Gleich mehrere Generationen haben ihr bisheriges Leben entweder im Krieg oder im Flüchtlingslager verbracht. Mehrere der verdienten Rebellenkämpfer, die Kiir zur Belohnung für ihren tapferen Kampf mit hohen Regierungsämtern ausgestattet hat, sind Analphabeten. Korruption gehört zum Alltag. »Ich verspreche euch heute, dass wir einen gerechten Frieden für alle finden werden«, verspricht Kiir der jubelnden Masse dennoch. Zum Abschluss schüttelt er die Hand Riek Machars, der die ganze Rede über schweigend neben ihm gesessen hat. Der mächtige Anführer der Nuer, der zweitgrößten Ethnie des Landes, trägt einen leuchtend blauen Anzug. Kiir gehört zu den Dinka, der Mehrheitsethnie. Er ist wie stets ganz in Schwarz gekleidet, mit dem von George W. Bush geschenkten schwarzen Stetson auf dem Kopf. Keiner der beiden lächelt. Die beiden Männer mögen einander nicht, aber sie brauchen den jeweils anderen. Dieses Wissen hat die Unabhängigkeit des Südsudans und damit den Jubeltag am 9. Juli 2011 erst möglich gemacht. Doch die Erkenntnis hält nicht lange. Nicht einmal zweieinhalb Jahre später ist die Allianz der beiden starken Männer zerbrochen. Der befürchtete Bürgerkrieg ist da, und er ist schlimmer als alles, was die leidgeprüfte Nation in den Jahrzehnten zuvor erlebt hat.

Wenn eine Nation psychotisch sein kann, dann ist der Südsudan manisch-depressiv. Die Freude an diesem 9. Juli 2011 kennt keine Grenzen, es wird gefeiert bis zum nächsten und zum übernächsten Tag. Und doch gibt es schon genügend Südsudanesen, die die kommende Depression spüren können, die sagen: Das geht nicht gut. Der Krieg, der im Dezember 2013 beginnt und noch im Sommer 2015 mit äußerster Brutalität geführt wird, ist ein Krieg mit Ansage. Anlass ist ein angeblicher Putschversuch Riek Machars, der wohl eher eine Brandrede vor kritischen Politikern war, die eine Reform der allmächtigen Regierungspartei SPLM fordern. Später am Tag werden sich bewaffnete Männer, die Machar nahestehen, eine Schießerei mit Regierungssoldaten an einem Stützpunkt liefern. Machar spricht von einem Missverständnis, Kiir von einem Putsch. Seitdem kämpfen beide Männer um die Macht im Südsudan, und sie missbrauchen dabei die ethnische Vielfalt zu ihren Gunsten. Machar stammt aus dem Norden des Südsudans, der Region, in der sich die reichen Ölquellen des armen Landes befinden. Nicht nur die Nuer kann er hinter sich versammeln, sondern auch andere Ethnien. Gegen jede Volksgruppe, die der Kollaboration mit Machar verdächtigt wird, geht die Regierungsarmee pauschal und mit äußerster Brutalität vor. UN-Menschenrechtsexperten erfahren von Überlebenden mehrerer Massaker, dass Frauen immer wieder brutal vergewaltigt werden, manche vor den Augen ihrer eigenen Kinder. In mindestens neun Dörfern sollen die Vergewaltigten nach dem Missbrauch in Hütten geworfen worden sein, die dann niedergebrannt wurden. »Die Gewalt, die Kindern angetan wird, lässt sich nicht in Worten ausdrücken«, sagt Anthony Lake, Direktor des UN-Kinderhilfswerks Unicef. »Überlebende berichten, dass Jungen kastriert und dann zurückgelassen werden, um zu verbluten. Schon achtjährige Mädchen werden vergewaltigt und ermordet, und Kinder wurden zusammengebunden, bevor einem nach dem anderen die Kehle durchgeschnitten wurde.« Die jüngste Nation der Erde befindet sich in einem rasanten Abwärtsstrudel. »Es gibt gar keine Nation mehr«, bescheidet ein Südsudanese im Juni 2015 einem Reporter der *New York Times*. »Ich habe keine Ahnung, wie diese Kämpfe jemals enden sollen.«

Zehn Jahre zuvor ist der Krieg gerade vorbei. Ich reise zum ersten Mal durch den Südsudan. In einer kleinen Propellermaschine fliege ich in die Dörfer. Es ist der einzige Weg, denn Straßen gibt es praktisch keine. Wo es sie gibt, sind sie vermint. Wenige Monate zuvor, am 9. Januar 2005, hatten Sudans Präsident Omar al-Baschir und der Führer der Südsudanesen, John Garang, in Kenia einen Friedensvertrag unterzeichnet. Damit wurde ein Schlussstrich unter den letzten Bürgerkrieg zwischen Nord und Süd gezogen, der mehr als 20 Jahre gedauert hat. Mehr als zwei Millionen Menschen sind diesem Krieg zum Opfer gefallen. Der Friedensvertrag sieht eine Übergangsphase vor, die sieben Jahre dauern soll. Dann soll der Süden über seine Eigenständigkeit entscheiden. Bis dahin aber regieren die einstigen Kriegsfeinde gemeinsam. Der Südsudan bekommt eine Teilautonomie zugestanden, der südsudanesische Präsident wird zugleich Vizepräsident des Sudan. Es ist ein Kompromiss, mühsam ausgehandelt über drei Jahre hinweg im Nachbarland Kenia.

Beide Seiten sind zu diesem Zeitpunkt kriegsmüde. Ab 1955, noch als Teil des angloägyptischen Sudan, kämpfte eine Anyanya genannte Rebellenarmee aus dem Süden zum ersten Mal gegen die sudanesische Armee. Sie wehrten sich so gegen die gemeinsame Verwaltung der so ungleichen Landesteile in Nord und Süd, die Ägypten und Großbritannien 1946 eingeführt hatten. Im weniger bevölkerten Süden, der zudem anders als der arabisch-islamisch geprägte Norden von Christen oder Anhängern afrikanischer Naturreligionen bewohnt wurde, fühlte man sich unterdrückt und gegängelt. Der Norden war, im Unterschied zum weitgehend unzugänglichen Süden, entwickelt und wohlhabend. Auch diese Ungleichheit sorgte für die Unterstützung der Bevölkerung im Süden, die aus der Guerillabewegung eine Rebellenarmee werden ließ. Der Streit zwischen den Mitgliedern verschiedener Volksgruppen, aber auch zwischen Marxisten und Pragmatikern, spaltet die Bewegung immer wieder. Der Norden, wo ein Putsch den nächsten jagt, profitiert davon aber nicht. Schließlich einigt man sich am Verhandlungstisch. 1972 wird der Südsudan erstmals zur autonomen Region erklärt. Doch der Frieden hält nur kurz, auch weil die Bevölkerung im Süden weiter unterdrückt wird. Unter anderem beschließt die Regierung in Khartum, dass im Süden das islamische Schariarecht eingeführt werden soll – eine bewusste Provokation. 1983 beginnt der zweite Bürgerkrieg, der bis zum Friedensabkommen 2005 dauern wird. Angeheizt wird dieser Konflikt durch die zwischenzeitlich entdeckten Ölfelder, die nahezu komplett auf südsudanesischem Boden liegen. Nach der Unterzeichnung des neuen Friedensvertrags hoffen die Südsudanesen, endlich Frieden gefunden zu haben.

In Tonj lande ich im August 2005 auf einer kurzen, sandigen Piste. Nur ein paar Hundert Meter entfernt marschieren die Kindersoldaten noch. Stillgestanden, rechts um, kehrt – auch die Kleinsten folgen den Befehlen routiniert. Zwar sind die einstigen Jungrebellen der südsudanesischen Volksbefreiungsarmee (SPLA) inzwischen Schüler der Don-Bosco-Volksschule. Doch der morgendliche Fahnenappell der 800 uniformierten Schüler mit anschließendem Gebet könnte militärischer nicht sein. Alle Schüler haben ihre Kindheit im Busch verbracht, die meisten mit der Kalaschnikow über der Schulter. Ihnen fällt es sichtlich schwer, Abschied vom militarisierten Alltag zu nehmen. Tonj liegt gerade noch im Stammland des Dinkavolks, dem John Garang und sein Nachfolger Salva Kiir angehören. Hier hatte die SPLA im Bürgerkrieg ihre Hochburg. Dass die Rebellenarmee schon damals ihre Skrupellosigkeit demonstrierte, berichtet mir der Schulleiter, ein Pater namens James, der zugleich für das auf dem gleichen Gelände befindliche Krankenhaus verantwortlich ist. Eines Morgens, es war im Krieg, zerrten SPLA-Rebellen den Inder aus dem Krankenhaus und verschleppten ihn. Mehr als 1500 Kilometer musste er laufen, sagt er, zu Fuß, bis er in einem Lager jenseits der äthiopischen Grenze landete. Dort blieb er, denn die Rebellen benutzten ihn wie Tausende andere als Geisel, um Lösegeld zu erpressen. Anderthalb Jahre dauerte es, bis das Geld eintraf. Danach durfte Pater James gehen, wohin er wollte. Dass er ausgerechnet nach Tonj zurückkehrte, überrascht ihn bis heute selbst. Er habe sein Krankenhaus retten wollen, glaubt er. »Aber ich habe Tonj seitdem nicht mehr verlassen. Ich bin sicher, wenn ich auch nur wenige Tage weg bin, räumen die Soldaten das ganze Haus aus.« Sein Entführer ist immer noch SPLA-Kommandeur in Tonj. Die beiden sehen sich häufig. Eines Tages habe der Kommandant sich flüsternd erkundigt, ob James sich nicht rächen wolle, sagt der Direktor. Doch das will er nicht. Er will nur seine Ruhe vor den damals schon ziellos umherstreifenden Soldaten, die mal Nahrung, mal den Jeep des Krankenhauses beschlagnahmen wollen.

In Tonj frage ich mich damals, wovon die Leute leben. Felder sind zugewuchert, auf den Märkten werden einzelne Zwiebeln oder kleine Häufchen eines Korns verkauft, das ich nicht kenne. Mehr gibt es nicht. Doch im Vergleich zur Lage auf dem Land, nur wenige Kilometer außerhalb der Stadtgrenze, wirkt Tonj wie ein Garten Eden. Es ist Regenzeit im Südsudan. Die wenigen Schlammpisten sind kaum befahrbar. Auf der Fahrt nach Bapchu, gut 20 Kilometer von Tonj entfernt, steht das Wasser manchmal bis zum Kühlergrill. Und doch ist unverseuchtes Trinkwasser knapp. Mit mir fährt der ghanaische Ingenieur Michael Lavore, der im Auftrag einer deutschen Hilfsorganisation seit mehr als einem Jahr nach geeigneten Stellen sucht, um Tiefbrunnen zu bohren. In Bapchu hat er so eine Stelle aufgetan: 95 Meter tief liegt hier das Grundwasser, und jeden Tag pumpen die Frauen rund 700 Liter davon an die Oberfläche. Früher, berichtet uns der Dorfchef Michael Machar, sei seine Gruppe ziellos durch den Süden gezogen, auf der Flucht vor der Regierungsarmee aus dem Norden und auf der

Suche nach Nahrung und Wasser. Jetzt sei sie sesshaft geworden, nur wenige Meter von »ihrem« Brunnen entfernt. Alles habe so gut ausgesehen, sagt Machar. Aber dann sei John Garang ums Leben gekommen. »Dr. John hat sich um uns gekümmert, er hat dafür gesorgt, dass wir nicht verhungern«, bricht es aus Machar heraus. Jetzt interessiere sich niemand mehr für die einfachen Leute. »Wir haben nichts zu essen und wissen nicht, wie es weitergehen soll.« Garangs Vision eines gemeinsamen Staats von Nord und Süd teilt er trotz der Bewunderung nicht. Als ich danach frage, reden die Dorfältesten wild durcheinander, ihre Stimmen werden laut. Aweth Ibrahim, ein stolz blickender Krieger im blauen Gewand, verkündet schließlich das Ergebnis. »Du kannst nicht mit einer Schlange zusammenleben, denn die Schlange wird immer wieder versuchen, dich mit ihrem Gift zu töten.« Den Arabern aus dem islamischen Norden könne man nicht trauen. Ein gemeinsamer Staat: ausgeschlossen. Alle klatschen.

Al-Baschir hatte beim Friedensschluss 2005 gehofft, die Südsudanesen in der Übergangsphase von den Vorteilen der Autonomie überzeugen zu können – unter anderem, weil er die Einnahmen aus den südsudanesischen Ölquellen dringend brauchte. Und auch Garang träumte von einem geeinten, dem »neuen« Sudan, wie er immer wieder sagte – einem demokratischeren Staat, in dem auch die Bevölkerung des Südens eine Heimat finden könnte. Gründe gab es viele: etwa den, dass bei Kriegsende mehr als eine Million südsudanesischer Flüchtlinge allein in Sudans Hauptstadt Khartum lebten. Und vermutlich war Garang auch bewusst, wie groß die Herausforderungen für einen eigenständigen Südsudan sein würden, der nicht mal eine eigene Pipeline zu einem Ölverladehafen besaß. Garang konnte durchaus träumen: Mit einem deutschen Zugbauer zeichnete er 2005 auf einer Papierserviette das künftige ICE-Netz des Südsudans auf, das mit deutscher Hilfe entstehen sollte – bezahlt mit Gold, das, so der Bahnunternehmer, »einfach so herumliegt in manchen Gegenden, man muss es nur aufsammeln«. Doch Garang war auch und meistens Realist, vor allem, was die mangelnde Einigkeit der eigenen Gefolgschaft anging. Er glaubte, von einer Allianz mit dem Norden profitieren zu können. Doch sein Tod nicht einmal ein halbes Jahr nach Unterzeichnung des Abkommens beendete seine Visionen. Die Mehrheit der Soldaten hatte für die Eigenständigkeit gekämpft. Garangs Nachfolger Salva Kiir hatte nicht die interne Macht, um irgendetwas anderes als die Unabhängigkeit durchzusetzen. Vielleicht fehlte ihm dazu auch die Vision. Und so verlegte Kiir sich darauf, in der Übergangsphase die Unabhängigkeit vorzubereiten.

2005 gibt es im Südsudan praktisch nichts: Straßen müssen gebaut, Stromnetze errichtet, Kanalisationen verlegt, Lehrer ausgebildet und Ärzte trainiert werden. Auf sechs Millionen Südsudanesen kommen damals gerade einmal zehn einheimische Ärzte. Nur in einem erweist sich die SPLA sehr schnell als kompetent: Wer die Situation im Land verbessern will, braucht bald schon Genehmigungen. Und die sind eher langsam zu bekommen. Außer man hilft ein bisschen nach. Weil der junge Teilstaat es nicht hinbekommt, seine Angestellten in der Provinz zu bezahlen, fühlen sich die korrupten Staatsbediensteten sogar im Recht. Die marodierenden Soldaten, die ebenfalls auf ihren Sold warten müssen, setzen dagegen nur das fort, was sie bereits im Krieg gelernt haben: Wer eine Waffe besitzt, nimmt sich, was er kriegen kann. Am ärmsten sind diejenigen dran, die im Kampf für den Südsudan besonders gelitten haben. Benti etwa ist 21 Jahre alt und besucht zum ersten Mal in seinem Leben eine Schule. Als er zwölf war, klopften Soldaten der SPLA an die Tür seines Elternhauses und zwangen ihn, den ältesten von vier Brüdern, sich der Rebellentruppe anzuschließen. Als der Krieg vorbei ist, braucht Benti, der bei einer Minenexplosion sein rechtes Bein verloren hat, eine Ausbildung für ein ziviles Leben, von dem er allerdings keine rechte Vorstellung hat. Mehr als 1000 Schüler teilen sich mit ihm die sieben Klassenräume einer Volksschule. Und es werden ständig mehr. »Ehemalige Kindersoldaten, aber auch zurückkehrende Flüchtlinge wollen jetzt hier unterrichtet werden«, beschreibt Schuldirektor Michael Wani seine Klassen, wo Sechsjährige gemeinsam mit Teenagern lesen und schreiben lernen. Weil es kaum Lehrer gibt und der Truck mit Schulbänken aus Uganda seit sechs Wochen auf den südsudanesischen Schlammpisten festhängt, sitzen die meisten Kinder auf dem blanken Betonfußboden. Der Lehrer John Mbusa schüttelt den Kopf. »Wir fangen hier bei null an, es wird praktisch alles gebraucht – es ist ein bisschen, wie man sich die Steinzeit vorstellt.« Immerhin hat Mbusa es irgendwie geschafft, an Schulbücher zu kommen, die ersten nach südsudanesischem Lehrplan. Außer Mathe und Englisch wird darin auch erklärt, welche Stammesriten es gibt und wie man sich richtig wäscht. Auch diejenigen, die unterrichten, finden in den Büchern noch manches Neue, sagt Mbusa. Denn eine Lehrerausbildung hat es im Südsudan lange nicht gegeben.

Fünf Jahre später ist Halbzeit. Dass der Frieden so lange gehalten hat, wird im Südsudan mit offenem Staunen quittiert. Die Hauptstraße, die den inzwischen geschäftigen Flughafen von Juba mit dem Stadtzentrum verbindet, ist gerade frisch asphaltiert worden. Das Mausoleum, vor dem Salva Kiir am 9. Juli 2011 seine Unabhängigkeitsrede halten wird, wird gerade gebaut. Bereits fertig sind dagegen die neuen, voll klimatisierten Gebäude, in denen die Regierung des teilautonomen Südsudans eingezogen ist. Aus den Kriegsruinen der Stadt am weißen Nil ist eine herzeigbare Hauptstadt herangewachsen. Am Fluss drängen sich Bars und Restaurants, selbst einen Supermarkt mit lauter importierten Köstlichkeiten gibt es. Immer mehr Länder eröffnen diplomatische Vertretungen in der Kapitale des noch halbautonomen Südsudans, so auch die Bundesrepublik. Denn niemand will fehlen, wenn in anderthalb Jahren die mittlerweile von allen erwartete Unabhängigkeit verkündet wird. Als größtes Hindernis für die Loslösung gilt zu diesem Zeitpunkt nicht der Süden, sondern der Norden des Sudans: Wird Omar al-Baschir die Loslösung des Südens tatsächlich akzeptieren? Wird er nicht eher versuchen, die Volksabstimmung mit fadenscheinigen Vorwänden zu verhindern? Im Süden sorgen sich die Politiker allenfalls um die Wahlen, deren Stattfinden die Voraussetzung für die Volksabstimmung über die Autonomie ist. Diese Hürde nimmt die SPLM indes problemlos, auch deshalb, weil sie in den fünf Jahren seit Schluss des Friedensvertrages keine andere Kraft neben sich geduldet hat. Die aus der Rebellenarmee gewachsene Partei wendet zur Not militärische Taktik an, um ihre Gegner kaltzustellen. Journalisten klagen schon damals über Repressionen, wenn sie kritisch über die Regierungspartei berichten.

Und dann gibt es noch die wachsende Gewalt, mit der Milizen unterschiedlicher Volksgruppen oder schlicht kriminelle Banden vor allem das platte Land überziehen. In dem ehemaligen Bürgerkriegsland hat fast jeder noch eine Kalaschnikow irgendwo versteckt. »Natürlich gibt es Sicherheitsprobleme, aber im Vergleich zu Afghanistan oder Somalia ist die Lage hier beherrschbar«, sagt mir David Gressly, Regionalkoordinator der UN-Mission im Südsudan. Er ist optimistisch, von Berufs wegen. Doch der Vergleich zeigt, wie explosiv die Lage wirklich ist. »Manche Massaker beginnen auf der Grundlage von Gerüchten, dann jagt ein Vergeltungsangriff den anderen, und auf einmal haben wir Dutzende Tote«, erklärt Gressly. Die UN engagieren sich seit dem ersten Tag im Südsudan. Eine Rückkehr zum Bürgerkrieg, in dem weite Teile des Südsudans zum Schluss nur noch aus der Luft versorgt werden konnten und Millionen Flüchtlinge auf kenianischem Boden versorgt werden mussten, wollen sie mit aller Kraft verhindern.

Giovanni Bosco, Chef der UN-Koordination für humanitäre Hilfe, hat wegen der Gewalt schon mehrere Mitarbeiter verloren. Die ständig wachsende Unsicherheit im Südsudan, sagt er, gefährde den Frieden. »Bei einem einzigen Angriff auf einen Konvoy des Welternährungsprogramms sind mehr als 100 südsudanesische Soldaten erschossen worden.« Auch aus Tonj, wo ich fünf Jahre zuvor Pater James getroffen habe, werden schwere Kämpfe gemeldet. Die Meldungen kommen nur bruchstückhaft. In jedem Funkspruch, der in den ersten Januartagen 2010 von dort abgesetzt wird, steigt die Zahl der Toten. 140 sind es zum Schluss, dazu kommen mindestens 90 Verletzte. Überprüfen kann die Zahlen niemand, ebenso wenig wie die offizielle Erklärung, dass es sich um einen Konflikt um Vieh handle. Nur dass es Dinka und Nuer sind, die in Tonj gegeneinander gekämpft haben, scheint gesichert. Von Pater James höre ich danach nichts mehr. Es soll ihm aber gut gehen, versichert mir ein befreundeter Helfer. Vielleicht hat er sich erfolgreich auf seinem Gelände verschanzt. Zumindest behielt er recht mit seiner Angst vor der SPLA und ihren Kämpfern. Die Gewalt, sagt Bosco mir im sicheren Juba, habe eine neue Qualität erreicht: Zwar habe es in den entlegenen Regionen schon immer ethnische Konflikte gegeben. »Aber jetzt gibt es keine Gefechte mehr, sondern regelrechte Massaker, und viele der Opfer sind Frauen und Kinder.« 300 000 Südsudanesen sind Bosco zufolge alleine 2009 geflohen, mehr als 2500 bei Kämpfen ums Leben gekommen. Dazu kommen Nahrungsmittelengpässe nach einer Missernte. »Und die südsudanesische Regierung kann nichts tun, weil sie in der schlimmsten Haushaltskrise ihrer Geschichte steckt.« 95 Prozent des Haushalts bestreitet sie aus Ölerlösen, und wegen des sinkenden Ölpreises sind die Einnahmen im Vergleich zum Boomjahr 2008 um mehr als die Hälfte gesunken. Wegen der Wirtschaftskrise fließen zudem weniger Hilfsgelder. Boscos ernüchternde Bilanz schon zum Jahresanfang 2010: »Im Südsudan herrscht der Super-GAU.«

Das glaubt auch Maya Mailer, die für die britische Hilfsorganisation Oxfam arbeitet. »Selbst Südsudans Regierung gibt zu, dass die Lage auf dem Land heute schlimmer ist als im Bürgerkrieg«, warnt sie. »Viele Nothelfer sind abgezogen, und die Entwicklungshilfe hat sich zu lange auf die Städte konzentriert.« Weil die erwartete Friedensdividende ausgeblieben ist, glaubt Mailer, sei das Interesse an der anstehenden Wahl bei den meisten Südsudanesen gering. Andere Hindernisse seien von der SPLM hausgemacht. »Fast alle Südsudanesen, mit denen ich spreche, sind unzufrieden mit der Regierung – weil sie korrupt ist oder schlicht weil die derzeitigen Abgeordneten ihren Wahlkreis noch nie besucht haben«, weiß die Mitarbeiterin einer anderen Hilfsorganisation, die viel in entlegenen Gebieten unterwegs ist. »Vor der Unabhängigkeit des Südens wollen sie sich noch nicht mit der Regierung anlegen, aber der Unmut ist riesig.«

Alle, mit denen ich 2010 spreche, warnen bereits vor der kommenden Krise – alle außer den Ministern. Auf Jubas Straßen sind die ehemaligen Unabhängigkeitskämpfer und neuen Herren des künftigen Landes in mächtigen Hummers und Land Cruisern unterwegs. Deren Scheiben sind getönt, und vor den Ministerien stehen Bewaffnete. Die neuen Herrscher beginnen, sich vor ihrem Volk zu schützen. Es wird gebaut in Juba, vor allem von Chinesen, die im Norden des Südsudans das Öl fördern. Innerhalb der Institutionen hat sich dagegen die bleierne Schwere der Untätigkeit breitgemacht. Wichtige Detailfragen für die Unabhängigkeit sind seit 2005 ungelöst, und sie werden es auch 2015 noch sein. Genaue Grenzverläufe etwa sind bis heute nicht vereinbart worden. Doch für die Herrschenden sind das technische Details; ihnen geht es nur um die Verbriefung der Machtübernahme, die im Januar 2011 perfekt gemacht wird. Fast 3,8 Millionen Südsudanesen stimmen in der mit internationaler Hilfe durchgeführten Volksabstimmung mit »Ja«, das sind 98,8 Prozent. Eine einfache Mehrheit hätte für die Loslösung gereicht. Dass im zwischen Nord und Süd umstrittenen Bundesstaat Abyei nicht abgestimmt werden kann, weil dort bereits Krieg herrscht, geht im Jubel beinahe unter. Schon damals werden beiden Seiten schwere Kriegsverbrechen vorgeworfen. Es ist die Saat für den kommenden Bürgerkrieg.

2015 befindet sich der auf seinem vorläufigen Höhepunkt. Mehr als anderthalb Millionen Südsudanesen sind auf der Flucht. Die Hälfte der Bevölkerung, sechs Millionen, leiden nach anderthalb Jahren Bürgerkrieg Hunger. Die UN klagen einerseits über fehlende Mittel, weil die Geber es leid seien, den Südsudan schon wieder zu unterstützen. Zum anderen können die, die am schlimmsten leiden, nicht versorgt werden. Helfer werden aus Hinterhalten beschossen, immer größere Teile des Landes gelten als unzugänglich. Wie viele Tote es in diesem Krieg gegeben hat, kann niemand genau sagen. Zehntausende sind es auf jeden Fall. Und selbst die, denen die Flucht gelingt, leiden. Mehr als 130 000 kampieren vor völlig überfüllten UN-Stützpunkten. Andere retten sich in Sumpf- und Flussgebiete und hoffen, dass die steigenden Wasserpegel sie von ihren Verfolgern abschneiden werden. Es ist eine Lehre aus dem vorherigen Bürgerkrieg. Doch Helfer kommen nicht an diese entlegenen Orte, und Krankheiten wie Malaria oder Cholera breiten sich rapide aus. Anderthalb Jahre nach Beginn des Krieges spitzt sich die Lage zu, warnt der UN-Hochkommissar für Menschenrechte, Zeid al-Hussein. »Frauen, Männer und Kinder haben 17 Monate lang bereits die Folgen einer sinnlosen und rein menschengemachten Katastrophe erleiden müssen – und dann ist es den Kontrahenten innerhalb weniger Wochen gelungen, eine bereits schreckliche Situation noch viel, viel schlimmer zu machen.«

Dabei ist es nicht so, dass eine der beiden Seiten glauben würde, der Buschkrieg im Südsudan sei militärisch zu entscheiden. »Es handelt sich um einen sinnlosen Krieg«, räumt selbst der Sprecher der Regierungsarmee, Phillip Guarang, ein. Acht Mal haben Präsident Salva Kiir und sein ehemaliger Vize Riek Machar bereits darüber verhandelt, den Bürgerkrieg zu beenden. Acht Mal sind die Gespräche gescheitert. Im Sommer 2015 wird ein neuer Anlauf unternommen, diesmal werden die Vermittler aus den afrikanischen Nachbarnationen von den USA, der EU und anderen Staaten unterstützt. Der Krieg spitzt sich zu, weil beide Seiten sich eine gute Ausgangsposition für diese vielleicht entscheidenden Gespräche sichern wollen. Kiir und Machar kämpfen um die Hoheit über die staatlichen Ressourcen, die ihnen und ihren Getreuen zufließen. Im korrupten Südsudan ist der Staat die Beute, und die wird unter den Gewinnern aufgeteilt. Dass zeitgleich Tausende verhungern, spielt in diesem Kalkül keine Rolle. Genau an dem Tag, Ende Juni 2015, als sich die beiden Kriegsherren zur Vorbereitung der neuen Gespräche in Nairobi treffen, erobern Machars Truppen Malakal, eine der wichtigsten Städte im Ölgebiet. Die Vermittler sind angesichts solcher Dreistigkeit vielleicht sprach-, vor allem aber machtlos. Sanktionen des UN-Sicherheitsrats gegen sechs führende Generäle beider Seiten halten Analysten für bestenfalls sinnlos – nicht wenige befürchten, sie könnten eine Lösung des Konflikts sogar verzögern.

Vier Jahre nach der Staatsgründung steht der Südsudan vor dem Abgrund, und die Gründer haben ihn selbst dorthin gebracht. Hätte der Zusammenbruch vermieden werden können? Was macht eine Rebellenarmee, die über Nacht zur Regierung werden soll – woher soll sie die Fähigkeiten dazu nehmen und warum? Dass man eine Belohnung »verdient habe« nach den Jahren im Busch, habe ich von Soldaten bei jedem meiner Besuche im Südsudan gehört. Exilanten, die seit 2005 mit Kapital und guter Ausbildung in den Südsudan zurückkehrten und dort helfen wollten, den neuen Staat aufzubauen, wurden bestenfalls bepöbelt, schlimmstenfalls bestohlen, betrogen oder ermordet. Sie galten als Verräter: Schließlich hatten sie nicht für die Freiheit des neuen Staates gekämpft. Ähnlich erging es Ugandern und Kenianern, die nach Unterzeichnung des Friedensvertrags auf eigenes Risiko Geschäfte aufbauten und die Bevölkerung mit dem Nötigsten versorgten. Weil sie im Vergleich zur Masse der Bevölkerung wohlhabend waren, wurden Tausende vertrieben, die Geschäfte geplündert. Die SPLM-Elite ließ es geschehen. Ihr kam die Ablenkung von ihren eigenen korrupten Umtrieben und der Armut der Massen gelegen.

Befeuert werden die Kämpfe im Sommer 2015 von der blutigen Geschichte des Bürgerkriegs, die alle erwachsenen Bewohner selbst erlebt haben. Geschickt hetzen Rebellenchef Machar, Präsident Kiir und ihre jeweiligen Nutznießer die Volksgruppen gegeneinander auf, auch unter dem Vorwand »offener Rechnungen«. Doch solche vermeintlichen »Stammeskriege« dürfen nicht darüber hinwegtäuschen, dass es im Kern um Macht und Geld geht. Im Südsudan kämpft die winzige Elite eines neuen Staates um die wenigen verbliebenen Ressourcen, vor allem ums Öl. Sie tut das mit den Mitteln, die sie im Krieg gegen den früheren, gemeinsamen Gegner aus dem Norden gelernt hat. »Zuallererst seid ihr Südsudanesen!«, hatte Kiir am südsudanesischen Unabhängigkeitstag ein Nationalbewusstsein heraufbeschworen. Doch das ist nie entstanden – wohl auch deshalb, weil Kiir selbst daran kein Interesse hatte. Seine Machtbasis lässt sich schließlich unter dem Vorwand ethnischer Zwietracht besonders gut mobilisieren. Für die Zukunft des jungen Staats lässt das nichts Gutes erwarten.

DEUTSCHLAND

POLEN

Prag

TSCHECHISCHE

Plzeň

REPUBLIK

Brno

SLOWAKEI Košice

UKRAINE

ÖSTERREICH Bratislava

UNGARN

0   100 km

Tschechien und die Slowakei:
Wie man sich friedlich trennt

Kilian Kirchgeßner

Wie teilt man einen Staat? In der ehemaligen Tschechoslowakei ist das nahezu vorbildlich gelungen. Und das, obwohl die heutigen Staaten Tschechien und Slowakei zunächst fast gegen ihren Willen auseinandergerissen wurden.

Familie Repta hat ordentlich aufgefahren: Blutwurst steht auf dem Tisch, auf dem Herd köchelt eine Suppe mit Innereien vor sich hin. »Bei uns im Wochenendhaus haben wir geschlachtet«, sagt Tibor Repta und zeigt auf die Vorräte, die sich auf der Arbeitsfläche in Gläsern und Tüten stapeln: »Das reicht erst mal eine Weile!« Wir sitzen bei ihm in der engen Küche, der Tisch biegt sich unter den vollen Tellern und den Bierflaschen. Repta ist Slowake und wohnt in Bratislava, der slowakischen Hauptstadt; die Szene könnte sich aber genauso in Tschechien abspielen, denn die Liebe zu den Schlachtfesten, der deftigen Küche und den überladenen Tischen teilen sich Tschechen und Slowaken. So ist es bei diesen beiden Ländern: Man stolpert an allen Ecken und Enden über Gemeinsamkeiten, wenn man eigentlich über die Unterschiede sprechen will und Gründe dafür sucht, warum die Tschechoslowakei eigentlich auseinandergegangen ist, damals im Jahr 1993.

Als Tibor Repta gehört hat, dass ich über die Trennung schreiben will, hat er mich sofort eingeladen. »Weißt du«, hat er gesagt, »es ist mir ein Anliegen, dass die Slowakei draußen in der Welt gut dargestellt wird. Ich bin stolz auf unser Land!« Tibor Repta kommt allmählich ins Pensionsalter, er hat verschiedene Epochen in der Geschichte des Landes miterlebt. Und er verkörpert allein schon in seiner Familie die Tschechoslowakei: Seine Frau Ludmila ist Tschechin. Sie sind ein Paar, wie es hier in der Region Tausende gibt: Sie haben unterschiedliche Wurzeln, haben aber im gleichen

Land gelebt und geheiratet – damals, als es die Tschechoslowakei noch gab. Während Ludmila die Suppe rührt, fängt Tibor an, die Vorzüge der Slowakei zu rühmen. Er beginnt bei der wirtschaftlichen Entwicklung, die über Jahre hinweg pfeilgerade nach oben gegangen ist, und landet dann wegen der verlockenden Düfte aus der Küche schnell bei den kulinarischen Spezialitäten. Als Ludmila schließlich das Essen auf den Tisch bringt, sagt Tibor diesen Satz, der eigentlich die Quintessenz ist aus den ganzen Debatten, die sich über Tschechen und Slowaken führen lassen: »Genaugenommen kann man bei vielen Familien hier in der Region nur schwer von irgendeiner konkreten Herkunft sprechen. Schau dir mein Beispiel an«, sagt er, während die Suppe auf die Teller verteilt wird, »die Linie meines Vaters stammt hier aus der Slowakei, die meiner Mutter eher aus Tschechien. Meine Großmutter kommt aus der polnisch-ukrainischen Grenzregion, mein Großvater hat in Wien seine Ausbildung gemacht – du siehst, eine klassische Familie aus der österreichisch-ungarischen Monarchie. Wichtig ist, wo man zu Hause ist. Ich bin Slowake, weil ich in der Slowakei lebe. Man könnte also sagen, dass ich ein stolzer Slowake bin, dessen Muttersprache allerdings das Tschechische ist.«

Das Vielvölkergemisch prägte die habsburgische Donaumonarchie schon über Jahrhunderte. 1918, als mit dem Ende des Ersten Weltkriegs die österreichische Vorherrschaft über die Region vorbei war, entstand die Tschechoslowakei – nicht als Wiedergeburt eines historischen Gebildes, sondern als komplett neuer Staat. Die Tschechen hatten mit ihren historischen Landesteilen Böhmen, Mähren und Schlesien zwar bis ins 17. Jahrhundert hinein einen eigenen König, die Slowaken aber gehörten seit dem Mittelalter zum Königreich Ungarn und waren noch nie in einem eigenen Staat vereint. Die Landesgrenzen der Tschechoslowakei entstanden erst 1918; vor allem Ungarn hat dabei viel von seinem alten Herrschaftsgebiet eingebüßt. Die Gründung der Tschechoslowakei, so schien es, war eine Win-win-Situation: Die Slowaken konnten sich in dem neuen Staatsgebilde vor dem befürchteten ungarischen Revanchismus schützen, und die Tschechen, die von Deutschen und Österreichern eingekreist waren, sicherten sich einen Korridor in Richtung Osten.

Dabei waren sich die beiden Länder, die 1918 zusammen- und

dann 1993 wieder auseinandergingen, keinesfalls fremd. Sie haben zwar jeweils ihre eigenständige Sprache, das Tschechische und das Slowakische sind einander aber sehr ähnlich. Wer sich ein wenig einhört, versteht die Sprache des anderen ohne Probleme. Und kulturell sind sie einander ähnlich; seit jeher leben Tschechen und Slowaken friedlich nebeneinander – und oft miteinander, wie Tibor und Ludmila Repta beispielhaft zeigen, die beiden Eheleute aus Bratislava. Bei ihnen war es Liebe; im Fall der Gründung der Tschechoslowakei sprechen Historiker allerdings von einer Vernunfthochzeit, denn die Kräfteverhältnisse waren nicht ganz ausgeglichen – gut zehn Millionen Tschechen gibt es heute, dagegen stehen nur fünf Millionen Slowaken. Aber beide Seiten sind die Verbindung mit besten Absichten und großen Erwartungen eingegangen. Und mit beachtlichem Erfolg: Bis Hitlers Truppen das Land zerschlugen, war die Tschechoslowakei rund zwei Jahrzehnte lang eine demokratische Insel, auf der in den 1930er Jahren viele Flüchtlinge aus Deutschland eine Zuflucht fanden.

»Viele sind ganz selbstverständlich davon ausgegangen, dass sich die Slowaken früher oder später den Tschechen angleichen. Nur einige, zu denen schon 1918 der erste tschechoslowakische Staatspräsident Tomáš Garrigue Masaryk zählte, haben die Tschechoslowakei als politisches, nicht nationales Gebilde gedacht«, sagt Petr Pithart. Pithart ist ein politisches Schwergewicht: Im Kommunismus gehörte er zum führenden Kreis der Dissidenten, kurz nach der Wende wurde er tschechischer Regierungschef, anschließend war er viele Jahre lang Präsident des Senats, des Oberhauses im tschechischen Parlament. Heute ist er jenseits der 70, trägt lange graue Haare und lebt die Rolle des Elder Statesman. Eines seiner großen Themen ist immer noch die Teilung der Tschechoslowakei: Als sie beschlossen wurde, saß er in den höchsten politischen Gremien und bekam hautnah mit, wie der Staat zerfiel. Heute ist er in der Welt unterwegs und berichtet, was es heißt, wenn sich ein Land teilt. Über seine Erfahrungen hat er in Belgien, in Kanada und vielen anderen Ländern referiert, in denen es Separationsbestrebungen gibt. »Manchmal komme ich mir vor wie ein Wanderzirkus«, sagt er schmunzelnd. Aus seiner Überzeugung macht er bei seinen Reden nie ein Hehl: »Ich war gegen die Trennung« – mit diesem Satz beginnen viele seiner Auftritte.

Selbst Pithart aber muss zugeben, dass der gemeinsame Staat der Tschechen und Slowaken in der damaligen Struktur nicht weiterbestehen konnte. Schlicht nicht praktikabel waren die Entscheidungswege: Es gab einen slowakischen und einen tschechischen Nationalrat, die jeweils für ihren Landesteil weitreichende Entscheidungsbefugnisse hatten. Daneben bestand die Föderalversammlung als gemeinsames Organ, die sich ihrerseits aus zwei Kammern zusammensetzte – der Volksversammlung und der Nationalversammlung. Damit die kleinere Slowakei in den gemeinsamen Organen nicht vom größeren Tschechien überstimmt werden konnte, gab es Regelungen zum Minderheitenschutz. Es war eine unvorstellbar komplexe Konstruktion, die im zentral gelenkten Kommunismus noch funktioniert hatte, aber in der Demokratie mit einer noch nicht etablierten Debattenkultur ständig an seine Grenzen geriet. Legendär ist der »Bindestrichkrieg« unmittelbar nach der politischen Wende, den in Tschechien und der Slowakei noch heute jedes Schulkind kennt: Die Slowaken fühlten sich in dem Staatsgebilde namens »Tschechoslowakei« schon verbal zum bloßen Anhängsel degradiert und setzten durch, die Republik in »Tschecho-Slowakei« umzubenennen. Über Wochen hinweg lähmte der Streit um den Bindestrich die gesamte politische Elite.

Dass es 1993 schließlich zur Trennung kam, lag aber auch an einem weiteren politischen Problem: Es gab keine großen Parteien, die in beiden Landesteilen antraten. Tschechien und die Slowakei hatten ihr jeweils eigenes föderales Parlament; dadurch waren keine gemeinsamen Parteien entstanden. Das machte es ungleich schwerer, bei wichtigen Themen einen Konsens zu finden. Auch eine gemeinsame politische Identität konnte sich nicht herausbilden. Vor allem aber: Tschechen und Slowaken hatten nach dem Fall des Eisernen Vorhangs völlig unterschiedliche politische Präferenzen. In Tschechien gab es eine große Mehrheit für eine wirtschaftsliberale, marktwirtschaftlich orientierte Politik, in der Slowakei stimmten die meisten Wähler für einen nur zaghaften Wandel und gingen auf Distanz zur Annäherung an den Westen.

»Als im Juni 1992 gewählt wurde«, sagt Petr Pithart, damals tschechischer Premierminister, »hatte bis auf eine kleine nationalistische Gruppe in der Slowakei keine Partei die Trennung des Landes in ihrem Programm.« Er macht eine kurze Pause, dann fügt er an: »Und trotzdem war unser Land sechs Monate später geteilt.«

Zwei starke Männer waren es, die mit ihren Parteien quasi im Alleingang die Spaltung vorantrieben: Václav Klaus, der 1992 von Petr Pithart das Amt des tschechischen Regierungschefs übernahm, und Vladimír Mečiar, sein slowakisches Gegenüber. Die beiden Politiker hatten zwei gemeinsame Charakterzüge: den unbedingten Willen zur Macht und ein sehr ausgeprägtes Selbstbewusstsein. Ansonsten aber hatten sie nichts gemein. Václav Klaus stand für radikale wirtschaftsliberale Reformen. In Tschechien prägte er das Schlagwort von der »Marktwirtschaft ohne Attribute« und schloss damit vor allem das Attribut »sozial« aus. Seine bürgerlich-demokratische Partei warb mit dem Slogan »Allein nach Europa oder gemeinsam in den Balkan« – wobei der Balkan für chaotische Verhältnisse und wirtschaftliche Not stand. Vladimír Mečiar auf der slowakischen Seite hingegen suchte eher die Nähe zu Russland. Wie seine Wähler, so kam auch er mit der plötzlichen Öffnung des Landes nicht zurecht. Dass diese beiden einen gemeinsamen Kurs für ihr geeintes Land suchen würden, konnte sich kaum jemand vorstellen. Und so arbeiteten sie eifrig mit vereinten Kräften an einer Spaltung. Nur zwei Monate nach den Wahlen unterzeichneten Klaus und Mečiar eine Absichtserklärung für die Trennung. Für die Unterschriftszeremonie wählten sie weder Prag noch Bratislava; sie trafen sich in der Mitte, in der mährischen Stadt Brünn. Ausgerechnet in der Villa Tugendhat leisteten die beiden Mächtigen ihre Unterschriften, in einem Paradebau der klassischen Moderne nach Plänen des Meisterarchitekten Ludwig Mies van der Rohe, das auf der UNESCO-Liste des Weltkulturerbes steht. Gebaut wurde die Villa von einer jüdischen Familie zu Zeiten der Ersten tschechoslowakischen Republik; wer ein Symbol für den Wohlstand jener Zeit sucht und für die Früchte des gemeinsamen Staates, der kann es genau hier finden.

Es gibt viele Gründe dafür, dass Historiker die Trennung der Tschechoslowakei als Anomalie betrachten, als große Ausnahme unter all den Staaten, in denen Separatisten aktiv sind. Denn in der Tschechoslowakei gab es gar keine Separatisten. Nur die Wortführer der Regierungsparteien forderten die Spaltung; in der Bevölkerung formierte sich keine Unabhängigkeitsbewegung. Hätte es ein Referendum gegeben, wäre keine Mehrheit für eine Aufspaltung des Landes zustande gekommen, weder in Tschechien noch in der Slowakei. Und selbst nach der Teilung war das Stimmungsbild eindeutig: 1993, wenige Monate nach der Teilung, stellten Soziologen in einer Umfrage fest, dass in der Slowakei 56 Prozent Bedenken und 40 Prozent sogar Angst verspürten. In Tschechien gab es zu 56 Prozent Ängstliche, 45 Prozent der Befragten verspürten Trauer. Kein Wunder, dass selbst bei der Abstimmung im Parlament die Mehrheit nur hauchdünn ausfiel – eine einzige Stimme gab den Ausschlag. Obwohl eine Bürgerinitiative in riesigen Paketen anderthalb Millionen Unterschriften für ein Referendum in das Gebäude des föderalen Parlaments gewuchtet hatte, entschieden sich die Abgeordneten bewusst gegen eine Bürgerbeteiligung – »die entscheidenden Politiker haben argumentiert, dass ein Referendum die Situation nur verkomplizieren würde«, sagt Petr Pithart und seufzt: »Ganz so, als sei die Demokratie nicht an sich schon eine Komplikation.« Die Schlussfolgerung für ihn ist glasklar: Legal sei die Trennung wohl gewesen – legitim aber nicht.

Das, was die Politiker am Verhandlungstisch ausbaldowerten, floss in ein Papier, das gerade einmal zwei DIN-A4-Seiten füllt, aus nur neun Artikeln besteht und das Schicksal des gemeinsamen Landes beschließt. »Verfassungsgesetz über die Beendigung der Tschechischen und Slowakischen Föderativen Republik« steht dort, und im Kleingedruckten ist die Abwicklung eines ganzen Landes geregelt. »Mit der Beendigung der Tschechischen und Slowakischen Föderativen Republik werden die staatlichen Organe der Tschechischen und Slowakischen Föderativen Republik aufgelöst«, heißt es etwa in Artikel 3, Absatz 1. »Zugleich werden die bewaffneten Kräfte und die bewaffneten Sicherheitsapparate der Tschechischen und Slowakischen Föderativen Republik aufgelöst sowie die an den Haushalt der Tschechischen und Slowakischen Föderativen Republik angeschlossenen Zuschussorganisationen und die staatlichen Organisationen mit Tätigkeit in der Tschechischen und Slowakischen Föderativen Republik, die durch Gesetzeskraft eingerichtet worden sind.« So hört es sich an, wenn Juristen einen Schlussstrich ziehen unter 74 Jahre gemeinsame Vergangenheit. Am 5. und 6. Juni 1992 waren die letzten tschechoslowakischen Wahlen, am 25. November 1992 wurde die Trennung endgültig beschlossen. Am 1. Januar 1993 wachten Tschechen und Slowaken in eigenständigen Ländern auf.

»Jede Trennung ist ungeheuer schmerzhaft«, sagt Ludmila Reptová, die Tschechin, die jetzt in Bratislava lebt. »Dass das im Privaten gilt, weiß jeder. Aber wir haben erfahren, dass es auch so ist, wenn sich Staaten trennen. Da wirst du von einem Tag auf den nächsten zum Ausländer in dem Land, das gestern noch dein eigenes gewesen ist.«

Bei der Trennung ging es aber natürlich um weit mehr als um patriotische Gefühle oder unterschiedliche Visionen für die Zukunft. Es ging und geht stets um Geld, um Macht, um Zuständigkeiten. Wie teilt man eine Armee auf mit all ihren Soldaten, den Panzern, Flugzeugen und Hubschraubern? Was passiert mit dem öffentlich-rechtlichen Fernsehen, was mit all den Ämtern und Behörden? Mit der Polizei? Mit der gemeinsamen Währung? Mit den Dutzenden Botschaften und Residenzen in aller Welt? Und vor allem: Wie entscheidet man all das in so kurzer Zeit?

»Die Situation war sehr dramatisch«, erinnert sich Jan Stráský. Er war zu der Zeit Premierminister der Föderation und vertrat somit neben dem slowakischen Premier Mečiar und dem tschechischen Premier Klaus den gemeinsamen Staat. »Unser Kabinett hatte den Charakter einer Abwicklungsregierung«, sagte er zum 20. Jahrestag der Trennung im tschechischen Fernsehen: »Es war eine Regierung, in der jeder wusste, dass wir die Teilung des Staates vorbereiten sollen. Die Aufteilung des Staatseigentums war natürlich das Hauptproblem.« Die Architekten der Trennung wandten einige Faustregeln an, die fast immer griffen: Was an Gebäuden, Rohren, Kabeln, Hochspannungsleitungen, Straßen, Schienen auf dem Gebiet Tschechiens lag, fiel an Tschechien, was in der Slowakei lag, an die Slowakei. Ähnlich reibungslos lief es bei den Auslandsvertretungen: In den meisten Ländern hatte man eine repräsentative Residenz als Wohnraum für den Botschafter unterhalten und eine Botschaft. Dadurch waren zwei Gebäude vorhanden, die aufgeteilt werden konnten. Bei allem anderen, erinnert sich Jan Stráský, griff eine Zwei-zu-eins-Regelung, in der sich die Bevölkerungszahl widerspiegelte. »Das ist natürlich nur eine mathematisch Formel. Nehmen Sie zum Beispiel bei der Bahn die unterschiedlichen Waggontypen und Lokomotiven, das muss man

ja alles aufschlüsseln. Am schwierigsten war es bei der Armee.«
Die Panzer, Gewehre, Transportfahrzeuge, Flugzeuge, Uniformen –
alles kam vor die Experten, und für alles fand sich schließlich eine
Lösung.

Länger gedauert hat nur die Aufteilung des Geldes. Die Devi-
senreserven etwa wurden im Jahr nach der Trennung geteilt, und
die Aufspaltung der früheren gemeinsamen Staatsbank führte gar
zu so langwierigen Streitigkeiten, dass sie erst sechs Jahre später
abgeschlossen wurde. Aktiva und Passiva, Goldreserven und alle
anderen Werte gerecht zu teilen, das gelang erst in der Ruhe, die
der lange Abstand gebracht hat.

Neben Geld und sonstigem Eigentum mussten die Politiker, die
die Trennung beschlossen haben, sich auch mit dem Leben der
Bürger beschäftigen: Für die Tschechen beispielsweise, die wie
Ludmila Reptová in der Slowakei leben, oder für die Slowaken,
die in Tschechien studieren. Hier wählten beide Seiten eine groß-
zügige Lösung. Beispiel Sprachen: Man einigte sich darauf, die
jeweils andere Sprache auch im eigenen Land anzuerkennen. Vor
Gericht, auf Ämtern und bei anderen offiziellen Besorgungen sind
alle früheren Tschechoslowaken gleichgestellt. Und sie brauchen
keine Aufenthaltsgenehmigung, wenn sie sich im anderen Land
niederlassen. Beispiel Universitäten: Traditionell gab es für fast
alle Fächer strenge Aufnahmeprüfungen. Hier verständigten sich
beide Seiten darauf, Bewerber aus dem jeweils anderen Land wie
Inländer zu behandeln – sie konnten in ihrer Muttersprache arbeiten, und vor allem gab es keine Quote, keine Studiengebühren
oder Ähnliches.

Und was brachte die Trennung, geschaffen in einem beispiel-
losen politischen Kraftakt, den beiden Ländern? Für die Politiker,
die über Jahre hinweg aneinander gebunden waren, begann eine
Phase ungeahnter Handlungsspielräume. Von 1993 an entwickelten sich Tschechien und die Slowakei in frappierender Geschwin-
digkeit auseinander. Tschechien blieb der Liebling des Westens
mit dem bewunderten Dissidenten Václav Havel als Präsidenten
und dem durchtriebenen Volkswirt Václav Klaus an der Regie-
rungsspitze. Havel repräsentierte, Klaus reformierte – im Hau-
ruckverfahren brachte er das Land auf ökonomischen Erfolgskurs,
in Europa lernte man die aufstrebenden Tschechen zu schätzen.

Ganz anders die Slowakei: Der dortige Regierungschef Vladimír Mečiar brachte die Republik innerhalb weniger Monate in die internationale Isolation. »Die slowakische Gesellschaft hatte ja keinerlei Erfahrung mit der Selbstregulierung«, bilanzierte die Soziologin Zora Butorová aus Bratislava schon im Jahr 2007, als überall im Land das 15-jährige Jubiläum der Eigenständigkeit begangen wurde. »Das Land hat politisch komplett neu angefangen, und eine politische Kultur entwickelt sich nur sehr langsam. Auch deshalb verliefen die ersten Jahre sehr dramatisch: Es gab große Risiken, starke autoritäre Züge in der Regierungsführung – kurz: Die Slowakei drohte ein nichtdemokratisches Land zu werden.« Erst 1998 endete die Ära des Regierungschefs Mečiar. Alle demokratischen Parteien des Landes hatten sich in einer Allianz gegen den selbstherrlichen Premierminister zusammengefunden. Was dann unter der Allparteienkoalition folgte, war eine rasante Aufholjagd. In allen wirtschaftlichen Kennzahlen war zu erkennen, dass die Slowakei sechs verlorene Jahre hinter sich hatte – sechs Jahre, in denen die Nachbarländer Polen, Ungarn und Tschechien ihre Systeme modernisiert hatten. Unter dem konservativen Premierminister Mikuláš Dzurinda schwenkte die Slowakei zurück in Richtung Europäische Union. Gleichzeitig krempelte die Regierung innerhalb einer einzigen Legislaturperiode das ganze Land um: Gesundheitswesen und Sozialsystem wurden reformiert, eine Einheitssteuer von 19 Prozent brachte dem lange zurückgebliebenen Land nun den bewundernden Beinamen »Tiger an der Tatra« ein.

Zu diesem Zeitpunkt passierte etwas Erstaunliches: Tschechen und Slowaken fingen an, einander eifersüchtig zu beäugen. Die Slowaken schauten auf den Wohlstand der Tschechen und legten sich ins Zeug, um aufzuholen. Und die Tschechen blickten auf die Reformwut der Slowaken und fürchteten, dass ihr Vorsprung rasant dahinschmelzen könne. Der jeweils andere Bruderstaat hielt auch nach der Trennung als Messlatte für die eigenen Fortschritte her. Die Erfolge indes gönnt man einander, das gilt in der Wirtschaft wie im Nationalsport Eishockey: Solange bei Weltmeisterschaften beide Teams im Rennen sind, feuert jeder die eigene Mannschaft an. Sobald aber ein Land ausgeschieden ist, jubeln alle vereinigt für das verbliebene Team.

Spurlos ist die Trennung aber natürlich an den Menschen nicht vorbeigegangen. Während das Staatsfernsehen die ganze kommunistische Ära hindurch Filme wild durcheinander auf Tschechisch und Slowakisch gesendet hatte und dadurch jeder problemlos beide Sprachen verstand, hört man nun in den Medien niemanden mehr die jeweils andere Sprache sprechen. In der Generation, die erst nach der Trennung der Tschechoslowakei geboren worden ist, gibt es inzwischen viele, die trotz der engen Verwandtschaft die Sprache des Nachbarlandes nicht mehr verstehen. Und auch die Verbundenheit lässt allmählich nach. 2007, zum 15. Jahrestag ihres Landes, dachten schon zwei Drittel der Slowaken, dass die Aufspaltung der richtige Schritt gewesen sei. In Tschechien waren damals noch mehr, nämlich drei Viertel der Bevölkerung, dieser Meinung. Diese Quote dürfte sich inzwischen eher vergrößert als verkleinert haben, denn mit jedem Jahr verblasst die Erinnerung an die gemeinsame Republik weiter.

Im Ausland wird die Spaltung der Tschechoslowakei oft als leuchtendes Beispiel für eine friedliche Trennung gefeiert. Petr Pithart, der Dissident und frühere Regierungschef, reagiert darauf allergisch: »Da werden wir dafür gelobt, dass wir nicht aufeinander geschossen haben! Das spricht vor allem von einer Ahnungslosigkeit, die Leute verwechseln uns vielleicht mit Jugoslawien oder so. Tschechen und Slowaken sind sehr unterschiedliche Nationen, sie haben sich oft nicht verstanden – aber sie haben sich gern. Eine andere als eine friedliche Trennung ist niemals in Frage gekommen.«

Wenn Ludmila Reptová, die Mutter der tschechisch-slowakischen Familie aus Bratislava, an die Trennung zurückdenkt, empfindet sie noch heute vor allem Schmerz. So normal ist es ihr vorgekommen, dass sie als Tschechin einen Slowaken geheiratet hat, und auf einmal wurde das bislang selbstverständliche Leben zu einer Ausnahmesituation. »Als ich damals von Bratislava aus nach Tschechien gefahren bin, war da auf einmal diese Grenze. Es ist schlimm, nur mit dem Pass in seine Heimatstadt zu kommen! Diese Grenzkontrollen haben mich furchtbar aufgeregt«, sagt sie. Besser geworden sei alles erst mit der Europäischen Union, der beide Länder 2004 beigetreten sind. Dadurch sind sie, mehr als ein Jahrzehnt nach der Trennung, langsam wieder zusammengewachsen.

»Jede Münze hat zwei Seiten, auch die Trennung der Tschecho-slowakei«, sinniert Tibor Repta. »Es ist wichtig, dass beide Länder sich gut entwickeln, damit wir gleichberechtigte Partner in Europa sind. Tschechien und die Slowakei sind zwei selbstbewusste Staa-ten.« Seit einigen Jahren braucht Ludmila Reptová auch keinen Pass mehr, wenn sie auf Heimatbesuch nach Tschechien fährt – beide Länder sind inzwischen Mitglieder des Schengenraums. Tibor Repta schmunzelt. »Vielleicht sind sich Tschechen und Slo-waken deshalb heute sogar viel näher als jemals zuvor.«

Innsbruck

ÖSTERREICH

Tirol

Tirol

Sterzing

SÜDTIROL

Bruneck

SCHWEIZ

Meran

Brixen

Klausen

Bozen

Leifers

0   30 km

ITALIEN

Trento
(Trient)

Rom

Südtirol:
Zusammenleben ist machbar
Christiane Büld Campetti

Geschichtlich sah es lange nicht gut aus für Südtirol: Die deutsch-sprachige Minderheit war Spielball in zwei Weltkriegen und in den 1960er Jahren Schauplatz von Terroranschlägen. Dass die Region heute als Modell fürs Zusammenleben gilt, hat sie der europäischen Einigung und einigen klugen Politikern zu verdanken.

»Ich finde es großartig, wie unser Landeshauptmann von einer Sprache zur anderen switcht«, entschlüpft es Maria Christina Huber. Die Lehrerin sitzt bei einer Podiumsveranstaltung im Auditorium der Europäischen Akademie Bozen, EURAC, neben mir. Das Thema: »Europaregion Tirol-Südtirol-Trentino – mit dem Bürger oder am Bürger vorbei?« Moderiert von der deutschen Verfassungsrechtlerin Carolin Zwilling, versuchen dort der österreichische Politikprofessor Christian Traweger von der Uni Innsbruck und der Südtiroler Landeshauptmann Arno Kompatscher den Zuhörern die grenzübergreifende Zusammenarbeit der beiden Nachbarregionen schmackhaft zu machen. Diskussionssprache ist Deutsch, schon wegen des Gastes aus Innsbruck. Als jemand aus dem Publikum eine Frage auf Italienisch stellt, wechselt der Chef der Südtiroler Landesregierung aber mühelos die Sprache. Von den Zuhörern braucht ebenfalls niemand einen Übersetzer. Genauso habe sie sich als Tochter einer Italienerin und eines Deutschen »ihr Südtirol« gewünscht, kommentiert meine Nachbarin: »Ich rede in meiner Muttersprache, mein Gegenüber versteht mich und antwortet mir in seiner. Glücklicherweise ist dieses Miteinander verschiedener Bevölkerungsgruppen heute in vielen Bereichen selbstverständlich.« Das kenne sie noch anders, erzählt die 62-Jährige mir dann. Sie war noch in der Grundschule, als in der »Herz-Jesu-Nacht« vom 11. auf den 12. Juni 1961 Mitglieder des »Befreiungsausschusses Südtirol« Anschläge auf öffentliche Einrichtungen verübten, um ihr verbrieftes Recht auf Autonomie und muttersprachlichen Unterricht einzufordern. Erst als Maria Christina sich 1972 an der Uni einschrieb, begann die langsame Annäherung der deutsch-österreichischen und italienischen Sprachgruppen mithilfe eines ausgetüftelten Proporzsystems. »Heute gelten wir weltweit als beispielhaft. Denn im Grunde bringt die Autonomie nur Vorteile, und daran sollte sich auch in Zukunft nichts ändern.«

Die Autonome Provinz Bozen, kurz Südtirol genannt, ist Kriegsbeute. Bis zum Ersten Weltkrieg gehörte das Gebiet südlich des Brenners bis einschließlich des nördlichen Teils des Gardasees zu Tirol und damit zu Österreich. Landessprache war neben Italienisch eben auch Deutsch, und nur im Grödnertal sprach man auch Ladinisch, einen romanischen Dialekt. Nach der militärischen Niederlage der Habsburgermonarchie wurde das alte Kronland 1919 geteilt. Der Süden fiel an das Königreich Italien, das sich 1915 bei Kriegseintritt an der Seite der Entente diesen Landstrich als Prämie ausbedungen hatte. Südtirol wurde gemeinsam mit der Provinz Trient zu einer Region zusammengeschlossen. Die deutschsprachige Bevölkerung genoss keinerlei Minderheitenschutz, und nach der Machtergreifung der Faschisten unter Benito Mussolini im Jahr 1922 stand sie unter einem wachsenden Assimilationsdruck. Aus Südtirol wurde Alto Adige, aus Innichen San Candido, aus Sterzing Vipiteno und Italienisch einzige Landessprache. Die »fremdsprachigen« Schulen wurden geschlossen, die deutschsprachigen Beamten entlassen, die traditionelle Kultur und Sprache unterdrückt. Stattdessen förderte man die Zuwanderung italienischer Arbeiter, sodass sich ihr Anteil an der Gesamtbevölkerung vervielfachte. Ein Modell, mit dem bis heute weltweit Minderheiten unter Druck gesetzt werden. Die Maßnahmen weckten erheblichen Widerstand bei den Einheimischen. Als Hitler in Deutschland an die Macht kam, wünschten sich daher viele den »Anschluss«. Doch Hitler bevorzugte den Ausbau der »Achse Berlin–Rom« und bot den Südtirolern nur die Möglichkeit, ins »Reich« umzusiedeln. Wer blieb, musste sich dem italienischen Staat unterordnen. Fast 90 Prozent optierten daraufhin für die deutsche Staatsbürgerschaft, doch nur ein Drittel wanderte bis Ende 1939 tatsächlich aus.

Auch nach dem Zweiten Weltkrieg verblieb die Provinz Bozen – wie das Trentino – bei Italien, auf Wunsch der Alliierten, die die Position Roms im aufziehenden Kalten Krieg nicht schwächen wollten. Immerhin handelten Österreichs Außenminister Gruber und der italienische Ministerpräsident Degaspari während der Pariser Friedenskonferenz 1946 einen Schutzvertrag aus, über die Köpfe der Südtiroler hinweg. Darin wurden das Recht auf Selbstverwaltung sowie Maßnahmen zum Schutz von Sprache, Kultur und Wirtschaft festgelegt. Nichts davon wurde umgesetzt. Rom förderte weiterhin die Zuwanderung italienischsprechender Landsleute und bevorzugte sie bei der Vergabe öffentlicher Stellen und Sozialwohnungen in Südtirol. In der schon erwähnten »Herz-Jesu-Nacht«, auch »Feuernacht«, am 12. Juni 1961 eskalierten daraufhin die Spannungen: Südtiroler Separatisten sprengten 40 Strommasten in die Luft. Da der italienische Staat mit übertriebener Härte gegen die Attentäter vorging, wandte sich Österreich als offizielle Schutzmacht an die UNO. Man nahm die Verhandlungen wieder auf; dieses Mal war auch die Südtiroler Volkspartei mit dabei. Das Resultat: ein Paket von 137 Maßnahmen, das zum »Zweiten Autonomiestatut« von 1972 wurde. Seitdem kann Bozen allein und ohne das Trentino seine Gesetze machen und anwenden. Der Trick: Schaut man auf die Provinz Bozen, stellen die Deutschsprachigen die Mehrheit; schaut man aber weiterhin nur auf die gesamte Region Trentino-Südtirol, überwiegt die Zahl der Italiener, und die verfolgen ihre eigenen Interessen. Außerdem fließen inzwischen 90 Prozent aller erhobenen Steuern zurück nach Bozen.

Gut eine halbe Million Menschen, rund 70 Prozent deutsch-, knapp 26 Prozent italienisch- und gut vier Prozent ladinischsprechend, leben heute weitgehend friedlich in der Autonomen Provinz Bozen zusammen. Das Bruttosozialprodukt ist mit rund 36 000 Euro pro Kopf höher als der europäische Durchschnitt, und die Arbeitslosenquote liegt bei nur vier Prozent. Selbst der Dalai Lama sei mehrmals zu ihnen in die Europäische Akademie gekommen, um sich über den Südtiroler Weg in die Autonomie zu informieren, erzählt Carolin Zwilling, wieder in ihr gläsernes Büro im Institut für Föderalismus- und Regionalismusforschung der Europäischen Akademie zurückgekehrt. Doch einfach übertragen lasse sich die Erfahrung nicht. Denn auch eine gehörige Portion

Glück habe zum Gelingen beigetragen: »Der zentrale Punkt ist allerdings eine strikte, rechtlich bis ins Detail geregelte Verfassung. Sie garantiert den Südtirolern auf italienischem Gebiet territoriale Autonomie sowie Minderheitenschutz.« Weitere wichtige Spielregeln für das gelungene Zusammenleben der verschiedenen Bevölkerungsgruppen seien das gleichberechtigte Nebeneinander der drei Sprachgruppen sowie der ethnische Proporz: »Dieser verfassungsrechtlich verbriefte Ausgleich zwischen deutschen, italienischen und ladinischen Südtirolern zieht sich durch den gesamten öffentlichen Bereich und soll verhindern, dass eine Sprachgruppe erneut eine übermächtige Position einnimmt.« Das beginne in der Politik, wo paritätische Gremienbesetzung vorgeschrieben ist und die Regierungspartei selbst im Fall einer absoluten Mehrheit wenigstens eine Partei der anderen Sprachgruppe an der Regierung mitbeteiligen muss. Und es dekliniert sich durch bis zu den kleinsten Mechanismen des Alltags, von der Vergabe von Subventionen über den sozialen Wohnungsbau bis zur Besetzung öffentlicher Stellen. Alle zehn Jahre wird – bei der allgemeinen Volkszählung – zu diesem Zweck erneut ermittelt, wer sich welcher Gruppe zugehörig fühlt. Stellt sich dabei heraus, dass zum Beispiel 60 Prozent der Einwohner eines Ortes italienischer Muttersprache sind, werden entsprechend viele Sozialwohnungen, Posten in der Gemeindeverwaltung und Stellen in Krankenhäusern oder bei der Bahn an Angehörige der betreffenden Sprachgruppe vergeben. Gleichzeitig achtet man darauf, dass jeder Verwaltungsbeamte, jeder Lehrer, jeder Arzt beide Hauptsprachen (und im Grödnertal zusätzlich Ladinisch) beherrscht. Alle Südtiroler haben das Recht, in ihrer Muttersprache unterrichtet zu werden. Auch vor Gericht haben sie Anspruch darauf, in ihrer Muttersprache aussagen zu können. Das Resultat sei eine durchlässige Parallelgesellschaft, in der jede Sprachgruppe den anderen gegenüber allerdings eine gewisse Gleichgültigkeit übe, fasst Zwilling zusammen: »Dieses bewusste Nebeneinander der Bevölkerungsgruppen hat dazu geführt, dass die anfänglichen Spannungen überwunden wurden. Zudem hat es gezeigt, dass Separation in der Anfangszeit hilfreich sein kann. Denn die Kriegsgeneration, die verständliche Angst vor dem erneuten Verlust der eigenen – in diesem Fall deutschen – Identität hatte, konnte erleben, dass sie die gleichen Rechte und Chancen hatte.« Das einzige Problem: Bei der Besetzung wichtiger Positionen würde aus Proporzgründen heute oftmals deutschsprachigen Bewerbern Vorrang eingeräumt, obwohl italienischsprachige Bewerber vielleicht geeigneter wären.

Wie die durchlässige Parallelgesellschaft im Alltag aussehen kann, erfahre ich im Büro nebenan. Dort sitzen sich zwei Teamassistentinnen, die Italienerin Francesca Azzarita und die Südtirolerin Irene Lunger, bei der Arbeit vis-à-vis gegenüber. Im Gespräch miteinander, beim Telefonieren oder während des Besucherverkehrs wechseln sie mühelos von einer Sprache zur anderen. Beide sind Ende der 1960er Jahre in Bozen aufgewachsen, wo 70 Prozent der Bevölkerung zur italienischen Sprachgruppe gehören. Francesca, deren Mutter aus dem Veneto stammt und deren Vater, ein Polizist, nach den Bombenattentaten von Apulien nach Südtirol versetzt wurde, hat dabei stets in dem vorwiegend von Italienern bewohnten Viertel westlich vom Talferbach gelebt. Während ihrer Schulzeit sei die strikte Separation dort sehr präsent gewesen, erinnert sie sich. Im Laufe der Zeit habe sich die Situation dann zunehmend entspannt. Heute bewegt sich Francesca ganz selbstverständlich in beiden Welten. In der Regel kauft sie im deutschen Discounter ein, holt das frische Gemüse jedoch beim Italiener. Zum Abendessen kommen Schlutzkrapfen ebenso häufig auf den Tisch wie Pasta und Pizza. Und am Wochenende besucht sie mal das italienische Theater, mal das deutsche Kino. Ihre Kinder hat sie trotzdem in den italienischen Kindergarten und anschließend in die italienische Schule geschickt, wo sie in ihrer Muttersprache unterrichtet wurden. Heute bedauert sie es: Ihrer Meinung nach wäre eine deutsche Schule hilfreicher gewesen, um sich mit der zweiten Landessprache vertraut zu machen. »Mein 17-jähriger Sohn macht mir deswegen manchmal Vorhaltungen. Er hat zehn deutsche Mitschüler in der Klasse und sieht, wie problemlos sie in beiden Sprachen zu Hause sind, während er immer wieder an den Hürden der deutschen Grammatik scheitert. Ich habe damals wohl vor allem an meine Bequemlichkeit gedacht.« Ginge es nach Francesca, solle man die Vergangenheit einfach vergessen und gemeinsam die Zukunft gestalten. »Ich würde den strengen Proporz flexibler machen, wenn nicht sogar abschaffen. Und zwar nicht nur, weil wir Italiener manchmal in die Ecke gedrängt wurden.

Aber gehe ich zum Arzt, interessiert mich schließlich nicht, ob er Italienisch oder Deutsch spricht. Wichtig ist doch, dass er etwas von seinem Beruf versteht.«

Auch ihre Kollegin Irene Lunger – ihre Familie lebt seit Generationen in der Alpenregion, daher ist sie in der deutschsprachigen Altstadt von Bozen aufgewachsen – wünscht sich mehr Miteinander. Daran hat sich nach ihrem Umzug in die 800-Seelen-Gemeinde Eppan-Frangart, die überwiegend deutschsprachig geprägt ist, nichts geändert. Sie sei nicht aus Bozen weggezogen, weil dort zu viele Italiener lebten oder sie sich in ihrer deutschen Identität bedroht fühle, betont sie: »Ich wollte aufs Land, weil ich Südtirolerin bin und weil ich möchte, dass meine Kinder unsere Bräuche, die kirchlichen Feiertage und Traditionen kennen. Und das geht nun mal – wie überall in der Welt – auf dem Dorf besser als in der Stadt.« Das Gerede über Deutsch-Österreichisch hier und Italienisch dort ist in ihren Augen unzeitgemäß. Und die Forderungen nach einer Trennung von Italien, die in regelmäßigen Abständen von kleinen deutschsprachigen Parteien erhoben werden, hält sie für Wahlpropaganda. Dabei schimpfe auch sie oft und gerne auf den italienischen Staat, meint sie: »Doch das hat wenig mit der Lage hier in Südtirol zu tun, sondern vielmehr mit der aufgeblähten und unendlich komplizierten Bürokratie, die den Alltag und vor allem die Arbeit im ganzen Land erheblich erschwert. Und damit haben eben nicht nur Herr und Frau Südtirol ihre Schwierigkeiten, sondern auch Herr und Frau Italien. Das ist aber kein Grund, das, was in einem halben Jahrhundert zusammengewachsen ist, zu zerschlagen.«

Irene ist wie Francesca Azzarita perfekt zweisprachig. Nur aus diesem Grund hat sie schließlich den sicheren Job im Institut bekommen. Die gleiche Selbstverständlichkeit im Umgang mit beiden Sprachen wünscht sie sich für ihre Kinder. Daher bedauerte sie es anfangs, dass es in Eppan-Frangart nur deutsche Kindergärten und Schulen gibt, weil fast 90 Prozent der Einwohner deutschsprachig sind. Italienische Kinder, die in ihrer Muttersprache unterrichtet werden wollen, müssen in die Nachbargemeinde ausweichen. Irenes Sorge hat sich indes gelegt, seit eine italienischsprachige Familie, die ihrerseits kaum Deutsch beherrschte, ins selbe Haus gezogen ist. Es sei interessant gewesen, wie von heute auf morgen alle anderen Kinder beim Spielen im Hof wie selbstverständlich ins Italienische wechselten, um die Neuankömmlinge zu integrieren, sagt sie. »Die Kinder richten sich eben nach den Verhältnissen, und das sollten wir von ihnen übernehmen. Denn es zeigt auch, dass ›Durchmischung‹ von deutsch-österreichischer und italienischer Kultur längst in den Familien angekommen ist.«

Draußen auf der Straße dann die kalte Dusche: »Das Deutsche bewahren«, »Los von Rom«, »Süd-Tirol ist nicht Italien«, »Riprendiamoci Bolzano – Holen wir uns Bozen zurück« lese ich auf Wahlplakaten und Infozetteln mitten in der Altstadt. Die Rufe nach Unabhängigkeit zeigen mir, dass der Wandel vom Wohlstand zum Wohlbefinden doch nicht so geglückt ist, wie es das Gespräch mit Francesca und Irene vermuten ließ. Verantwortlich für solche separatistischen Töne vor den Gemeindewahlen 2015 ist in erster Linie die »Süd-Tiroler Freiheit«. Unbeirrbar hält dieses Bündnis für Tirol an der Idee fest, zu Österreich zurückzukehren. Ziel ist ein Referendum, bei dem die Bevölkerung abstimmen soll, ob sie bei Italien bleiben oder gehen will. In Südtirol stehen sieben Prozent der Wähler hinter dem Bündnis. Bei den ideologisch verwandten »Freiheitlichen«, einer Schwesterpartei der österreichischen FPÖ, sind es sogar fast dreimal so viele. Auch für ihre Partei sei die Autonomie nicht der Endpunkt, erklärt ihr langjähriger Obmann Pius Leitner. Den Anschluss an Österreich wollten sie jedoch nicht mehr, denn das würden die Italiener nicht mitmachen. »Wir streben einen unabhängigen Freistaat Südtirol an, und zwar mit allen drei Sprachgruppen. Ansonsten wäre es doch ein Zurück in unsere Vergangenheit, nur mit umgedrehtem Vorzeichen.«

Anfang Mai 2015 haben die »Freiheitlichen« zu diesem Thema einen Antrag im Landtag eingebracht. Gleich von mehreren unabhängigen Instituten wollen sie sich durchrechnen lassen, ob die kleine Provinz wirtschaftlich und organisatorisch dazu überhaupt in der Lage wäre. »Sie tun gut daran. Denn so haben sie es schwarz auf weiß, wie unrealistisch ihre Vorstellung von einem eigenen Staat Südtirol ist«, kommentiert das die Bozener Parteienforscherin Greta Klotz. Interessant findet sie allerdings, dass man die Italiener mitnehmen will. Es zeige, dass heute vor allem wirtschaftliche Gründe hinter den separatistischen Forderungen stünden. »Die fetten Jahre sind vorbei, und nun meint man, ohne

Italien wäre es einfacher. Sie haben Angst, dass die Wirtschaftskrise auch zu uns nach Südtirol herüberschwappt, und befürchten,
dass Rom sie als Melkkuh betrachtet.« Was sie dabei außen vor
ließen: Südtirol sei für den italienischen Schuldenberg mitverantwortlich. Schließlich gebe es auch dort viel zu viele Jungrentner
und zahlreiche Steuersünder.

»Unser Unglück hat mit nationalstaatlichen Konzepten begonnen. Machen wir also dieselben Fehler nicht noch einmal und
blicken lieber nach vorne.« Kategorisch distanziert sich Landeshauptmann Arno Kompatscher von der regierenden Südtiroler
Volkspartei (SVP) von separatistischen Rezepten, die Grenzen
verschieben oder neue Staaten schaffen wollen. Wie schon Greta
Klotz ist auch er der Meinung, dass solche Ideen derzeit von der
internationalen Wirtschaftskrise genährt werden. Dabei sei in
der Provinz davon verhältnismäßig wenig zu spüren: »Das ist vor
allem ein Verdienst der Autonomie. Trotzdem dürfen wir nicht
unterschätzen, wie brüchig die Lage noch immer ist, vor allem
jetzt, wo Verlust- und Abstiegsängste den Mittelstand plagen. Da
werden Dinge in Frage gestellt, die nicht in Frage gestellt werden
sollten. Das heißt nicht, dass das Modell Südtirol gescheitert ist.
Das ist ein europäisches Phänomen.« Wirklich Sorgen bereiten
ihm die separatistischen Tendenzen jedoch nicht, schon allein
weil sämtliche ethnischen Parteien Gewalt grundsätzlich ablehnen. Unbehagen verursacht ihm höchstens eine italienische Va-
riante der Rechten: CasaPound. Die neofaschistische Bewegung,
die bei den Gemeindewahlen mit dem Slogan »Riprendiamoci
Bolzano – Holen wir uns Bozen zurück« auf Stimmenfang gegangen ist (und – erstmals überhaupt – im Stadtparlament von Bozen
einen Sitz erlangt hat), sei in Wirklichkeit eher fremdenfeindlich
und somit demokratisch ein Problem, so Kompatschers Kommen-
tar. Er würde sich wünschen, dass seine Landsleute endlich aus
ihren ethnischen Gehegen herauskommen und zusammenfinden,
sagt er. Allerdings weiß er auch, dass er in der eigenen Partei – seit
jeher Sammelbecken deutschsprachiger Südtiroler – mit solchen
Forderungen nicht zu weit vorpreschen darf. »Viele glauben, dass
gemischtsprachige Schulen den Minderheitenschutz und damit
das ganze Gebäude unserer Autonomie gefährden. Zudem existiert
die Sorge, dass sich die SVP von einer ethnischen Partei zu einer

Territorialpartei entwickelt. Alles Unsinn. Nach wie vor verstehen wir unter Selbstbestimmung zunächst den Schutz der deutschsprachigen Bevölkerungsgruppe, die in Italien eine Minderheit ist. Aber warum sollen die Vorteile unseres Sonderstatuts nicht allen Südtirolern zugutekommen, unabhängig von der Sprachgruppe? Man kann es auch als Chance sehen.«

Sein Vorschlag: Mehrsprachigkeit als Mehrwert begreifen und die Rolle Südtirols als Vermittler zwischen dem italienischen und dem deutsch-österreichischen Kultur- und Wirtschaftsraum ausbauen. »Viele junge Südtiroler sind heute perfekt zweisprachig und wären für die Herausforderungen dieser Zukunft bestens gewappnet.« Kompatscher versteht daher die Europaregion Tirol-Trentino-Südtirol, eine Art Mini-Europa, als Schritt in die richtige Richtung. In diesem Europäischen Verbund für territoriale Zusammenarbeit lasse sich beides miteinander vereinen; die kulturelle Vielfalt ausspielen und die gerne heraufbeschworene Tiroler Gebietseinheit wiederherstellen, wenn auch in zeitgemäßer Form. »Auf diese Weise kommen wir vom friedlichen Zusammenleben mehrerer Volksgruppen, was ja bereits etwas Großartiges, wenn auch leider noch die Ausnahme ist, zu etwa Besserem, dem Zusammenwirken.«

Trotz zahlreicher Fehler und Rückschläge sei die Zeit in der Autonomen Provinz Bozen reif für eine neue Phase, meint auch Francesco Palermo. »Die ethnische Frage ist im Grunde heute eine soziale Frage. Auf allen Seiten gibt es marginalisierte Gruppen, die wenig Bildung oder eine schlechte Ausbildung haben und sich bei Veränderungen als Verlierer fühlen. Sie sollten jedoch nicht als Alibi dienen, um den Status quo zu erhalten.« Der Leiter des Institutes für Föderalismus- und Regionalismusforschung schreibt daher zusammen mit Kollegen bereits an einem dritten Autonomiestatut. Vor 40 Jahren wären wichtige technische Fragen wie die Rolle der Region oder die Möglichkeit von Gemeinschaftsschulen ausgespart worden, erläutert der Verfassungsjurist die Notwendigkeit dieses Schrittes: »Jetzt soll die Weiterentwicklung der Autonomie im Sinne einer verbesserten Selbstverwaltung vorangetrieben werden. In vielen Bereichen, etwa dem Umweltschutz oder der Finanzautonomie, aber nicht in allen, wie die ›Freiheitlichen‹ das fordern. Das halte ich für naiv. Südtirol wird niemals in der Lage sein, ein Heer aufzustellen oder diplomatische Beziehungen mit der Welt zu finanzieren. Doch genauso falsch ist es, Selbstverwaltung mit Selbstregierung einer ethnischen Sprachgruppe zu verwechseln. Stattdessen müssen wir uns heute mit der Frage beschäftigen, ob der Proporz überhaupt noch seine Berechtigung hat.«

Francesco Palermo selbst verkörpert bereits das Südtirol von morgen. Seit 2013 vertritt der parteilose Regionalismusexperte den Wahlbezirk Bozen-Unterland im italienischen Senat – im gemeinsamen Auftrag der Südtiroler Volkspartei und der Demokratischen Partei. Für einen Angehörigen der italienischen Sprachgruppe sei das jahrzehntelang undenkbar gewesen, erklärt er. Was nun noch fehle, sei die Anpassung der Mentalität. »Noch immer denkt man in Kategorien: der gute Deutsche, der chaotische Italiener. So habe ich mir im Wahlkampf anhören müssen, im Vergleich zu einem ›Abdullah‹ sei ein Italiener immerhin das kleinere Übel. In diesem Punkt stehen wir leider noch am Anfang.«

SERBIEN

SERBIEN

MONTE-
NEGRO

Mitrovica

Peč

Gazimestan
Prishtina

KOSOVO

Orahovac
Velika Hocha

Mala Krusha

Prizren

ALBANIEN

MAZEDONIEN

0   30 km

Kosovo:
Mühsame Unabhängigkeit

Danja Antonovič

In Serbien ist die Unabhängigkeit Kosovos bis heute nicht aner-
kannt – das Gleiche gilt in knapp der Hälfte aller Staaten weltweit.
Für eine Serbin ist die Reise durch den Staat, den es nicht gibt, des-
halb stets auch eine Reise in die Vergangenheit des ehemaligen Jugo-
slawien. Sie ist an jeder Ecke präsent.

Am 17. Februar 2015 feiert die Republik Kosovo zum siebten Mal
den Tag der Unabhängigkeit. Es ist ein kalter, nebliger Tag, ein ar-
beitsfreier Feiertag im Kosovo. Doch während die Lobreden der
Politiker auf ihre Nation live im Fernsehen übertragen werden,
sind Zigtausende Kosovaren auf dem Weg nach Europa. Zu Fuß
überqueren sie die serbisch-ungarische Grenze, ihr Ziel: Deutschland. An diesem 17. Februar meldet der Bayerische Rundfunk:
»Seit Anfang Januar ist die Zahl der Asylbewerber aus dem Kosovo
sprunghaft angestiegen. Bis Mitte Februar kamen 18 000 Kosovaren nach Deutschland, mehr als im gesamten letzten Jahr. Die Politik plant Asylverfahren im Eiltempo.« Das heißt: schnelle Abschie-
bung und der Abschied vom Traum, dem Elend im eigenen Land
zu entgehen. Nach Angaben der Vereinten Nationen leben etwa
17 Prozent der Kosovo-Bevölkerung in extremer, 45 Prozent in absoluter Armut. Von 1,8 Millionen Kosovaren sind circa 40 Prozent
arbeitslos, die Arbeitslosigkeit unter Jugendlichen bis 25 Jahren
liegt bei fast 60 Prozent.

Am 17. Februar 2015 ist ganz Kosovo mit im Wind flatternden
Fahnen festlich bekleidet, US-Fahnen und EU-Fahnen sind auch
dabei. Letztere deuten an, dass auch knapp 16 Jahre nach Ende des
Kosovokrieges und dem Abzug der serbischen Sicherheitskräfte
der Kosovo noch immer ein nur teilweise souveränes Land ist, das
stark von internationalen Unterstützern abhängig ist. Es hilft auch

nicht, dass der Euro als Währung verwendet wird, die Wirtschaft liegt darnieder, das Wirtschaftswachstum wird vor allem durch die Transferleistungen von im Ausland lebenden Kosovaren bestritten. Die Unabhängigkeit ist mühsam.

Im Innern sind Arbeitslosigkeit, Korruption und Drogenhandel die größten Probleme. Außenpolitisch handelt es sich um einen »unfertigen« Staat: Kosovo ist kein Mitglied der Vereinten Nationen, bisher haben nur 109 der 193 UN-Mitgliedsstaaten den Kosovo anerkannt. Die Anerkennung verweigern auch fünf EU-Staaten, der Vatikan und Serbien sowieso. Für Serbien ist Kosovo noch immer die »Autonome Provinz Kosovo und Metochien«. In der Präambel der serbischen Verfassung von 2006 steht: »Kosovo wird immer ein Teil der Republik Serbiens bleiben.« Auch wenn der Kosovo de facto von Serbien unabhängig ist: Die Frage des Nordkosovo, in dem sich die serbische Bevölkerungsminderheit konzentriert, bleibt ungelöst. Die meisten Serben dort erkennen die Zentralregierung in Prishtina nicht an. Dennoch: der Wunsch Serbiens, EU-Mitglied zu werden, hat Bewegung in die Diskussion gebracht. Mittlerweile finden unter der Vermittlung der EU bilaterale Gespräche zwischen Kosovo und Serbien statt. Es geht vor allem um praktische Fragen, weniger um den Kosovo-Status. Die Gespräche werden als »erfolgreich« bezeichnet und haben zuletzt zu einer deutlichen Entspannung geführt. Zum Entsetzen der Hardliner auf beiden Seiten gehen serbische und kosovarische Politiker in Brüssel äußerst freundlich miteinander um, Bruderküsse und Umarmungen sind nicht selten.

Der unfertige Status wird auch in den staatlichen Institutionen deutlich. Seit 1999 ist die Interimsverwaltungsmission der Vereinten Nationen (UNMIK) im Kosovo präsent, nach wie vor sind die internationalen KFOR-Truppen im Land, darunter 700 Bundeswehrsoldaten. Die EU-Rechtsstaatsmission EULEX hat große Mühe, ein funktionierendes Polizei- und Justizsystem aufzubauen. Und im multinationalen Staat kommt es immer wieder zu ethnisch motivierten Gewalttaten. Nach Schätzung der deutschen KFOR-Truppen, die in Prizren stationiert sind, ist die Lage im Kosovo »ruhig, aber nicht stabil«.

Im April 2015 ist Kosovo für mich, eine serbische Journalistin aus Belgrad, ein unbekanntes Land. Zuletzt war ich vor 30 Jahren dort, als Reiseleiterin deutscher Touristen. Damals war Kosovo eine jugoslawische Teilrepublik. Erinnerungen an damals: ein Meer von Sonnenblumenfeldern, gelb, unglaublich gelb, so weit das Auge reicht, auf dem Amselfeld. In Prizren und Prishtina Fahnen des Nachbarlandes Albanien, zwar versteckt hinter den Fenstern der Privathäuser, aber doch sichtbar. Graffiti an den Wänden: »Free Kosovo«. Junge Leute, die mir sagen: »Wir wollen raus, Jugoslawien ist nicht unser Land.« Ich war damals überrascht. Schließlich hatte den »jugoslawischen Weg« die ganze Welt bewundert: ein sozialistischer Staat, der offen für den kapitalistischen Westen war, das Land, in dem die Idee der blockfreien Staaten geboren wurde. Ein Land, in dem man einigermaßen frei seine Meinung äußern konnte. Dachte ich.

Dass das Leben in Ex-Jugoslawien nicht allen gefallen hat, belegt der spätere Zerfall des Landes. In den letzten 20 Jahren sind aus meinem Mutterland Jugoslawien sieben neue Staaten entstanden. Ob Kroaten, Slowenen, Bosnier, Montenegriner oder Mazedonier, sie alle haben einen eigenen, eigenständigen Staat errungen. So auch Kosovo, der jüngste europäische Staat. Doch die Erwartungen der Kosovaren an ihre Unabhängigkeit sind nach sieben Jahren Unabhängigkeit noch nicht erfüllt.

Im April 2015 fahre ich voller Erwartung nach Kosovo. Für mich ist das eine persönliche Reise, ich will die Orte besuchen, wo ich einmal war, selbst sehen, spüren und riechen, wie es den Menschen heute geht. Ich freue mich auf die multinationale Stadt Prizren, auf Derwische in Orahovac, auf Albaner und Serben in der Weinregion. Und auf meine Freundin und Kollegin Violeta Oroshi in Prishtina. Noch in Belgrad telefoniere ich mit Violeta, wir besprechen die Reiseroute, sie sagt: »Es wäre sicherer, wenn du nicht mit einem Wagen mit Belgrader Kennzeichen nach Kosovo kommst. Man weiß nie, welche ›Patrioten‹ du unterwegs triffst.« Die »Patrioten« gibt es nicht nur im Kosovo: Die Balkankriege in den 1990er Jahren haben in der westlichen Balkanregion viele stramme Nationalisten hinterlassen.

Und so fahre ich von Belgrad aus nur die ersten 300 Kilometer im eigenen Wagen. Dieser wird in einem Dorf kurz vor der Grenze geparkt, die, je nachdem, ob man sie aus Prishtina oder Belgrad betrachtet, »Staatsgrenze« oder »administrativer Übergang« heißt.

Die kurze Fahrt zur eigentlichen Grenze übernimmt ein Taxifahrer, für die 40 Kilometer braucht er länger als eine Stunde. Je näher die Grenze, desto schlechter die Straße. Offensichtlich fühlt sich niemand für den Weg verantwortlich, der in die »Republik Kosovo« beziehungsweise in die »Serbische Provinz Kosovo und Metochien« führt.

Etwa 200 Meter vor der Grenze hält die Taxe, die schon bessere Tage gesehen hat, an. Am Ende des bergigen Weges sehe ich drei einsame Container. »Sie müssen jetzt zu Fuß, ich traue denen nicht, ich bleibe hier.« Ob er Serben oder Kosovo-Albanern nicht traut – das sagt der Taxifahrer nicht. Ich schnaufe nach oben. Und habe das Gefühl, in einer Zeitmaschine zu sein. Ich erinnere mich an kommunistische Zeiten, als Stacheldraht, Hunde und Polizisten die Staaten in Europa trennten. Auf dem Weg in den Kosovo sind zwar keine Hunde und kein Stacheldraht zu sehen, doch ein unangenehmes Gefühl auf diesem leeren Asphaltstreifen bleibt.

Zuerst sind die Serben dran: »Personalausweis.« Kein Pass, ist ja für die Serben auch keine Grenze. Einen halben Meter weiter, im selben Häuschen, darf man bei den Kosovaren wählen: Pass oder Personalausweis. Dann erwarten mich Violeta und Agron, ein albanischer Taxifahrer. Später wird der Zweimetermann erzählen, dass er mit seinen Kosovo-Kennzeichen nicht nach Serbien darf. Das Beschaffen der vorläufigen Kennzeichen, die in Serbien akzeptiert würden, sei eine langwierige Prozedur, er lässt es lieber. Auch sonst ist die Bewegungsfreiheit der Kosovaren eingeschränkt. »Ohne Visum können wir nur nach Albanien, Montenegro, Mazedonien und – Nigeria«, sagt Agron.

Endlich Kosovo. Neubauten zischen an uns vorbei, dicht an dicht, hässlich nebeneinandergewürfelt. Reklameschilder, Baumaterialien, Autohöfe, Shoppingzentren. Obst und Gemüse am Straßenrand. Das, was vor 20 Jahren Felder waren, ist heute die Grenzstadt Podujevo. An Ortsschildern, in Albanisch und Serbisch, sind die serbischen Namen übersprayt worden. Wir umgehen Prishtina und fahren direkt in Richtung Prizren. Es sind mehr als 80 Kilometer auf einer Autobahn vom Feinsten, zwei Jahre alt. Fast leer, liegt sie inmitten der unberührten Landschaft wie eine dicke, faule Schlange. Die Autobahn führt weiter nach Albanien und Montenegro, in drei Stunden erreicht man die Adria. Kosovo ist 10 000

Quadratkilometer groß, das sind etwa zwei Drittel von Schleswig-Holstein. Abseits der Autobahn warten Straßen, die nur mühsam zu befahren sind. Kurz vor Prizren fahren wir ab und holpern auf der Landstraße weiter.

Es wird Abend. In der Ferne flackern die Lichter von Prizren, wie eine Fata Morgana scheint die Stadt zwischen Himmel und Erde zu schweben. Schäfchenwolken und die schneebedeckten Gipfel des Šar-Gebirgszuges oben, unten die dunklen Hügel der umliegenden Berge. In Prizren angekommen, mühen wir uns mit engen Einbahnstraßen ab, Menschen gehen, stehen, hocken auf Gehwegen, die ganze Stadt lebt auf der Straße. Auffällig viele junge Menschen im Gewusel, Kosovo ist der jüngste Staat Europas: Durchschnittsalter 24 Jahre. In der Altstadt schlängelige Gassen, China-Klamotten, Silberschmiede, winzige Läden, dicht aneinandergepresst. Cafés rechts und links vom laut röhrenden Fluss Bistrica, die nasalen Stimmen der Muezzins vermischen sich und hallen über die Dächer. Im Stadtbild auch: deutsche Soldaten in Uniform. Prizren ist der Sitz der deutschen KFOR-Truppen.

Prizren, einst »Jerusalem des Kosovo« genannt, hat über 40 Moscheen, die meisten aus dem Mittelalter. Außerdem eine große Zahl orthodoxer Kirchen, eine katholische Kathedrale, fast 200 000 Einwohner und viele Ethnien und Konfessionen: albanische Muslime, albanische Katholiken, Türken, Goranci (»die aus den Bergen«), Kroaten, Roma, Serben und Juden. Als die Auseinandersetzungen zwischen Serben und Albanern im Kosovo ab Mitte der 1990er Jahre und insbesondere ab 1998 eskalierten, wanderten viele freiwillig aus. Die Türken gingen in die Türkei, die Serben nach Serbien, die Kroaten (auch »Janjevci«, weil sie hauptsächlich im Dorf Janjevo in der Nähe von Prizren lebten) nach Kroatien. Es folgten die Kosovo-Juden. Votim Demiri, der Vorsitzende der Jüdischen Gemeinde in Prizren, wird später am Abend erzählen: »Die sephardischen Juden kamen im Mittelalter, als sie vor spanischen Inquisitoren flüchteten. Im Kosovo lebten sie in Prishtina und Prizren. Heute noch gibt es in Prishtina den jüdischen Friedhof aus dem Mittelalter. Im Zweiten Weltkrieg wurde die Gemeinde dezimiert, die meisten endeten im KZ Bergen-Belsen, unter ihnen auch meine Familienmitglieder. Heute leben in Prizren nur noch 50 Juden, denn während des Kosovokriegs wanderten die Verbliebenen ›freiwillig‹ nach Israel aus.«

In einem Bericht von 2010 warf Amnesty International dem Kosovo Diskriminierung und Vertreibung der Roma vor. 85 Prozent aller Roma aus Kosovo sind zu dieser Zeit vertrieben worden, leben heute woanders. Diejenigen, die in den EU-Ländern kein Asyl bekommen haben, leben heute in Serbien und Montenegro, mehrheitlich untergebracht in Elendsquartieren am Rand der Großstädte. Die Unterzeichnung des Rückführungsabkommens zwischen dem Kosovo und Deutschland 2010 wird von Amnesty ebenfalls gerügt. Über 10 000 Roma, die in Deutschland eine vorläufige Duldung bekommen haben, mussten in den Kosovo zurückkehren. In den Dörfern trifft man heute noch Jugendliche, die untereinander nur Deutsch sprechen. Sie sind in Deutschland geboren und sprechen kein Albanisch.

Die meisten Serben haben Kosovo in den späten 1980er Jahren verlassen, später wurden viele der Verbliebenen vertrieben. Heute leben im Kosovo noch etwa 130 000 Serben, das sind etwa fünf Prozent der Gesamtbevölkerung. Bis 1990 stellten sie im Kosovo fast 20 Prozent. Die meisten Kosovo-Serben leben im Norden, jedoch auch in versprengten serbischen Enklaven inmitten des Landes. Der von der EU unternommene Versuch, serbischen Rückkehrern den Weg in den Kosovo zu ebnen, scheitert in den meisten Fällen. Die wenigen, die zurückgekehrt sind, haben es nicht leicht: Ihre Häuser und Felder werden von »Unbekannten« verwüstet, die Täter nie gefunden. 2004 stürmten Albaner das serbische Viertel in Prizren. Häuser, Klöster und Kirchen wurden verwüstet, die Bewohner ermordet und vertrieben. Heute leben etwa 30 Serben in Prizren, vor dem Krieg waren es 30 000. Im Mai 2015 verhandelten in Brüssel serbische und kosovarische Politiker über die Repräsentation der serbischen Minderheit im kosovarischen Parlament – noch ist die Zusammenarbeit aber kläglich.

Über Nacht ist das Wetter umgeschlagen: Zwölf Grad – Schuhe, Schal und Pulli müssen her. Agrons silberne Karosse wartet vor dem Hotel. Wir wollen nach Mala Krusha, etwa 20 Kilometer von Prizren entfernt. Seit 1999 nennt man Mala Krusha auch »Das Dorf ohne Männer«. In dem Jahr wurden 110 Männer an einem Tag von serbischen Einheiten ermordet. In dieser Gegend gab es die heftigsten Kämpfe und die meisten Gräueltaten während des Krieges. Mala Krusha liegt im Zentrum der Kosovo-Weinregion, die hervorragende klimatische Voraussetzungen hat: Hier treffen das mediterrane und das kontinentale Klima aufeinander, Sonnentage gibt es mehr als 300 im Jahr, die Weinberge liegen teilweise 700 Meter hoch. Auch heute noch gehört der Weinbau zum wichtigsten wirtschaftlichen Zweig Kosovos. Der Wein wächst in den Tälern und Hügeln zwischen Peć und Prizren im Südwesten Kosovos und reicht im Osten fast bis Prishtina. Schon Römer haben hier Wein angebaut. Im 13. Jahrhundert, als Prizren die Residenz der serbischen Könige war, verband eine 25 Kilometer lange Keramikleitung die Weinkeller in Velika Hocha mit der Königsresidenz. Glücklicher König, in dessen Land statt Milch und Honig der Wein fließt.

Am Ende von Mala Krusha finden wir die kläglichen Reste von Agrokor, das zu Titos Zeit eines der größten Weinkombinate Jugoslawiens war. Dass Agrokor so erfolgreich war, ist der Bingener Firma Raacke zu verdanken: Aus Kosovo-Trauben »erfand« sie den Verschnittwein »Amselfelder« und machte ihn zum beliebtesten Rotwein der Deutschen in den 1980er Jahren. Bis zu 650 Millionen Liter wurden damals jährlich in der BRD verkauft. Was wir heute sehen, ist Tristesse pur: ein großes Areal mit verrotteten Weintanks, die wie surrealistische Skulpturen in den Himmel ragen und vom Unkraut überwuchert sind. Einschusslöcher in den Außenwänden der Produktionshallen, das Tor zum Hof mit dicken Schlössern versehen. In der winzigen Baracke am Eingang: ein dünner Mann und zwei gelangweilte Hunde im Gras.

Wir bleiben draußen. »Der Boss hat Nein gesagt«, beharrt der Wächter im holprigen Serbisch, nachdem er mit seinem Chef telefoniert hat. An der Wand des Hauptgebäudes eine große, verwaschene Tafel: »Food Industrie Mother Theresa«. Den ehemaligen Hauptsitz von Agrokor hat ein Investor vor Jahren gekauft. Heute noch kämpft er mit kosovarischen Gesetzen und hat die notwendigen Genehmigungen noch immer nicht. Nichts Ungewöhnliches im Kosovo, dessen Wirtschaft darniederliegt.

Von Mala Krusha fahren wir nach Orahovac, die »Hauptstadt der Weinregion«. Die Landstraße voller Löcher, links und rechts endlose, kahle Weinberge. Der Tag – grau. Plötzlich, inmitten des Rebenreichs, prächtige, schlossähnliche Bauten: schneeweiße Säulen, puderrosa die Wände, goldene Ornamente. »Da wird im vermeintlichen Luxus geheiratet«, antwortet Agron auf meine Frage und schmunzelt. Agron darf vom Heiraten nur träumen, mit seinen 35 Jahren lebt er noch immer im »Hotel Mama«. Das ist billiger, der Benz-Kredit ist teuer genug.

In Orahovac scheint alles neu zu sein: Einfamilienhäuser, Supermärkte, viel Glas und Granit. Ein wuseliges, levantinisches Treiben auch hier, als ob an diesem Vormittag alle unterwegs wären. Eine prachtvolle Moschee grüßt von der Hauptstraße. Derwische, die sich in weißen Gewändern um ihre eigene Achse drehen, halten hier ihre Gottesdienste ab. Sie gehören zum Sufi-Orden, den asketisch-religiöse Lebensweise auszeichnet. Obwohl asketisch und religiös, dürfen sie Schnaps und Wein trinken. Und herstellen. Mumin Lama, dessen Gesicht ein langer, weißer Rauschebart ziert, ist der »Baba«, das elfte Oberhaupt der Sufi-Gemeinde. In seinem früheren Leben war er Versicherungsmann, solange es Arbeit gab. Da war er Mitte 40. Heute erzählt er im »Salon« der Moschee, bei einem Gläschen selbstgebranntem Grappa: »Wir kaufen Trauben aus der Gegend, sie sind die besten. Und dann machen wir Wein und Grappa. Wir trinken alles selbst, nichts wird verkauft.« Um zehn Uhr morgens schmeckt der Grappa mild und aromatisch. Von den Wänden blicken zehn bärtige Männer auf uns herab, es sind die Vorgänger des jetzigen »Baba«.

Am Rand des Städtchens residiert die Firma Stone castle in einem nagelneuen Verwaltungsgebäude, hübsch umsäumt von hohen Immergrünpflanzen. Vor dem Anwesen eine kleine Probierbude. Als wir ankommen, steht ein Minibus mit Schweizer Kennzeichen davor. Fröhliches Lachen dringt nach draußen. Weinprobe gelungen. Die Geschichte von Stone castle ist die Geschichte von Rrustem Gecaj. Als junger Mann ist er in die USA ausgewandert. Dort hat er sein Geld gemacht, dort lebt er. Seiner Heimat ist er dennoch treu geblieben. Teile von Agrokor und vor allem die Weinberge um Orahovac hat er nach vielen bürokratischen Hürden gekauft und etliche Millionen Dollar investiert. Heute gehört sein Unternehmen zum Vorzeigebestand der kosovarischen Wirtschaft: Es ist der größte Arbeitgeber weit und breit. Bis zu 400 Arbeiter sind dort beschäftigt, ein enormer Erfolg in diesem Land. Das Repertoire reicht von Chardonnay bis Shiraz, exportiert wird in die USA und nach Europa. Und auch der »Amselfelder« fließt wieder, wenn auch diesmal in kleineren Mengen. Unser Gastgeber heute ist Artur Camaj, der Generalmanager der Firma, der uns mit allerlei Zahlen und Daten füttert und mit uns um die Weinberge kurvt. Sie liegen in einem Areal von 30 Kilometern. »Die meisten von ihnen genießen den ganzen Tag die Sonne«, sagt er. Statt Sonne sehen wir plötzlich eine Gruppe deutscher Soldaten aus Prizren, die hier, inmitten der Weinberge, ihren Schießstand haben.

Eigentlich heißt die Kosovo-Weinregion »Metochien«, das griechische Wort bedeutet »Gemeinschaft der orthodoxen Klöster«. Serbische Klöster in Metochien gehören zum UNESCO-Weltkulturerbe, die KFOR-Truppen bewachen heute noch viele von ihnen, Übergriffe gibt es immer wieder. Serbien besteht auf dem Namen »Kosovo und Metochien«, der Staat Kosovo lehnt den Namen Metochien ab, er erinnert zu sehr an die serbischen Bewohner, die hier lebten. Die wenigen Serben, die aus dieser Gegend nicht vertrieben wurden, wohnen heute in dörflichen Enklaven. Eine dieser Enklaven in der Weinregion ist Velika Hocha. Auch hier wird seit Urzeiten Wein gemacht. Es sind kleine Parzellen, nur ein paar Hektar.

Es ist Ostermontag in Velika Hocha. Die Dorfstraßen sind leer, alle sind oben auf dem Berg. Vor der kleinen Kirche, oberhalb des Dorfes, segnet der Pope die Gläubigen. Nach der Predigt wird getanzt und gesungen, serbische Fahnen flattern im Wind. Im Dorf, in der »Vinica Petrović« wird Wein ausgeschenkt und verkauft, übernachten kann man hier auch. Vor der »Vinica« wartet der Patriarch der Familie, Boža Petrović, auf uns und auf seine große Sippe. Brüder und Schwestern, zwei Söhne, Enkelkinder, sie waren alle in der Kirche. Die Petrovićs sind Weinbauern seit 1905. »Mein Großvater hat damals die Weinberge von den Türken gekauft, die waren damals die Herren auf dem Balkan. Den Vertrag habe ich heute noch«, sagt stolz das Oberhaupt der Familie, ein rüstiger Herr. Die Tradition wird in vierter Generation fortgesetzt, Božas Sohn Srdjan führt die Marke »Vinica Petrović« weiter. Der Wein wird in Serbien verkauft, der Absatz ist mäßig. Boža Petrović, der Serbe, hat ebenfalls bei Agrokor gearbeitet. »Damals haben wir im Agrokor einander vertraut, egal ob wir Albaner oder Serben waren. Der Wein braucht vertrauensvolle Menschen, die sich um ›das Kind‹ kümmern. Als der Krieg begann, litt der Wein auch darunter«, sagt Boža Petrović. Und fügt hinzu: »Wir sollten endlich richtigen Frieden schließen, der Wein braucht die Menschen, und die Menschen brauchen Arbeit.« Es ist Nachmittag, wir sitzen in der Sonne vor der »Vinica«, Menschen grüßen im Vorbeigehen, Enkelkinder lärmen. Božana, Božas Frau, schenkt uns bunte Ostereier, es gibt Bourek, mit Frühlingsgräsern und Spinat gefüllt, dazu einen sehr milden, zehn Jahre alten Merlot.

Der dritte Tag im Kosovo bringt Sonne, die schneebedeckten Gipfel begleiten uns in voller Schönheit, Postkartenmotive. Unser nächstes Ziel: das Amselfeld in der Nähe von Prishtina. Ich muss es wiedersehen. Es gehört zu den Mythen des Serbentums, denn in diesem grünen Tal fand 1389 die Amselfeldschlacht statt: Serbische Fürsten verloren den Kampf gegen die mächtigen Heere des osmanischen Sultans Murat I., das war der Beginn der mehr als 500-jährigen Herrschaft des Osmanischen Reiches auf dem Balkan.

Zwei gelangweilte Polizisten, ein Serbe und ein Albaner, umgeben vom Stacheldraht und unzähligen Kameras, bewachen das serbische Denkmal Gazimestan, das an die Helden der Amselfeldschlacht erinnert. Die Polizisten stammen aus dem Dorf in der Nähe, beide haben breite Zahnlücken und ein offenes Lächeln. Miteinander sprechen sie Albanisch, mit mir Serbisch. Das einsame Denkmal ragt in den Himmel, ein Hund räkelt sich in der Sonne, kein Mensch ist zu sehen. Das berühmte Amselfeld, auf dem Slobodan Milošević 1989, am 600. Jahrestag der Schlacht, den serbischen Nationalismus neu entfachte, ist in diesem Frühling ein tristes, grünes Tal. Damals, als ich Touristen durch den Kosovo führte, war Sommer, und diese unglaublich gelben Sonnenblumen räkelten ihre Köpfe der Sonne entgegen.

Und dann bleibt noch Prishtina. Die Stadt ist ein Sammelsurium von Plattenbauten, Wolkenkratzern aus Stahl und Glas. Boulevards, kleine Basargassen, verstopfte Straßen. Ćevapčići heißen hier »Fastfood«, das gibt es alle zwei Meter. Auffallend die Zigarettenverkäufer: In ihrem Bauchladen Unmengen von geschmuggelten Zigaretten. Im Hotel, das meine Freundin Violeta für mich besorgt hat, finde ich an der Rezeption die Preisliste. Merkwürdig, denke ich: Pro Nacht zahle ich 30 Euro, für eine Stunde wären 15 Euro fällig, zwei Stunden kosten 20 Euro. Am Nachmittag sehe ich Pärchen, husch-husch – und schon sind sie im Zimmer verschwunden. Violeta lacht und klärt auf: »Klar, Stundenhotels gibt es viele, die Wohnungen sind zu klein, also wohin? In den besseren Hotels wirst du gar nicht gesehen, mit dem Aufzug geht es direkt ins Zimmer. Touristen gibt es ja kaum, und die Hotelbetreiber müssen überleben.«

Im Zentrum der Stadt die winkende Hand Bill Clintons – für die Ewigkeit gemeißelt. Die Clinton-Statue geht im architektonischen Chaos fast unter. Dagegen ist die New Yorker Freiheitsstatue auf dem Dach des Hotels »Victory« nicht zu übersehen: Patinagrün, wie aus einer anderen Welt, schaut sie, inmitten des bunten Lebens, gen Himmel. »US-Hospitals«, amerikanische Privatkliniken, sind gleich mehrmals in Prishtina vertreten. Auch Bondsteel, die größte US-Militärbasis in diesem Teil der Welt, ist nicht mehr entfernt.

Die Stadt ist voll junger Menschen, die ihre Zeit in Cafés, auf der Straße, auf dem Markt totschlagen. Die Arbeitslosigkeit bei Jugendlichen ist erschreckend hoch, der Drogenkonsum auch. Es gibt aber auch engagierte junge Menschen, die Kosovos Gegenwart mit kritischen Augen betrachten und in den NGOs aktiv sind. Das Humanitarian Law Centre Kosovo beispielsweise erinnert an die Unruhen von 2004, als fast 300 Serben verprügelt und aus ihren Häusern gezerrt wurden, und verlangt, dass Kosovo die Täter endlich juristisch belangt.

Am Abend lädt mich meine Freundin Violeta Oroshi zu sich nach Hause ein. Ein Plattenbau, es ist eng in der 50-Quadratmeter-Wohnung, in der sie zusammen mit ihrem Mann und den zwei pubertierenden Kindern lebt. Für Prishtina ist das dennoch eine große Wohnung. Violeta ist freie Journalistin, ihr Mann Dozent an der Uni, sein Gehalt: 400 Euro. Trotzdem gehören sie zu den »Besserverdienenden« im Kosovo. Violetas kritische Berichterstattung wird in Regierungskreisen nicht gern gesehen, ihre Arbeiten werden in den wenigen nicht regierungstreuen Blättern gedruckt. Violeta und ihr Mann sind Albaner, Katholiken. Als kürzlich eine Verwandte in Kroatien starb, bekam Violeta kein Visum und konnte nicht zur Beerdigung fahren. »Wir sind Gefangene, bis wir tatsächlich ein freier Staat werden, das wird wohl noch dauern«, sagt Violeta verbittert.

Ich war fünf Tage im Kosovo unterwegs, habe viele Menschen getroffen, so viele Eindrücke gesammelt, dass mein Kopf raucht. Ablehnung habe ich nirgends gespürt, die »Patrioten« habe ich nicht getroffen. Die Menschen, die ich auf der Straße, im Supermarkt traf, waren freundlich und neugierig. Wenn sie kein Serbisch konnten, ging es in holprigem Englisch weiter. Immer wieder kam die Frage: »Wie ist es bei euch in Serbien, ist es besser als hier?« Ein bisschen, sagte ich, aber nicht viel. Tatsächlich, vieles ist im Kosovo nicht anders als in Serbien: korrupte Politiker, entmachtete Arbeiter, Arbeitslosigkeit, Armut und Hoffnungslosigkeit. Während Serbien schon an die Türe der EU klopft, ist Kosovo von Beitrittsverhandlungen weit entfernt. Zumindest haben sich die Beziehungen zwischen beiden Ländern verbessert, wenn dazu auch der Druck der EU nötig war.

Besonders beindruckt hat mich Ares Shporta, ein 23-Jähriger, der in Prizren das Festival des Dokumentarfilms leitet. Auf die Frage, welche Zukunft Kosovos Jugend hat, sagte er: »No hope.« Und was hat die Unabhängigkeit gebracht? »Zuerst die Freiheit, aber was ist das für eine Freiheit, wenn du außerhalb Kosovos nirgends hingehen kannst.« Was ich gesehen habe, macht mich traurig: Kosovo ist nach sieben Jahren Unabhängigkeit noch immer ein Staat auf wackeligen Füßen.

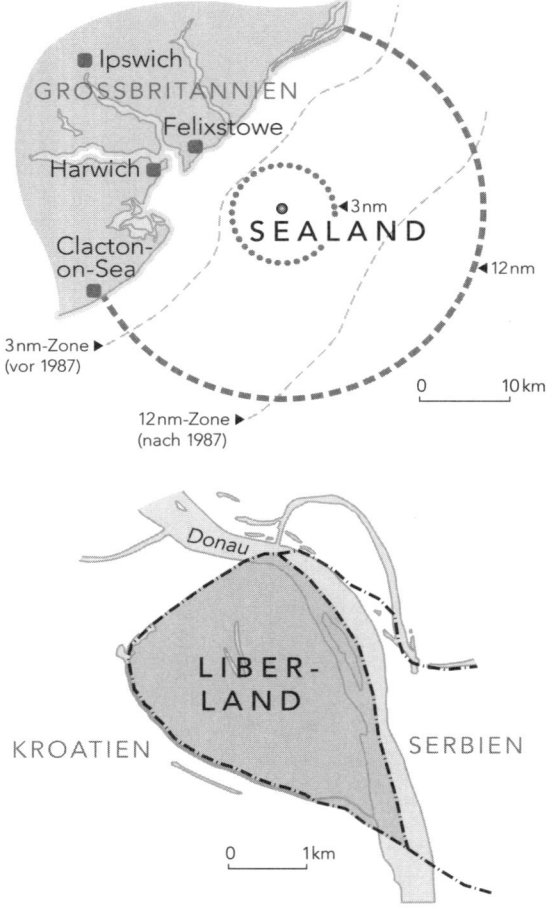

Ipswich

GROSSBRITANNIEN

Felixstowe

Harwich

SEALAND ◄3nm

◄12nm

Clacton-
on-Sea

3nm-Zone ▶
(vor 1987)

12nm-Zone ▶
(nach 1987)

0   10 km

Donau

LIBER-
LAND

KROATIEN   SERBIEN

0   1km

Sealand und Liberland:
Staat machen

Peter Stäuber und Kilian Kirchgeßner

Ein Radiopirat und ein Politiker, die eins gemeinsam haben: die Ausrufung ihres eigenen Staates. Anerkannt sind beide nicht, aber das stört keinen der Gründer. Was nicht ist, kann ja noch werden.

Viele der Regionen, die wir bisher im Buch kennengelernt haben, ringen mühsam um ihre Unabhängigkeit – auch innerhalb der eigenen Bevölkerung, wie das Beispiel Südtirols zeigt. Wie viel leichter ist es da, wenn man einen Staat für sich hat und allenfalls mit sich selbst ringen muss, ob man die Last der Staatsführung auf sich nehmen will. Kleine territoriale Einheiten, die die Unabhängigkeit beanspruchen, denen aber die internationale Anerkennung fehlt, werden »Mikronationen« genannt. Diese Gebiete, von denen es auf der ganzen Welt Dutzende gibt, zeigen nicht zuletzt, wie fließend das Konzept des Staats sein kann: ein Konzept, das beim Blick auf den Globus so unumstößlich scheint. Eine Nation namens »Sealand« sucht man dort vergeblich. Und doch hat Sealand bereits einige Jahrzehnte der De-facto-Existenz hinter sich – und sogar einen Putsch. Die Geschichte des kleinsten Staates der Welt beginnt mit einem Mann namens Paddy Roy Bates, der das Piratendasein ernst nahm. Der ehemalige Major der britischen Armee verhandelte nicht, sondern riss sich unter den Nagel, was er haben wollte. Und im September 1965 wollte er das Fort Knock John. Er enterte die Festung – eine verrostete Plattform auf zwei großen hohlen Betontürmen mitten in der Themsemündung – und zwang das Personal von Radio City nach einer kurzen Konfrontation, das Fort zu verlassen. Die dreiste Eroberung fand auf dem Höhepunkt der britischen Radiopiraterie statt. Und Bates, der spätere Prinz von Sealand, war der verwegenste aller Freibeuter.

In den frühen 1960er Jahren gab es in Großbritannien nur einen Rundfunksender, nämlich die öffentlich-rechtliche BBC. Kommerzielle Radiostationen waren nicht zugelassen – die Behörden befürchteten, dass diese dem kulturellen Fortschritt nicht zuträglich seien. Doch das Monopol geriet zunehmend in die Kritik. Angeführt wurde der Widerstand von einer Reihe libertärer Unternehmer, die im Verbot des kommerziellen Radios eine skandalöse Einschränkung ihrer Freiheit sahen. Diese Geschäftsleute kämpften nicht nur an der intellektuellen Front – Friedrich von Hayeks Polemiken gegen staatliche Verknechtung dienten ihnen als Arsenal –, sondern wollten gleich selbst Tatsachen schaffen.

So machten sie sich daran, Boote mit Sendeanlagen, Antennen und Plattenspielern auszustatten. Dann navigierten sie in Gewässer außerhalb der britischen Hoheitsgewässer und sendeten von dort aus aufs Festland. Mitte der 1960er Jahre gab es rund ein Dutzend dieser »Piratensender«, die Jazz, Popmusik und Rhythm 'n' Blues spielten – Musik, die den nüchternen BBC-Chefs zu unkultiviert war. Etta James und Nat King Cole hörte man etwa auf Radio Caroline, dazu Countrymusik und natürlich die Beatles und Rolling Stones. Insbesondere bei jungen Leuten waren die Sender ein Hit, Millionen von Teenagern lauschten lieber den nautischen DJs als dem faden Angebot der öffentlich-rechtlichen »Beeb«.

Das Modell funktionierte, weil die Hoheitsgewässer Großbritanniens damals noch gemäß der 300 Jahre alten Kanonenkugelregel definiert waren: Da man im 17. Jahrhundert rund drei Seemeilen weit schießen konnte, umgerechnet etwa 5,5 Kilometer, endete an diesem Punkt das Hoheitsgebiet des Staates. Das Meer dahinter war »terra nullius«, Niemandsland. Auch die Maunsell Forts, eine Verteidigungsanlage aus dem Zweiten Weltkrieg, lagen im Niemandsland der Themsemündung. Die Forts waren 1942 errichtet worden, um deutsche Kampfflugzeuge abzuschießen, die der Themse entlang nach London fliegen wollten. Nach dem Krieg standen sie verlassen, eines versank nach einer Kollision mit einem Schiff, ein anderes wurde durch einen Sturm zerstört. Doch Knock John und einige andere blieben bestehen und boten den Radiopiraten einen perfekten, wenn auch nicht besonders komfortablen Stützpunkt.

Nach der erfolgreichen Eroberung sendete Roy Bates' Radio

Essex von Knock John aus bis Ende 1966 rund um die Uhr Musik, obwohl das Signal seiner veralteten Sendeanlage kaum bis nach London reichte. Als die britische Regierung schließlich versuchte, die Piratensender zu schließen und deshalb die gesamte Themsemündung zu britischem Hoheitsgewässer erklärte, suchte Bates nach einer Alternative. Weit draußen im Meer, zwölf Kilometer vor der Küste der Grafschaft Suffolk, lag Roughs Tower, der nördlichste Ableger der alten Verteidigungsanlage. Wie Knock John bestand die Konstruktion lediglich aus zwei hohlen Betontürmen mit einer Plattform, darauf ein flaches Gebäude. Aber Roughs Tower lag unbestreitbar in internationalen Gewässern, zumindest damals. Also packte Bates seine gesamte Radioausrüstung in sein Boot und zog um. Erneut war er nicht der erste Radiopirat auf Roughs Tower, aber der erfahrene Eroberer schaffte es auch diesmal, die Konkurrenten von Radio Caroline von der Plattform zu vertreiben. Dabei wurde es kurze Zeit später brenzlig, als Bates einen Versuch der Rückeroberung nur mithilfe von Schusswaffen und Molotowcocktails abzuwehren vermochte. Bates sah bald ein, dass die Zeit der Piratensender zu Ende ging, und änderte seine Pläne kurzerhand: Er erklärte die Unabhängigkeit. Am 2. September 1967 wurde Roughs Tower zum Fürstentum Sealand, Bates wurde als Roy of Sealand zum Alleinherrscher, und seine Frau – es war ihr Geburtstag – Prinzessin. Um seinem Staat internationale Anerkennung zu verschaffen, schrieb er 1975 eine Verfassung.

Ein halbes Jahrhundert später stehen die zwei Türme von Sealand noch immer in der Nordsee, und der Herrscher der 0,02 Quadratkilometer großen Plattform sieht sich als das Oberhaupt des kleinsten Staates in internationalen Gewässern. Für einen Besuch beim heutigen Prinzen muss man sich jedoch in kein Boot setzen. Michael of Sealand residiert nur 20 Minuten vom Bahnhof von Leigh-on-Sea entfernt, einem Städtchen an der Küste der Grafschaft Essex. Vor dem Haus steht ein knallroter Pick-up, ein Schild am Fenster warnt vor dem Rottweiler. Der Hund sei jedoch harmlos, versichert Michael Bates sogleich, als er die Tür öffnet. Vierschrötig, mit einem breiten Nacken und kurzgeschorenen Haaren, sieht der Prinz eher aus wie ein Seemann als wie ein Staatsoberhaupt. Wenn er lacht, entblößt er eine große Lücke zwischen den Schneidezähnen. Der heute 62-jährige Michael, Sohn des Staatsgründers, übernahm 1999 als Prince Regent das Zepter von Sealand, und seit dem Tod von Paddy Roy Bates im Jahr 2012 ist er der neue Machthaber.

Er kennt sein Reich: Michael half von Anfang an beim Staatsaufbau mit. Nachdem viele Mitarbeiter nach Schließung des Radiosenders das Fort verlassen hatten, benötigte sein Vater Hilfskräfte. So kehrte Michael nach den Frühlingsferien 1968 einfach nicht mehr zur Schule zurück. Im gleichen Jahr wurde der rechtliche Status der Mikronation erstmals geprüft. »Ich und meine Schwester waren allein auf Sealand, und ein paar Mitarbeiter von Trinity House, der Leuchtturmbehörde, näherten sich in einem Boot«, erzählt Michael. »Sie machten gegenüber meiner Schwester obszöne Kommentare, also holte ich eine Schrotflinte und schoss ihnen vor den Bug.« Prompt wurde er vor ein Gericht gezerrt. Doch bevor die Legitimität des Schusswaffengebrauchs geprüft werden konnte, musste man die Zuständigkeit klären. Ein Richter in Essex urteilte, dass Sealand außerhalb seiner Gerichtsbarkeit liege und er somit nicht zuständig sei. Für Michael war dies die De-facto-Anerkennung seines Staates durch die britische Regierung. Offiziell hält Westminster hingegen stets an der Bezeichnung Roughs Tower fest, und auch sonst gibt es keinen Staat, der die Mikronation anerkennt.

Noch kniffliger als das Problem der Legalität ist die Frage, wozu das Fürstentum eigentlich da ist. Schließlich sind die Möglichkeiten eines Staates, der aus einer stählernen Plattform besteht, eher beschränkt. Für Paddy Roy Bates war die Unabhängigkeit in erster Linie ein riesiges Abenteuer, aber selbstverständlich wollte er mit seiner Nation auch Geld verdienen. Nach dem Ende des Piratenradios machte er deshalb Vorstöße in verschiedene Wirtschaftszweige – Sealand als Steueroase, Sealand als Casino, Sealand als Touristenhotel. Keine dieser Visionen wurde tatsächlich umgesetzt, aber er gab nicht auf. Ende der 1970er Jahre kam ein deutscher Unternehmer namens Alexander Achenbach mit »allerhand interessanten Ideen« zu ihm, erzählt Michael. Achenbach wurde Bürger von Sealand und dazu Premierminister, aber die Zusammenarbeit nahm ein böses Ende. Der deutsche Unternehmer lud den Prinzen von Sealand nach Salzburg ein, um ihm eine Geschäftsidee zu unterbreiten – den Aufbau eines Freizeitzentrums. Michaels Vater wies den Vorschlag zurück. »Da entschieden sich Achenbach und seine Leute zu einem Putschversuch«, sagt er. »Sie dachten sich: Wer sollte uns schon daran hindern?« Michael bewachte das Fort damals allein. Als er den Helikopter sah, der sich Sealand näherte, war er misstrauisch. »Ich deutete dem Piloten an, er solle verschwinden, doch einer von Achenbachs Leuten seilte sich auf die Plattform ab und sagte mir, mein Vater habe eine Vereinbarung unterzeichnet, dass er Sealand an den Premierminister abtrete.« Michael glaubte ihm nicht. Sein Verdacht wurde bestätigt, als er in einen Raum ging und die schwere Stahltür hinter ihm zugeschlagen wurde. Vier Tage lang war er gefangen, dann verschleppten ihn Achenbachs Leute mit einem Fischerboot ins holländische Scheveningen, wo sie ihn schließlich gehen ließen. Die Rückeroberung ihres Staates gelang Vater und Sohn Bates auf ebenso halsbrecherische Weise, mit Helikopter und Seilwinde. Die Geiselnahme eines der Putschisten führte schließlich zum Besuch eines deutschen Gesandten aus der Londoner Botschaft, der die Freilassung aushandelte. Laut Michael war dieser diplomatische Besuch 1978 die zweite De-facto-Anerkennung Sealands.

Die Jahre der Nordseepiraterie haben Michael gezeichnet. Er scheint stets wachsam zu sein, während des Gesprächs wandert sein Blick immer wieder zur Wand, auf der vier Bildschirme von Überwachungskameras zu sehen sind. »Ah, ein Paket für mich«, sagt er, noch bevor der Postmann geklingelt hat.

Die Jahrzehnte nach dem Putsch waren friedlicher auf Sealand, nur gelegentliche Stürme sorgten für Aufregung. Dann, mit dem Aufkommen des Internets, eröffneten sich dem Kleinstaat neue Möglichkeiten. In den späten 1990er Jahren suchten britische Behörden nach Wegen, den kriminellen Gebrauch des Netzes zu unterbinden. So verabschiedete das Parlament in London im Jahr 2000 ein Gesetz, das alle Internetanbieter zur Zusammenarbeit mit den Ermittlungsbehörden verpflichtete. Andere Länder hatten ähnliche Bestimmungen. Zur Umgehung dieser Gesetze war ein Kleinstaat ohne Polizei- oder Überwachungsbehörden perfekt geeignet – und Sealand bot sich die Gelegenheit einer Rückkehr zur libertären Mentalität der Radiopiraten: eine Insel der Freiheit im zunehmend regulierten elektronischen Datenmeer. Michael Bates wurde von einer Gruppe amerikanischer Unternehmer kontaktiert, die auf dem Fort eine Datenoase errichten wollten. Kunden sollten hier beliebige Inhalte im Internet publizieren können, jenseits des Zugriffs staatlicher Behörden. »Sie mussten mir das alles erklären – es ging um Server, IP-Adressen und das ganze Zeug, das war neu für mich«, sagt Michael. Aber es gefiel ihm. Bald wurden auf Sealand ganze Reihen von Internetservern aufgebaut, und im Sommer 2000 begann das Unternehmen namens HavenCo sein Geschäft.

Der Enthusiasmus war damals groß, man sah HavenCo als Vorkämpfer der Internetfreiheit. Aber nach nur drei Jahren scheiterte auch dieses Unterfangen. Der CEO beklagte die übermäßige Einmischung der Bates-Familie, während Michael auf finanzielle Schwierigkeiten verweist. »Wir konnten einfach kein Geld damit machen«. In erster Linie war das auf die hohen Kosten des Offshore-Daseins zurückzuführen.

Die Idee, Sealand als sicheren Hafen für Daten zu nutzen, lebte noch eine Weile lang weiter – man spekulierte, dass The Pirate Bay, die schwedische Datenaustauschseite, an einem Kauf interessiert war, später auch Wikileaks – doch mittlerweile sind die Zeiten von Sealand als Datenoase vorbei. Das hat auch damit zu tun, dass das Staatsoberhaupt gegenüber Leuten wie Julian Assange und Edward Snowden eine zwiespältige Haltung hat: Obwohl er sich als libertär bezeichnet, findet Michael: »Es muss Regulierung geben. Ich bin nicht dafür, dass man einfach alle staatlichen Geheimnisse preisgeben darf, wenn das unsere Sicherheit unterwandert.« Auch den britischen Staat unterstützt er. »Queen and Country« sind Werte, die ihm etwas bedeuten – ein Paradoxon, wie er zugibt. Zwar wohnte er in den 1970er und 1980er Jahren zuweilen mehrere Monate am Stück auf Sealand, aber er hatte immer ein Zuhause auf dem Festland und fühlt sich deshalb nicht als lupenreiner Separatist.

Während er erzählt, sieht Michael auf der Überwachungskamera, dass seine beiden Söhne vorgefahren sind. James und Liam, beide Ende 20, sind im gleichen Geschäft wie ihr Vater – kommerzielle Fischerei. Sealand ist für sie ein Hobby, aber ein wichtiges. Zurzeit sind die drei dabei, ihrem Staat einen neuen Sinn zu verleihen. Ein wenig Geld machen die Bates mit dem Verkauf von Adelstiteln – für 199,99 Pfund kann man beispielsweise Gräfin oder Graf werden. Sonst ist auf der Insel nicht viel los, obwohl dort immer mindestens zwei Wächter wohnen und oft Reparaturarbeiten stattfinden. Aber Pläne für die Zukunft gibt es: »Wir wollen die Insel für andere Leute öffnen, eine selbstversorgende Gemeinschaft aufbauen und den Rest der Welt in unser Projekt einbeziehen«, sagt James. Eine Fisch- und Hummerfarm ist geplant, dazu eine Kleinlandwirtschaft, deren Erde aus Fischexkrementen gewonnen werden soll. »Kein Hippiezeug«, fügt Michael schnell hinzu. Ihm schwebt eher eine exklusivere Gemeinschaft vor. Auch mehr Land soll rund um die künstliche Insel gebaut werden. Ein Besuch auf Sealand sei allerdings auf keinen Fall möglich, erklärt er. Triftige Gründe dafür kann Michael nicht nennen. Vielleicht hat er einfach Angst, dass ein Gast ihm seinen Staat wegnehmen könnte. Es wäre schließlich nicht das erste Mal.

Ganz andere Schwierigkeiten plagen indes Vít Jedlička. Er kommt selbst nicht auf sein Stückchen Staat, obwohl er immerhin Präsident ist. Ein paar Tage ist es erst her, dass der Tscheche aus dem Gefängnis freigekommen ist, die kroatische Polizei hat ihn für eine Nacht eingebuchtet, als er auf dem Schlauchboot saß und zusammen mit ein paar Freunden die kleine Insel in der Donau angesteuert hat. »Illegales Überschreiten der Staatsgrenze« wurde ihm vorgeworfen, am nächsten Tag kam er gegen eine Zahlung von umgerechnet 250 Euro wieder frei. »Das ist viel Geld aus der Tasche der Liberländer Bürger«, sagt Vít Jedlička, »aber wir haben uns entschieden, das als freiwilligen Beitrag in die kroatische Staatskasse zu sehen und unser Geld nicht zurückzufordern.«

Wie er das sagt, zurückgelehnt auf einer weißen Couch, den Hemdkragen weit offen, taucht da wieder diese Frage auf: Ist das alles nicht eine riesige Scherzaktion, die sich Vít Jedlička da mit der Gründung von »Liberland« ausgedacht hat, ein Gag, der ihm viel Publicity einbringt – oder meint er das tatsächlich ernst? Wenn ihm wieder einmal jemand diese Frage stellt, gefriert Jedličkas Lächeln, und seine ganze Haltung drückt Unverständnis darüber aus, dass jemand überhaupt auch nur Zweifel hegen könnte. Und dann holt er aus, um seine Geschichte zu erzählen. Jedlička, etwas über 30 Jahre alt, lebt in Prag, arbeitet als Manager bei einem Geldinstitut und gehört einer kleinen Partei an, die libertäre Werte predigt. Wenig Staat, viel Freiheit, keine EU – das sind einige der

Kernideen, die das Programm zusammenhalten. Jedlička ist einer der führenden Männer in der Partei, die zwar nicht im Parlament vertreten ist, aber immerhin einen Europaabgeordneten stellt. Und weil er streitbar ist, kämpft er regelmäßig für das libertäre Programm, sei es auf Podiumsdiskussionen oder abends mit Freunden in der Kneipe. »Dabei hörte ich immer wieder diesen Satz: ›Wenn das alles so toll ist, dann gründe doch deinen eigenen Staat.‹ Und irgendwann habe ich mir gedacht, dass die Idee gar nicht so übel ist. Also habe ich bei Wikipedia geschaut, wo es noch ein Niemandsland gibt – und fertig war die Sache!«

Von Prag aus ist Liberland gute sieben Autostunden entfernt. Auf dem Weg zu seinem Staat muss Vít Jedlička durch die Slowakei, durch Ungarn und Kroatien hindurch und dann auf die Grenze zu Serbien zusteuern. Dort, in der Nähe der Ortschaft Zmajevac, fließt die Donau als Grenzfluss. Und dieser verdankt die kleine Insel ihre Entstehung und ihren Sonderstatus: Durch Veränderungen im Flusslauf ist die Insel entstanden, nachdem die Grenze zwischen Serbien und Kroatien schon gezogen war. Groß interessiert hat das bislang niemanden, weil das Gebiet sowieso fernab der Zivilisation liegt. Auf der Insel steht nur ein einziges Häuschen, das schon seit Jahrzehnten verlassen ist und in einigen Jahren wohl endgültig einstürzen wird. Doch dann kam eines Tages Vít Jedlička, der Tscheche, und rief die Republik Liberland aus. Sieben Quadratkilometer misst sein Staat, das sei absolut ausreichend: »Monaco«, sagt Vít Jedlička, »ist nur halb so groß.« Und dass Liberland nichts anderes ist als eine sumpfige Brache, die alle paar Jahre vom Hochwasser überspült wird, macht ihm auch nichts aus. »Vor 50 Jahren sah Hongkong genauso aus.« Er sieht lieber die Reize des Eilands, und wieder weiß man nicht, ob man nicht doch eher dem legendären Soldaten Schwejk mit seinen wilden Abenteuern zuhört oder tatsächlich einem ernsthaften Staatspräsidenten: »Der Strand dort ist ein Traum, wir haben 300 Meter Sandstrand. Und es ist im Jahresschnitt fünf Grad wärmer als hier in Tschechien, das kommt mir auch sehr entgegen.«

Mit ein paar Gleichgesinnten zusammen hat Jedlička angefangen, die Idee umzusetzen. Als Erstes ließ er sich von seinen Freunden, die allesamt zuvor die Staatsbürgerschaft von Liberland bekommen hatten, zum Präsidenten wählen, »ganz demokratisch«, wie er betont. Dann entwarfen sie eine Fahne, sie zeigt eine Taube mit ausgebreiteten Flügeln, und fuhren zum ersten Mal in ihren Staat. Natürlich wählten sie ein symbolträchtiges Datum, den 13. April 2015, das ist der Geburtstag von Thomas Jefferson: Den Verfasser der amerikanischen Unabhängigkeitserklärung wollten sie mitsamt seinen freiheitlichen Gedanken ehren. In den sumpfigen Boden rammten sie die Fahne, machten einige Fotos und stellten dann, als sie wieder daheim waren, eine eigene Webseite von Liberland ins Netz. Wer wollte, konnte sich dort für die Staatsbürgerschaft bewerben. »Wir dachten, wir könnten das bequem per E-Mail erledigen«, sagt Vít Jedlička. »Aber am nächsten Morgen waren da 10 000 Mails im Postfach, und alle wollten die Staatsbürgerschaft. Da haben wir dann doch lieber ein elektronisches Formular verwendet.«

Es brach aber an jenem Tag eins nicht nur die Welle potenzieller Einwanderer über Vít Jedlička herein, es meldeten sich auch Journalisten aus aller Welt. Deutsche, Österreicher, Schweizer, Franzosen, sie alle kamen persönlich vorbei, und während Jedlička immer routinierter auf die immer gleichen Fragen antwortete, schaltete sich per Skype auch CNN in Amerika zu und ein türkischer Fernsehsender, der ihn ebenfalls im Programm haben wollte. Vít Jedlička klebte auf seinen Prager Briefkasten ein Schild, auf das er »Embassy of Liberland« schrieb. Wer hier klingelt, der muss von der Gartenpforte zuerst zum Eingang des Mehrfamilienhauses gehen, dort durch die Tür ins Treppenhaus und drei Etagen nach oben. Hier, unter dem Dach, ist also die Botschaft von Liberland, es ist eine Zwei-Zimmer-Wohnung mit altem Buchenlaminat und einer großen Fensterfront, die hinausgeht auf die riesige Dachterrasse. Von hier aus blickt Vít Jedlička über ganz Prag, er sieht die Kirchtürme der Stadt und gerade gegenüber auf einen Hang mit ein paar Weinreben. Weil gutes Wetter ist, hat er seine Couch auf die Terrasse getragen und hält nun im Freien Hof. Ein französischer Radioreporter ist zu Gast, ein tschechisches Magazin hat eine Fotografin mitsamt Assistenten und drei Scheinwerfern geschickt. In der letzten freien Ecke der Dachterrasse wartet ein junger Argentinier, der eine Stiftung gegründet hat, um die Welt zu verbessern, und sich von Vít Jedlička einige Tipps holen will. Am Vormittag war Jedlička im Studio eines Prager Fernsehsenders.

»Soll ich Sie eigentlich als ›Herr Präsident‹ ansprechen?«, fragte der Moderator zu Beginn des Gesprächs und grinste. Vít Jedlička setzte wieder sein ernstes Gesicht auf und sagte kühl: »Ja, protokollarisch wäre das die richtige Anrede.«

Es scheint etwas zu sein an der Idee von Vít Jedlička, das die Menschen anspricht. Mehr als 300 000 Interessenten für eine Staatsbürgerschaft seien inzwischen eingegangen, verkündete der Präsident nach wenigen Wochen: die meisten aus Europa und den USA. Auf seinem Smartphone scrollt er durch eine Liste, wo er genau eingetragen hat, wie viele Bewerber aus welchem Land kommen; es ist eine sehr lange Liste. Sie dient ihm zugleich als Beweis dafür, wie notwendig sein libertäres Projekt ist. Die USA, die einmal so hoffnungsvoll begonnen hätten, seien inzwischen völlig überreguliert, und die Schweiz sei als Gelobtes Land der Niedrigsteuern auch nicht mehr das, was sie einmal war. Wie sonst sei es zu erklären, dass ausgerechnet aus den USA und der Schweiz die rührigsten Interessenten für Liberland kommen, die schlicht ihre Freiheit zurückhaben wollen? In allen Staaten wittert Vít Jedlička einen politischen Mainstream, den er eher als verhängnisvollen Strudel sieht, in den Wohlstand und freies Leben hineingezogen zu werden. »Ja natürlich geht es uns gut hier in Tschechien«, sagt er und deutet von seiner Dachterrasse aus auf die renovierten Prager Dächer, die im Sonnenschein glänzen. »Aber nur deshalb, weil wir eine Zeit lang den freien Markt haben arbeiten lassen. Jetzt bewegen wir uns aber in eine völlig falsche Richtung, wir entwickeln uns eher zu einem Nord- als zu einem Südkorea.« Genau da, sagt er, wolle er gegensteuern.

Wer bei der Kurskorrektur mithelfen möchte, muss nicht viele Bedingungen erfüllen. Keine Nazis und keine Kommunisten, das ist die einzige Bedingung für die Staatsbürgerschaft von Liberland. Mit ein paar Juristen hat Jedlička inzwischen eine Verfassung ausgearbeitet, für die er immerhin Rückgriff auf die Verfassungen der USA, der Schweiz und Estlands genommen hat. »Wir haben die Aspekte genommen, die sich bewährt haben, und viele neue Punkte hinzugefügt. Vor allem haben wir der Regierung vorgeschrieben, was sie alles nicht tun darf. Sie darf keine Gesetze zur Ehe erlassen, nicht zum Gesundheits- und nicht zum Bildungswesen – da soll sie sich einfach raushalten. Ich finde, da sollen sich die Leute selbst drum kümmern und eigene Entscheidungen treffen können.« Das ist libertäres Gedankengut in Reinkultur, und natürlich hat Vít Jedlička auch noch den Punkt ergänzt, dass es in Liberland keinerlei Steuern gibt. Wie aber will er die Infrastruktur aufbauen, die Ärzte bezahlen und das Rentensystem, wenn es keinerlei Abgaben gibt? »Solidarität«, sagt er da und holt zu einem Vortrag aus. »Solidarität ist ein wichtiges Wort, das aber bei uns in den westlichen Gesellschaften pervertiert ist. Solidarität bedeutet, freiwillig jemandem zu helfen, und nicht, dass man per Zwang dazu getrieben wird. Ich bin mir sicher: Wenn wir in Liberland einige reiche Leute haben werden, lassen die es nicht zu, dass um sie herum andere Menschen leiden. Sie werden freiwillig aus ihren Mitteln denen helfen, die es benötigen – das ist echte Solidarität.« Wenn man es so angehe, da sei er sicher, würden die ärmsten Bürger Liberlands reicher sein und besser leben als die Armen in den umliegenden Ländern.

Dass Liberland inzwischen weltweit Anhänger hat, macht die Sache für Vít Jedlička allerdings deutlich schwerer. Die Polizei in Kroatien, so scheint es, verfolgt das Geschehen auf seiner Facebook-Seite – und immer, wenn er werbewirksam einen Ausflug in sein neues Land plant, wartet sie schon auf ihn. »Normalerweise«, sagt Jedlička, »kümmern die sich um die Leute, die über die Schengengrenze einreisen wollen. Wir sind wohl die Einzigen, die aus dem Schengenraum rauswollen, und trotzdem nehmen sie uns fest.« Zweimal saß er inzwischen über Nacht im Gefängnis, beantwortete dem Richter am nächsten Morgen ein paar Fragen und reiste dann im Auto wieder zurück nach Prag. Von dort aus will er sich jetzt darum kümmern, dass sein Staat anerkannt wird – erst dann, so will es das internationale Recht, gewinnt Liberland Souveränität. »Wir brauchen vor allem Diplomaten in jedem Land, die sich von dort aus um die Anerkennung kümmern«, sagt Vít Jedlička zu seinen Zukunftsplänen. Auch bei den Vereinten Nationen will er eine Note einreichen. »Und wir brauchen Leute, die ein Boot auf der Donau haben. Dann kommen wir problemlos auf unser Territorium.« Jeden Freitag und Samstag will er jetzt auf Liberland eine Party veranstalten, teilnehmen kann jeder, der möchte. »Wenn wir da erst mal mit 80 oder 100 Leuten vor Ort sind, können die Kroaten uns ja nicht alle festnehmen. So viel Platz haben die gar nicht in ihrem Gefängnis.«

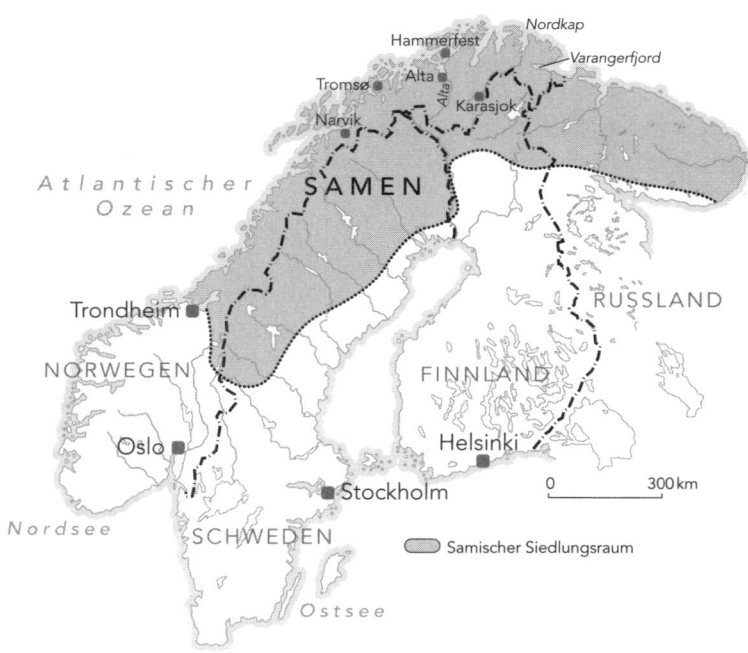

Nordkap

Hammerfest

Varangerfjord

Alta

Tromsø

Alta

Karasjok

Narvik

Atlantischer
Ozean

SAMEN

RUSSLAND

Trondheim

FINNLAND

NORWEGEN

Oslo

Helsinki

0   300 km

Nordsee

Stockholm

SCHWEDEN

Samischer Siedlungsraum

Ostsee

Die Samen:
Unabhängig ohne Staatsgebiet

Marc Engelhardt

Die Samen leben im äußersten Norden Europas und sind praktisch unabhängig. Mit einer entscheidenden Ausnahme: Sie besitzen kein Staatsgebiet. Parlament und Regierung arbeiten innerhalb anderer Staaten. Konflikte werden friedlich gelöst. Jetzt wollen die Samen auch global mehr Anerkennung für Ureinwohner erreichen – im Rahmen der UN.

John Bernhard Henriksen hat sich für die Gelegenheit in Schale geworfen, auch wenn er das selbst anders ausdrücken würde. Das dunkelgrüne Hemd, an den Schultern und rund um Kragen und Ausschnitt mit Bordüren im rot-orange-gelben Streifenmuster verziert, ist für ihn schlicht ein Ausdruck von Tradition. Die Tracht der Samen eben, jenes Volkes, das in Europas äußerstem Norden lebt und das Mitteleuropäern – wenn überhaupt – vor allem als ein Volk von halbnomadisch lebenden Rentierhirten und Fischern bekannt ist. Dabei leben natürlich nicht alle Samen so. Der Wahl-New-Yorker Henriksen etwa hat Jura in Oslo und internationale Politik in Bristol studiert; in den vergangenen Jahrzehnten hat er in Bangkok, Genf und London gelebt. Doch seiner Heimat ist der 53-Jährige trotzdem treu geblieben. John Bernhard Henriksen ist internationaler Repräsentant des Sami-Parlaments im äußersten Norden Norwegens, eine Art Außenminister – und dann auch wieder nicht, denn die Samen haben keinen Staat und wollen auch keinen gründen. »Wir wollen Autonomie, vor allem in den Belangen, die uns Samen vor Ort betreffen, aber wir respektieren die territoriale Integrität der Staaten, in denen wir leben«, sagt er. Henriksen hat einen norwegischen Pass und sogar schon im diplomatischen Dienst Norwegens gearbeitet. »Wenn mich jemand fragt, woher ich komme, dann sage ich: Ich bin in einem Land geboren, das Norwegen heißt, und ich bin norwegischer Staatsbürger – aber ich bin Same, das ist meine Identität.«

Henriksen hat es ein wenig eilig, gleich geht es los. Gleich wird er in der Halle erwartet, in der sonst die UN-Vollversammlung in New York tagt. Zur Eröffnung des Ständigen Forums für indigene Angelegenheiten Ende April 2015 dürfen Henriksen und einige Hundert Vertreter der weltweit auf 5000 geschätzten indigenen Völker für ein paar Stunden in diese heilige Halle der Vereinten Nationen vorstoßen. Sonst bleibt sie ihnen verwehrt, zumindest noch. Nur wenn der Sami-Diplomat Henriksen eines Tages sein Ziel erreichen sollte, könnten er und andere Repräsentanten indigener Völker zumindest als Beobachter an der Vollversammlung teilnehmen. 2014 hat in New York eine Weltkonferenz der indigenen Völker stattgefunden, Henriksen hat sie gegen erhebliche Widerstände vieler Nationen mitorganisiert. Dann wurde er in letzter Minute ersetzt, durch zwei Vertreter von UN-Mitgliedsstaaten. »Die UNO ist eine Organisation von Nationalstaaten, und wir Indigene haben bislang keinen besonderen Status, sondern den gleichen wie etwa Greenpeace oder Amnesty International – die Generalversammlung bleibt uns damit verwehrt.« Es klingt fast verständnisvoll, schließlich akzeptiert Henriksen das diplomatische Regelwerk. »Wir Indigene werben seit Jahrzehnten auf der Grundlage von Völkerrecht und Diplomatie für unsere Angelegenheiten«, versichert der Jurist. »Die Tatsache, dass wir uns friedlich innerhalb der UNO engagieren, zeigt, dass wir akzeptable Lösungen innerhalb akzeptierter Normen suchen.« Man könnte auch sagen: In vielen Ländern ist das Völkerrecht mit seinen Menschenrechtsnormen und Minderheitenklauseln der beste, wenn nicht gar der einzige Freund der Urbevölkerung. »Wir Samen haben Glück und leben in einem demokratischen Staat mit funktionierendem Rechtssystem«, räumt Henriksen ein. »Andere Indigene werden regelmäßig daran gehindert, zur UNO nach New York zu kommen.«

Wenn man weniger diplomatisch ist als John Bernhard Henriksen, dann kann man sich wundern, dass Massai und Maori, Amuzgo und Aborigenees, Sioux und eben Samen überhaupt im Rahmen der UNO aktiv sind – und ebenso, dass man sie lässt. Schließlich ist die 1945 gegründete UNO in gewisser Hinsicht eine Vereinigung auch jener Nationen, die ihre Existenz und meist auch ihren Wohlstand der Tatsache verdanken, dass sie die indigene Bevölkerung bekriegt, besiegt und enteignet haben. Land und Ressourcen gehörten einst den indigenen Völkern, bevor die Eroberer sie ihnen entrissen. Die Nachfolger dieser Eroberer sitzen heute mit vollem Stimmrecht in der Generalversammlung, während die Enteigneten nur die 14. Auflage des Ständigen Forums für indigene Angelegenheiten eröffnen dürfen.

Der Same Henriksen ist nicht der Einzige, der dazu in seiner Tracht erschienen ist. Farbenfrohe Umhänge und Tücher, Hüte und kunstvolle Federarrangements, Tattoos und Körperschmuck sind allgegenwärtig. Die prächtige Eröffnungsfeier zeigt, wie vielfältig die Versammelten sind. Tatsächlich war es für die UN-Völkerrechtler eines der größten Probleme, den Begriff des »Indigenen« zu definieren. Mehr als 20 Jahre wurde in New York und anderswo darüber debattiert. Dass die UN-Vollversammlung am 13. September 2007 die »Erklärung der Vereinten Nationen über die Rechte indigener Völker« verabschieden konnte, ist wohl auch der Tatsache zu verdanken, dass man zum Schluss darauf verzichtete, den Begriff exakt zu definieren. Die indigenen Völker werden dort sowohl mit Hinweis auf ihr gemeinsames historisches Schicksal als auch in Abgrenzung zu anderen ethnischen Minderheiten als in besonderer Weise mit ihrem ursprünglichen Land verbunden beschrieben. Die Erklärung verbrieft den Ureinwohnern Rechte auf das Land, das sie traditionell besessen, innegehabt oder genutzt haben – es muss entweder zurückgegeben werden, oder die indigene Bevölkerung muss angemessen entschädigt werden. Nur vier Nationen stimmten damals gegen die UN-Erklärung: Australien, die USA, Kanada und Neuseeland – vier Nationen, die diese Klausel vermutlich teuer zu stehen gekommen wäre. Auch das Ständige Forum verdankt seine Existenz dem 2007 geschlossenen Abkommen, das auch das Recht auf kommunale Selbstbestimmung, die Bewahrung eigener Institutionen und kultureller Traditionen, Zugang und Schutz zu religiösen Kultstätten sowie Gebrauch und Pflege der eigenen Sprache garantiert. Ein im Grunde sensationelles Abkommen, das die Beziehung zwischen den einst Eroberten und den einstigen Eroberern auf eine neue, nahezu gleichberechtigte Grundlage stellte. In vielen Staaten steht die Erklärung aber bis heute nur auf dem Papier. Nationen, die damals zustimmten, sind heute erbitterte Gegner der Indigenenrechte – Russland oder China etwa. In anderen Staaten wiederum waren wesentliche Bestandteile des Abkommens 2007 bereits umgesetzt. So auch in Norwegen.

Als Aili Keskitalo in der nordnorwegischen Stadt Karasjok aufwuchs, wurde in der Schule bereits Sami unterrichtet. »Und das war gut so, denn meine Eltern hatten mir zu Hause nur Norwegisch beigebracht«, lacht die inzwischen 46-jährige Präsidentin des Sami-Parlaments, die höchste Repräsentantin ihres Volkes. Aili Keskitalo lacht viel und gern, auch darüber, dass sie Samin quasi erst auf dem zweiten Bildungsweg geworden ist. Vater und Mutter, beide Lehrer, hatten Angst, ihrer Tochter zwei Sprachen gleichzeitig beizubringen. Und womöglich hing ihnen noch Spott und Häme nach, die in ihrer Generation vielen Samen entgegenschlug. Same zu sein, das war ein Makel, etwas, wofür man sich schämen musste. Das ist heute anders, aber das Stigma von früher hängt den Samen noch nach. »Die Unterdrückung, die Generationen von Samen erleiden mussten, schüttelt man nicht einfach ab«, glaubt Keskitalo. Vor allem in der Schule sei das zu spüren, denn Unterricht sei von der Regierung in Oslo lange als Werkzeug zur Assimilierung, zur »Norwegisierung« der Minderheiten genutzt worden. »Aus dieser Tradition heraus will der Nationalstaat bis heute die Bildungsrichtlinien auch für Samen diktieren, aber wir sind fest entschlossen, das Bildungssystem zu dekolonisieren.« Fühlen die Samen sich denn immer noch kolonisiert? »Ich würde sagen: Selbst wenn Kolonisierung nicht mehr die offizielle Politik in Oslo ist, sind die Folgen bei Behördengängen oder anderen offiziellen Vorgängen immer noch spürbar. Man stellt koloniale Einstellungen nicht einfach mit einem Klick ab, sondern man muss eine wirklich effektive Politik verfolgen, die die Folgen der früheren Politik bekämpft – und da sind wir noch nicht.«

Kämpferisch ist Aili Keskitalo, die bereits zum zweiten Mal zur Präsidentin des Sami-Parlaments gewählt wurde – daran besteht kein Zweifel. Und auch die Sami-Bewegung als Ganze ist aus einem Kampf geboren worden, weiß Rune Fjellheim, der Chef der samischen Verwaltung mit mehr als 140 Angestellten. »Den Durchbruch haben wir erreicht, als wir uns Ende der 1970er, Anfang der 1980er Jahre gegen ein riesiges Wasserkraftwerk gewehrt haben, für das der Fluss Alta gestaut werden sollte. Zu Beginn der Auseinandersetzung waren die Samen noch in unterschiedlichen Interessensverbänden organisiert, aber im Laufe der Auseinandersetzung haben wir gemerkt, wie diese Verbände von der norwegischen Politik gegeneinander ausgespielt wurden.« Szenen wie die in Alta hatte Norwegen seit dem Zweiten Weltkrieg nicht gesehen. Hundertschaften der Polizei gingen gegen Samen vor, die mit Sitzstreiks gegen die Überflutung ihrer Dörfer und Weideflächen demonstrierten. Einmal ketteten sich mehr als 1000 Samen an den Bauzäunen fest, ein anderes Mal trat eine Gruppe aus Protest in den Hungerstreik. 1982 versuchten zwei militante Aktivisten, eine Brücke in die Luft zu sprengen, um so den Bau des Alta-Kraftwerks zu verhindern – einer starb, der andere wurde schwer verletzt und landete im Gefängnis. Zeitweise war jeder zehnte Polizist in der entlegenen Region stationiert, um weitere Proteste zu verhindern. Die Samen beriefen sich bei ihren Protesten unter anderem auf einen Vertrag, den Schweden und Norwegen bereits 1751 geschlossen hatten und der den Samen Landrechte garantierte. Schnell ging es nicht mehr nur um die Zerstörung der Natur in der Alta-Region, sondern um die Rechte einer jahrhundertelang unterdrückten Minderheit. Die Fahne, die die Demonstranten am Bauzaun hissten, wurde – kaum verändert – später zur Fahne, die heute vor dem Sami-Parlament in Karasjok weht.

Der mehr als ein Jahrzehnt währende Protest schweißte die Samen nicht nur nach innen zusammen, obwohl das Kraftwerk schließlich gebaut wurde. Auch im übrigen Norwegen unterstützten immer mehr Menschen die Rechte der Urbevölkerung im Norden. Als die Idee eines Parlaments entstand, gewählt von allen Samen, in dem um die gemeinsame Position des Volks gerungen werden sollte, da war auch der Rest des Landes mehrheitlich dafür. »Die Auseinandersetzung um das Wasserkraftwerk in Alta zeigte ganz Norwegen, welche Probleme wir hatten, und deshalb unterstützte man unsere Forderung nach einem eigenen Parlament«, sagt Fjellheim. In Umfragen sprachen sich auch Norweger, die weit im Süden wohnten, dafür aus. Für die Samen ist das Parlament bis heute zur internen Willensbildung notwendig, betont Fjellheim. »Wir sind eine Gesellschaft wie andere auch, wir haben unterschiedliche Ansichten zu beinahe allen Themen.« Im Parlament sitzen deshalb 39 Mitglieder aller Schattierungen, von der sozialdemokratisch geprägten Sami-Gemeinschaft, die derzeit regiert, bis hin zu Vertretern der Rentierhirten oder auch der rechtsnationalen Fortschrittspartei, die auf nationaler Ebene die Abschaffung des Sami-Parlaments fordert. Im Parlamentsgebäude von Karasjok, wo die Abgeordneten sechs bis sieben Mal im Jahr zusammentreffen, wird entsprechend heftig diskutiert. Doch wenn abgestimmt worden ist, spricht die fünfköpfige Exekutive mit Aili Keskitalo an der Spitze für die Samen mit einer Stimme. »In der norwegischen Verfassung ist uns ein Beratungsrecht mit der Regierung in Oslo garantiert für alle Belange, die wir für uns relevant halten«, erklärt Fjellheim das Verfahren. »Und in vielleicht 95 Prozent der Fälle ist es so, dass die Vertreter des Sami-Parlaments eine für beide Seiten tragbare Lösung finden. Oft sind Oslo unsere Bedenken schlicht nicht bewusst, und man reagiert umgehend.« In den Fällen, in denen es keine Einigung gibt, haben die Samen das Recht, ihre Position vor dem norwegischen Parlament darzulegen. Dafür müssen sie die Entscheidung, die dort letztendlich getroffen wird, akzeptieren. »Ein großes Thema war das Rohstoffgesetz, das 2009 beschlossen wurde: Wir waren bis zuletzt dagegen, aber es wurde dennoch verabschiedet – obwohl wir wirklich große Bedenken haben, denn der Rohstoffabbau kollidiert meistens sehr mit unserer traditionellen Lebensweise.«

An solch einem Punkt stellt sich fast zwangsläufig die Frage, warum die Samen sich nicht für einen anderen Weg entschieden haben: den der Separation. In einer eigenen Nation müssten die Samen sich nicht darum scheren, was die norwegische Bevölkerungsmehrheit auf ihre Kosten durchdrücken möchte. Doch Fjellheim winkt ab. »Man hat uns mal vorgeworfen, eine Abspaltungsagenda zu verfolgen, aber ganz ehrlich: Ich kenne niemanden, der einen eigenständigen Samenstaat möchte.« Vielleicht liegt das daran, dass die halbnomadischen Samen sehr weit über das Land verstreut leben. »Einige Zehntausend Samen leben in Gegenden, die gut 40 Prozent der norwegischen Landmasse ausmachen, da wäre ein Staat weder praktikabel noch hilfreich, um unsere Ziele zu erreichen«, sagt Fjellheim. Vielleicht liegt es auch daran, dass die Samen mit Grenzen nichts Gutes verbinden. Für Rentierhirten im Norden Europas spielten Grenzen nie eine Rolle. Sapmi nennen die Samen ihre Heimat, die von der Kolahalbinsel im Osten bis zur Norwegischen See reicht. Als der deutsch-schwedische Gelehrte Johannes Scheffer 1673 die erste akkurate Karte von »Lappland« zeichnete, wie er Sapmi taufte, waren Flussläufe, Seen, Wälder und Berge akkurat verzeichnet – nur keine Grenzen. Die Kolonisierung des arktischen Nordens hatte da gerade erst begonnen.

Die Wurzeln der Samen, die lange Lappen genannt wurden, reichen Jahrtausende zurück: Sami-Gräber, die im Varangerfjord gefunden wurden, werden auf das Jahr 800 vor unserer Zeitrechnung datiert. Felsritzungen in der Nähe von Alta, die ebenfalls den Samen zugeschrieben werden, sind noch älter und stammen teils aus dem Jahr 4200 vor unserer Zeitrechnung. Vor diesem Hintergrund erscheint es vielen Samen nur als historischer Zufall, dass ihr Volk heute in vier Nationalstaaten lebt. Zudem gibt es mittlerweile nicht nur in Norwegen, sondern auch in Schweden und Finnland Sami-Parlamente, die zusammenarbeiten. Schwieriger ist die Zusammenarbeit mit der samischen Minderheit in Russland, die zu Sowjetzeiten unterdrückt und teils zwangsumgesiedelt wurde. »Wir würden eher weniger als mehr Grenzen haben wollen«, urteilt Parlamentspräsidentin Aili Keskitalo. »Und wir glauben, dass wir als ein Volk auch in vier verschiedenen Nationen handeln könnten, wenn die Nationalstaaten nur ein wenig ihren Griff lockern würden.« Oft gehe es dabei um ganz praktische Probleme, etwa um Schulbücher. Zwar gibt es nicht die eine gemeinsame Sprache aller Samen, aber die Sprachen sind ähnlich genug, dass sich alle verständigen können. »Wir würden deshalb gerne einheitliche Bücher für alle samischsprachigen Schulen drucken, einfach weil das wirtschaftlicher wäre, doch die einzelnen Nationalstaaten untersagen uns das, weil sie auf ihrer Bildungshoheit bestehen.«

Schließlich könnte der Unwillen zur Sezession auch schlicht darin begründet sein, dass es im Moment für die Samen ziemlich gut läuft. »Wir bestehen prinzipiell darauf, dass wir mit der norwegischen Regierung auf Augenhöhe verhandeln«, betont der Außenbeauftragte John Henriksen. »Wir Samen haben genau das gleiche Recht auf Selbstbestimmung wie das norwegische Volk auch. Wir haben uns nur entschieden, es auf andere Art und Weise auszuüben.« Die Chancen stehen gut, dass der Einfluss der Samen selbst auf globaler Ebene weiter wachsen wird. Das Ergebnis der Weltkonferenz indigener Völker von 2014 sieht Henriksen als neuerlichen Durchbruch, vielleicht den größten seit Verabschiedung der »Erklärung über die Rechte indigener Völker«. So soll der UN-Menschenrechtsrat in Genf einen für Außenstehende schwer durchschaubaren Expertenmechanismus für indigene Völker zu einem wirksamen Kontrollmechanismus für die Umsetzung der Rechte von Ureinwohnern ausbauen. »Allein die Ankündigung bedeutet aus meiner Sicht, dass die Nationalstaaten die 2007 verabschiedeten Rechte indigener Völker nicht als pure Absichtserklärung verstehen, sondern als ein bindendes und verpflichtendes Instrument.« Das aber würde bedeuten: Indigene Völker wären den Nationalstaaten weitgehend gleichgestellt – mit Ausnahme der vollen UN-Mitgliedschaft mit Stimmrecht. »Weil die meisten von uns wissen, dass so eine Forderung nicht durchsetzbar wäre, werben wir für den permanenten Beobachterstatus.« Den haben etwa auch der Vatikanstaat oder Palästina. Gemeinsam ist allen diesen Forderungen der Versuch, sich gegen Unterdrückung durch den Nationalstaat zu schützen. Die globale Staatengemeinschaft gilt als wichtigster Garant gegen Nationalisten oder andere Despoten, die indigene Minderheiten unterdrücken und erneut ins Abseits drängen könnten. Selbst für die Samen im demokratischen Musterstaat Norwegen bieten UN-Abkommen Sicherheit für schlechtere Zeiten, in denen ihnen vielleicht nicht mehr so viel Sympathie entgegenschlägt wie heute.

Es ist womöglich diese gemeinsame Furcht, die dazu führt, dass die Vertreter indigener Völker aus allen Weltregionen sich trotz oft gegensätzlicher Positionen so viel näher zu stehen scheinen als die Mitglieder der UN-Generalversammlung. »Wir haben gemeinsam eine Menge auf internationaler Ebene erreicht, und das haben wir geschafft, indem wir der Taktik des ›Teilens und Herrschens‹ unsere eigene Taktik der Solidarität entgegengesetzt haben«, glaubt Henriksen. »Wir sind alle Außenseiter bei den UN, echte Underdogs, wir haben keinen formalen Status, unsere Stärke besteht einzig im konkreten Fall, den wir präsentieren. Wir haben einen soliden Fall, den wir hier zu den UN bringen, und im Gegenzug ernten wir von Vertretern den Nationalstaaten und den UN selbst den verdienten

Respekt.« Henriksen setzt auf Substanz und Verlässlichkeit, um die indigene Sache zum Erfolg zu führen. Es ist eine Kärrnerarbeit, da macht er sich keine Illusionen. »Viele Errungenschaften werde ich nicht mehr erleben, aber ich hoffe, Bausteine zu schaffen, mit denen die nächsten Generationen etwas anfangen können.« Die Nationalstaaten hätten Hunderte Jahre dafür gebraucht, ein System aufzubauen, das die indigene Bevölkerung marginalisere. »Es wird genauso lange dauern, das rückgängig zu machen – ich erwarte also keine schnellen Lösungen.«

Dabei drängt die Zeit, jedenfalls wenn man Aili Keskitalo zuhört. »Es ist, als ob man rennt und rennt und versucht, etwas zu fangen, aber dieses Etwas ist einfach schneller als wir. Wir bewegen uns vorwärts, aber vielleicht nicht schnell genug.« Da ist etwa der Klimawandel, der die traditionell lebenden Samen direkt betrifft. »Der Ozean wird wärmer, die Fische wandern vollkommen anders als früher. Manche Fischarten verschwinden, andere, die wir früher gar nicht kannten, kommen hinzu.« Auch an Land wächst der Druck, vor allem auf diejenigen, die Rentiere durch die weite Landschaft treiben. »Die norwegische Regierung will im hohen Norden weitere Einkommensquellen jenseits von Öl und Gas erschließen, das heißt vor allem die Förderung von Rohstoffen.« Ganze Areale könnten eingezäunt werden und für die Rentierherden verloren gehen – Herden, die besonders weit getrieben werden müssen, weil die karge Landschaft im hohen Norden so wenig Nahrung hergibt. Manche Samen sehen das als Chance. Sie glauben, dass der Rohstoffabbau im Norden die Zukunft bedeuten könnte. »Das Parlament wird abwägen müssen, was schwerer wiegt: die wirtschaftlichen Chancen oder die Gefahren, die uns Samen durch die mögliche Verschmutzung von Natur und Umwelt drohen«, glaubt Rune Fjellheim. Ein Rohstoffunternehmen etwa will den Abraum aus seiner Mine direkt in einen nahen Fjord leiten, der dann für Fischer unbenutzbar wäre – ein Fall von mehreren. »Das ist eine heiße Debatte, intern und in ganz Norwegen, und ich wage nicht vorherzusagen, wie das Parlament sich entscheiden wird.«

An einem zweifelt Fjellheim aber nicht: daran, dass die Entscheidung des Sami-Parlaments Bedeutung trägt, obwohl das norwegische Rohstoffgesetz dem norwegischen Staat das letzte Wort einräumt. »Eines der größten Rohstoffunternehmen der Welt, Rio

Tinto, hat in den 1990er Jahren von der norwegischen Regierung die Genehmigung bekommen, im Norden nach Diamanten zu suchen«, erinnert sich Fjellheim. »Und dann kamen sie hierher, und wir haben uns mit ihnen getroffen. Rio Tinto sagte: ›Wir haben all die nötigen Genehmigungen.‹ Und wir sagten: ›Das mag sein, aber wenn ihr euch nicht mit uns einigt, dann werden wir euch behindern, wo immer wir können, und zwar so lange, bis unsere Besitzrechte an den Bodenschätzen im Norden Norwegens anerkannt sind.‹« Vielleicht war es die Erinnerung an die Alta-Proteste. Auf jeden Fall kamen irgendwann die zuständigen Direktoren von Rio Tinto zu den Samen gereist. »Wir haben ihnen unseren Fall erklärt und gesagt, dass wir mit dem, was Oslo versprochen hat, nicht einverstanden sind. Und sie haben eingesehen, dass unsere politische Kraft ausreicht, um ihr Vorhaben zu erschweren.« Rio Tinto zog ab. »Und sie sind bis heute nicht zurückgekehrt, weil wir uns mit der norwegischen Regierung noch nicht über die Eigentumsrechte an den Bodenschätzen des Nordens geeinigt haben.« Für Fjellheim sind Gesetze eben nur ein Teil der politischen Realität. »Wenn dein Fall wirklich schlüssig ist und deine Stimme laut genug, dann kannst du dein Ziel durchsetzen, ganz egal ob irgendein Gesetz formal etwas anderes besagt.«

Die laute Stimme der Samen, die in ganz Norwegen gehört wird, ist dabei kein Zufall und schon gar nicht selbstverständlich. »Als Präsidentin des Sami-Parlaments muss ich zwei Aufgaben gleichzeitig erfüllen«, weiß Aili Keskitalo. »Einerseits repräsentiere ich die Samen in der norwegischen Öffentlichkeit und darüber hinaus, und andererseits muss ich versuchen, den politischen Diskurs bei den Samen selber anzuführen und uns zu helfen, Lösungen zu finden. Mein Motto ist: Wir sind so wenige, wir müssen es selber machen, niemand anderes tut es für uns.« Das Selbstbild der Samen müsse aufgebaut und erhalten werden wie das jeder anderen Institution, meint Rune Fjellheim. »Ich glaube, dass das Sami-Parlament in dieser Hinsicht sehr erfolgreich ist: Wir sind wieder stolz auf unsere Herkunft und haben ein Selbstbild, nach dem wir nicht mehr und nicht weniger wert sind als andere auf der Welt.« Der Stolz, Same zu sein, ist eine politische Währung, und Politiker wie Keskitalo oder Fjellheim wissen sie zu nutzen. Weder in Schweden noch in Finnland, geschweige denn in Russland, haben die Samen so viel Einfluss. 2006 etwa beschloss das Parlament in Oslo das Finnmark-Gesetz, das die Übertragung von 50 000 Quadratkilometern Staatsland in der nördlichen Region an eine Agentur festschreibt, die vom Staat Norwegen und dem Sami-Parlament gemeinsam getragen wird. »Das ist immerhin eine Fläche von der Größe Dänemarks«, freut sich Fjellheim. »Eigentum und Verwaltung liegen jetzt mit in unserer Hand, das ist schon sehr substanziell.« Eine Kommission bemüht sich derzeit, vorrangige Besitzverhältnisse etwa von Sami-Kommunen oder Sami-Familien zu klären. Alles in allem ein Sieg für die Samen, den sie aufgrund ihrer politischen, nicht ihrer tatsächlichen Größe erreicht haben.

Wie viele Samen in Norwegen heute leben, ist ungewiss. Der Staat erfasst das nicht. Fjellheims Schätzungen liegen bei 60 000 bis 70 000, andere gehen eher von 40 000 aus. Das Sami-Parlament wird von denen gewählt, die sich freiwillig auf eine Wählerliste setzen lassen – zuletzt waren das gut 16 000 Personen. Von denen wiederum haben beim letzten Mal 75 Prozent auch tatsächlich ihre Stimme abgegeben. Womöglich mehr als 50 000 Samen beteiligen sich dagegen nicht an ihren eigenen Institutionen. Woran das liegt? Viele Samen verstünden sich nach Generationen der Assimilierungspolitik schlicht als Norweger, klagt Aili Keskitalo. »Wir haben ganze Generationen verloren, und es ist wirklich traurig, wenn man darüber nachdenkt«, sagt sie. »Gerade an der Küste Nordnorwegens gibt es so viele, die samische Wurzeln haben, es aber selbst gar nicht wissen. Ihre Eltern und Großeltern haben es ihnen schlicht verschwiegen. So war das früher: Man sprach nicht über die samische Herkunft.« Bis heute, glaubt Keskitalo, ist es für samische Familien schwer, sich zu ihrer Herkunft zu bekennen. Am meisten zeige sich das, wenn man Kinder habe. »Wenn du der Gesellschaft nicht hundertprozentig vertraust, dass sie deine Entscheidung mitträgt, etwa die, deine Kinder in samischer Sprache aufzuziehen, dann ist es besonders schwer, eine so weitreichende Entscheidung zu treffen.« Auch das will Keskitalo als Parlamentspräsidentin erreichen: den samischen Alltag erleichtern und die Entscheidung, voll und ganz Same zu sein.

Doch selbst die, die sich entschieden haben, stehen vor schweren Entscheidungen. Seit Jahren steigt die Selbstmordrate innerhalb der samischen Gemeinschaft. »Vor allem junge Männer, deren

Väter Rentierhirten sind und die diese Tradition fortsetzen wollen, bringen sich um«, sagt Keskitalo. Ihre Stimme stockt, sie sucht nach den richtigen Worten. »Ich glaube, dass sie irgendwo auf diesem Weg den Glauben an die Zukunft verlieren und nicht wissen, wie sie die Rentierherden weiter versorgen sollen. Und dann geben sie auf und tun sich etwas an.« Kaum ein Erwerbszweig ist samischer als der der Rentierhirten. Anders als bei den Samen, die in den Städten groß werden, sind innere Identitätskonflikte rar. Doch dafür trifft die Modernisierung die Halbnomaden mehr als irgendjemanden sonst. »Gut jeder zehnte Same hat irgendwie mit den Rentierherden zu tun«, weiß Rune Fjellheim, selbst der Sohn von Rentierhirten. »Es stimmt, dass Samen alle möglichen Berufe ausüben: Ärzte, Lehrer, Ökonomen. Aber es gibt auch Rentierhirten, und das ist ein Beruf, der nicht einfach nur aus Tradition besteht oder rückwärtsgewandt ist.« Solchen Vorwürfen sähen die Hirten sich zwar permanent ausgesetzt, doch zu Unrecht, meint er. »Ich komme aus einer Gegend, in der irgendwann Kupfer gefunden und abgebaut wurde. Damals hat man den Rentierhirten gesagt: ›Verschwindet, ihr steht dem Fortschritt im Weg.‹ Inzwischen sind die Kupferminen längst geschlossen, aber die Rentierherden sind immer noch da.« Und im Gegensatz zu anderen Berufszweigen genießen die Samen als Rentierhirten einen speziellen Schutz: Nur sie dürfen diesen Beruf ausüben, auch deshalb, weil niemand sonst wüsste, wie. »Wir müssen diesen Beruf einfach cleverer verkaufen, deutlich machen, dass wir es hier mit einer nachhaltigen und zukunftsfähigen Branche zu tun haben.« Auch hier glaubt Fjellheim an die Macht der Darstellung, so wie in der Politik.

Unter den anderen Indigenen, die sich für zwei Wochen in New York zusammenfinden, gelten die Samen als Vorbilder. Und selbst UN-Beamte, die mit indigenen Fragen nichts zu tun haben, fragen in der Kantine an der First Avenue offen, warum im Osten der Ukraine oder selbst in Katalonien oder Schottland nicht eine Lösung möglich ist wie im hohen Norden Europas: ein Volk mit eigenem Parlament und nahezu allen staatlichen Privilegien, nur eben ohne Staatsgebiet. Könnten Separatisten nicht viel von den Samen lernen? »Wir können alle voneinander lernen«, sagt John Bernhard Henriksen, und es klingt gewohnt diplomatisch. »Ob unser Modell auf andere Situationen anwendbar ist: Ich weiß es nicht. Das muss jedes Volk für sich entscheiden. Unsere Umstände passen womöglich einfach nicht zur Realität anderswo.« Was wäre, wenn in Norwegen eine Regierung an die Macht käme, die die Samen erneut massiv unterdrücken würde? Oder, wahrscheinlicher: dem Sami-Parlament schlicht den Geldhahn zudrehen würde, denn das ist auf Zuweisungen aus Oslo angewiesen, die jährlich vom Parlament beschlossen werden müssen? »Es wäre schwer vorstellbar, dass unser Weg ohne Demokratie und Rechtsstaatlichkeit noch funktionieren könnte«, gibt Henriksen zu. Dann griffe vermutlich der Satz, dass alle Völker das gleiche Recht auf Selbstbestimmung haben. »Und wir haben ja noch die Moskitos im Norden: Die nennen wir scherzhaft die samische Luftwaffe«, schmunzelt Henriksen. Auch ihretwegen ist es schwer vorstellbar, dass die Samen eines Tages von einem anderen Volk überrannt werden. Doch sicher kann man nicht sein.

Als Henriksen in seiner Tracht ins UN-Hauptgebäude schreitet, bleibt er kurz vor der »Non-Violence«-Skulptur neben dem Haupteingang stehen: einer Pistole, deren Lauf verknotet ist. Der Schwede Carl Fredrik Reuterswärd hat sie gegossen, nachdem sein Freund John Lennon erschossen wurde. »Diese Skulptur ist ein sehr gutes Symbol dafür, wie wir indigenen Völker unsere Souveränität erreichen wollen: durch Verhandlungen, friedlich, unter dem Schutz der Völkergemeinschaft.« Im Gegenzug, da ist Henriksen sicher, wird diese Völkergemeinschaft im Ernstfall den Völkern beistehen, auf deren Ländern viele UN-Mitgliedsstaaten ihre Nationen errichtet haben.

Abschied von der alten Welt

Marc Engelhardt

Separatisten haben viele Unterstützer. Erfahrene Diplomaten und Völkerrechtler bieten ihnen ihre Dienste an. Philosophen geben ihnen moralische Rückendeckung. Auf der anderen Seite gibt es bis heute Völker, die unter Kolonialherrschaft leiden – und terroristische Staatsgründer, die ihrerseits Leid verbreiten. Die alte Weltordnung wackelt, bis zu einer neuen ist es aber noch ein langer Weg.

Wer in der sechsten Etage des ehemaligen Industriebaus in Downtown Manhattan auf Carne Ross wartet, verfolgt offensichtlich eindeutige Interessen. Im Regal neben den breiten Sesseln steht ein voluminöses Buch über »Die Schaffung von Staaten im Völkerrecht« neben einer Box, auf der dick die Aufschrift »magischer Diplomatenkoffer« prangt. »Catalunya!«, Katalonien, steht auf einem Bildband daneben. Repräsentanten der »Sudanesischen Volksbefreiungsarmee« haben hier schon gewartet, der Gruppe, die heute die Regierung im Südsudan stellt; Mitglieder der völkerrechtlich nicht anerkannten Regierung von Somaliland, Kämpfer der westsaharischen Befreiungsbewegung Frente Polisario und auch katalanische Nationalisten. »Jede demokratische Entität, die von den diplomatischen Verhandlungen über ihre eigene Zukunft ausgeschlossen ist, kann unser Kunde werden«, versichert Ross, ein jungenhaft wirkender Endvierziger mit Krawatte, Anzugweste und kurzgeschorenem Haar. Zu den Lachfalten neben seinen Augen passt sein breites, ehrliches Lächeln. Ross ist erfahrener Diplomat. Für Großbritannien hat er im UN-Sicherheitsrat gesessen. Doch inzwischen vertritt er ganz andere Klienten. Er und seine »Independent Diplomats«, Unabhängige Diplomaten, sind käuflich, allerdings nur für eine gerechte Sache, versichert er. »Unsere Kunden müssen demokratisch legitimiert sein und die Menschenrechte einhalten, dazu verpflichten wir sie vertraglich, bevor wir unsere Arbeit aufnehmen.« Und weil viele dieser Kunden aus den ärmsten Staaten der Welt stammen, arbeitet Ross oft genug zum Nulltarif. Auch deshalb sind die »Independent Diplomats« auf Spenden von Stiftungen oder Staaten wie der Schweiz oder Norwegen angewiesen.

Dass Ross seine Dienste und die anderer ehemaliger Diplomaten und hoch spezialisierter Völkerrechtler Separatisten und auch diplomatisch unterbesetzten Staaten anbietet, ist eigentlich Zufall. Im Dezember 1997 wechselte der noch junge Diplomat von der britischen Botschaft in Bonn zur Vertretung in New York. Als Experte für den Mittleren Osten war er für Afghanistan und den Irak zuständig. 2003, Ross war gerade von New York in den Kosovo versetzt worden, marschierten US-amerikanische und britische Einheiten im Irak ein. Angeblich, um den damaligen Herrscher Saddam Hussein am Einsatz von Massenvernichtungswaffen zu hindern. Doch Ross sagte 2004 vor einer britischen Untersuchungskommission aus, dass zu seiner Zeit im Sicherheitsrat weder die USA noch Großbritannien Informationen über angebliche Massenvernichtungswaffen gehabt hätten. Mit dieser Aussage war seine Karriere im britischen Foreign Service beendet. »Ich suchte also Arbeit und habe dem kosovarischen Premierminister angeboten, als diplomatischer Berater für ihn zu arbeiten, und er hat mich dankend genommen.« Noch im selben Jahr gründete Ross die »Independent Diplomats«. »Die gewählte Regierung im Kosovo hatte keinerlei Mitspracherecht in den diplomatischen Prozessen, die die Zukunft ihres eigenen Landes bestimmen sollten«, erinnert er sich. »Das sorgte weder für Frieden noch für Stabilität. Und dann habe ich mich zurückerinnert, und mir fiel auf: Wenn der UN-Sicherheitsrat über irgendeine Krise beriet, dann konnte man fast immer sicher sein, dass eine Partei nicht mit am Tisch sitzen würde: die, um die es ging, egal ob Palästinenser, Iraker, Osttimoresen oder Kosovaren.« Das zu ändern, wurde Ross' Ziel – und ist es bis heute.

Dass eine Unabhängigkeitsbewegung oder eine Urbevölkerung einen eigenen Chefdiplomaten besitzt wie etwa die Samen, ist laut Ross die absolute Ausnahme. Wer den friedlichen Weg zur Souveränität beschreiten wolle, wie ihn auch der Sami-Diplomat

John Henriksen skizziert, brauche Hilfe. »Wir ›Independent Diplomats‹ haben keine eigene politische Agenda«, versichert Ross. »Wir helfen unseren Kunden nur, ihre eigenen Ziele innerhalb des diplomatischen Systems so klar wie möglich zu definieren und zu vertreten. Wir erklären ihnen, wie Diplomatie funktioniert und wo und wie sie ihre Argumente am besten platzieren müssen.« Oft gehe es dabei um ganz einfache Dinge. »Viele Länder oder politische Bewegungen glauben, dass sie ihr Anliegen nicht erklären müssen und dass Regierungen selbst in weit entfernten Ländern automatisch verstehen, worum es ihnen geht. Aber das tun sie nicht. Man muss hingehen und es ihnen erklären, und zwar einem nach dem anderen. Das ist die Voraussetzung, um Verständnis und Unterstützung zu gewinnen.« Rebellen hätten eben meist keine Botschafter und keinerlei diplomatische Erfahrung, die aber dringend nötig seien. »Viele von ihnen sind sehr kluge Leute, aber erst wir können es ihnen ermöglichen, in so abgeschottete Orte vorzudringen wie den UN-Sicherheitsrat.« Das, glaubt Ross, ist wichtig, denn wie Henriksen sieht auch er die Staatengemeinschaft als einzigen Akteur, der die Unabhängigkeit eines neuen Staates garantieren kann. »Einzelne Staaten wollen natürlich die Bildung neuer Staaten verhindern, denn schließlich entstehen neue Staaten auf den Ruinen der bisherigen – und wer stimmt schon gerne für seinen eigenen Untergang«, sagt Ross lächelnd. Als Ganzes indes stehe die Weltgemeinschaft übergeordneten Zielen und früheren Beschlüssen aufgeschlossen gegenüber. Schließlich beginnt der 1966 beschlossene UN-Zivilpakt mit dem Satz: »Alle Völker haben das Recht auf Selbstbestimmung.«

Für Ross ist Selbstbestimmung dann legitim, wenn die Forderung von Separatisten eine demokratische Basis hat und auf dem Verhandlungsweg durchgesetzt werden soll. Gewalt oder Einfluss einer ausländischen Macht lehnt er dagegen ab. »Deshalb halte ich den Wunsch nach Selbstbestimmung in Katalonien oder Schottland für legitim, während ich das im Osten der Ukraine nicht so sehe.« Verhandlungsbereitschaft fordert der unabhängige Diplomat dabei nicht nur von den Separatisten, sondern auch von ihren Gegenübern. »Die Tendenz seit dem Anschlag vom 11. September 2001, dass mit einer riesigen Gruppe von Akteuren einfach gar nicht mehr verhandelt wird, schafft weder Sicherheit noch

Frieden auf der Welt, eher das Gegenteil. Man bombardiert eine Gruppe so lange, bis sie einknickt und sich dem Sieger unterordnet – dieses Konzept funktioniert nicht. Wer mit nichtstaatlichen Gruppen Frieden schließen will, der muss mit ihnen verhandeln.«

1400 Kilometer landeinwärts von New York, an der Washington-Universität von St. Louis, Missouri, beschäftigt sich Professor Christopher Heath Wellman mit ähnlichen Fragen wie Carne Ross. In seiner 2005 erschienenen »Theorie der Sezession« geht der Philosoph noch einen Schritt weiter als der Diplomat Ross. Wer an Selbstbestimmung glaubt, so sein Fazit, der müsse Sezession in fast allen Fällen moralisch befürworten. Nur dann, wenn die Sezession die Funktionalität entweder des neuen oder des »Reststaats« in inakzeptablem Maße einschränke, gelte das nicht – denn dann wäre eine Seite eines funktionalen Staates beraubt. Wellman begründet das mit dem Prinzip der Gruppenautonomie, die er von der individuellen Autonomie ableitet. In einer freiheitlichen Gesellschaft darf der Staat nur in begrenztem Maße in das individuelle Selbstbestimmungsrecht seiner Bürger eingreifen. So könne der Staat Regeln aufstellen, die Bürger davon abhalten, sich gegenseitig zu verletzen, sagt Wellman – etwa dadurch, dass er festlegt, auf welcher Straßenseite der Verkehr rollt. In die Frage, welcher Beschäftigung man nachgeht oder welche Religion man ausübt, dürfe sich die Regierung dagegen nicht einmischen: der Bürger ist darin autonom. Ähnlich verhält es sich für Wellman mit der Frage der Sezession, nur dass diese für die Gruppe als Ganzes entschieden werden muss. »Unterm Strich muss gelten: Wir sollten auf das Recht der Sezession in allen Fällen bestehen, in denen der Respekt für dieses Recht nicht sehr, sehr nachteilige Folgen hätte.«

Doch wie will man das verhindern? Wellman gesteht dem Staat zu, Bedingungen für das Recht auf Sezession festzulegen. »Ein Staat kann das Recht auf Sezession zunächst nur Gruppen einräumen, die eine relevante Größe haben, und außerdem verlangen, dass die Separatisten beweisen, dass sie fähig und willens sind, in einer befriedigenden Art und Weise zu regieren.« Das klingt banaler, als es in der Realität ist: Niemand zweifelt etwa daran, dass die Separatisten in Katalonien eine relevante Größe darstellen. Und dass die katalanischen Separatisten regieren können, beweisen sie im Regionalparlament seit vielen Jahren. Nach Wellmans Ansicht darf die Regierung in Madrid den Katalanen ihre Eigenständigkeit nicht verwehren. Es gibt kein akzeptables Argument, Katalonien eine Volksabstimmung über seine Selbständigkeit zu verweigern. Zwar ist unstrittig, dass das restliche Spanien mit Katalonien einen Verlust erleidet. Doch der wiegt offenkundig nicht schwer genug, wenn Spanien und Katalonien auch als separate Einheiten funktionieren können.

Für Wellman ist indes wichtig, dass die Grenzen eines Sezessionsstaats so gut wie nur irgend möglich die Wünsche der Bürger abbilden. So muss eine politische Spaltung aus seiner Sicht keinesfalls entlang existierender Grenzen geschehen. Kurden etwa könnten ihren kurdischen Staat sehr wohl aus Teilen Iraks, Syriens und der Türkei bilden, meint Wellman. Zu Recht würden diese argumentieren, dass die heute gültigen Grenzen womöglich gerade mit dem Ziel gezogen wurden, die kurdische Bevölkerung in drei Staaten zur Minderheit zu machen anstatt zur Mehrheit in ihrem eigenen Staat. Und auch Dundee, Glasgow, North Lanarkshire und West Dunbartonshire – die vier schottischen Wahlkreise, in denen am 18. September 2014 eine Mehrheit für die Sezession stimmte – könnten und sollten sich nach dieser Auffassung vom Vereinigten Königreich abspalten. Denn im Zentrum steht für Wellman stets das Recht auf Selbstbestimmung, und das gelte für die kleinste Gruppe, die noch einen funktionierenden Staat bilden kann. Sollte es also innerhalb von North Lanarkshire Gemeinden geben, die mehrheitlich gegen die Sezession gestimmt hätten, dürften sich diese wiederum von Neuschottland abspalten oder ihren Verbleib im Vereinigten Königreich erklären. In allen diesen Fällen wird vorausgesetzt, dass alle neuen wie die alten Staaten ihre Funktionen weiterhin erfüllen können. Am Ende dieses Prozesses wäre schließlich die bestmögliche Lösung für die betroffene Bevölkerung gefunden, meint Wellman. Die Landkarte würde zum Flickenteppich wie einst im Mittelalter – doch das ist für Wellman kein Grund, dem Willen zur Selbstbestimmung auch kleinster Gruppen nicht zu entsprechen.

Doch es gibt auch gute Argumente gegen eine neue Kleinstaaterei. Ralf Dahrendorf, der von der Queen geadelte deutsch-britische Soziologe, hielt im September 1994 ein geradezu flammendes Plädoyer für den heterogenen Nationalstaat – und gegen die Sezession, das in der Feststellung gipfelte: »Ein multikulturelles Gemeinwesen ist eine Bewährungsprobe der Freiheit.« Dahrendorf ist sich sicher: Nur der vielfältige, also heterogene Nationalstaat, muss rechtsstaatliche und demokratische Institutionen schaffen – der homogene Nationalstaat dagegen kann, muss aber eben nicht. Ein Staat wie das Vereinigte Königreich, in dem Schotten, Waliser, Engländer, Iren und viele andere Volksgruppen zusammenleben müssen, ist demnach genau deshalb ein demokratischer Rechtsstaat, weil die Interessen dieser Gruppen ständig auf friedlichem Wege austariert werden müssen. Dass es sich bei den Schotten um eine Nation handelt – ein Sprachgebrauch, der im Englischen gängig ist –, stehe dem überhaupt nicht entgegen. Erst wenn Nationalisten Nation und Nationalstaat zur Deckung bringen wollten, entstünden Probleme: »Sie suchen ethnisch homogene Staaten, und auf ihrem Weg fehlt es meist nicht an übermalten Ortsschildern, Angriffen auf Minderheiten, Bomben.« Die fortschreitende Teilung der Staaten in homogene Gebilde, so dass am Ende »eher 1800 als 180 Mitglieder der Vereinten Nationen stehen«, führe zwangsläufig zur Gewalt gegen die vermeintlich Fremden. »Der homogene Nationalstaat steht immer in der Gefahr der Aggression gegenüber Minderheiten und Nachbarn«, so Dahrendorf. »Der heterogene Nationalstaat steht [dagegen] immer vor der Herausforderung der gleichen Rechte für Ungleiche.«

Woran also ist der Südsudan gescheitert, die jüngste Nation der Welt? Ginge es dem Land heute besser, wenn Nuer und Dinka, Nuba und Masalit, Schilluk und Zaghawa alle ihre eigenen Staaten hätten, so wie Wellman empfiehlt? Oder würde der Bürgerkrieg nur noch blutiger zwischen den Bor-, den Rek- und Ngok-Dinka oder anderen Minderheiten toben, wie es Dahrendorf befürchtet? In der realen Welt sind solche Fragen schwer zu beantworten. Zudem bedeutet das von Wellman konstatierte moralische Recht auf Sezession nicht, dass Sezession immer die richtige oder bessere Wahl ist. Wellman selbst sagt von sich, separatistischen Bestrebungen eher ablehnend gegenüberzustehen. Doch was solle man tun, fragt er, wenn etwa eine gute Freundin (schriftstellerisch unbegabt) sich entscheide, ihr bisheriges Leben aufzugeben, um den Roman des Jahrhunderts zu schreiben? Man könne sie warnen, sagt Wellman, man könne Argumente dagegen liefern. Doch abhalten könne man sie letztlich nicht – schlicht weil sie das moralische Recht habe, eine Fehlentscheidung zu treffen. Schließlich sei es ihr Leben. Und nicht anders verhalte es sich mit Gruppen, die sich zur Sezession entschlössen.

Wie vielfältig Separatismus und Unabhängigkeitskampf sind, haben die Kapitel in diesem Buch gezeigt. Einige Sonderfälle sind dabei aber nicht behandelt worden. Da sind zum einen Kolonien, in denen das Recht auf Selbstbestimmung dadurch unterbunden wird, dass die dort lebende Bevölkerung von einem anderen Staat fremdbestimmt wird. 17 solcher Territorien listet das UN-Sonderkomitee für Dekolonisierung auf; mit Ausnahme der britischen Exklave Gibraltar und der von Marokko besetzten Westsahara handelt es sich ausschließlich um entlegene Inseln oder Atolle. Das Schicksal der insgesamt 1,2 Mio. Menschen unter Kolonialherrschaft ist der Weltöffentlichkeit deshalb weitgehend unbekannt. Das gilt unter anderem für die Bevölkerung des Chagos-Archipels zwischen den Malediven und Mauritius mitten im Indischen Ozean, die besonders schwer leidet. Denn vor mehr als 40 Jahren deportierte die britische Kolonialregierung die gesamte Bevölkerung der Inselgruppe, um deren Land an die USA zu verpachten. Die Chagossianer, die bis heute erfolglos für ihre Unabhängigkeit kämpfen, dürfen sich ihrer einstigen Heimat nicht einmal mehr nähern.

Olivier Bancoult ist einer von ihnen. An seine Kindheit auf Peros Banhos, einer der Chagos-Inseln, erinnert er sich bis heute. »Ich höre immer noch den Klang der Kolraba, unserer traditionellen Trommel, die mein Vater mir geschenkt hat, als ich klein war.« Das Instrument liegt bis heute in der Hütte der Bancoults. »Im Frühjahr 1968 wurde meine Schwester krank, die ganze Familie ist daraufhin überstürzt ins Krankenhaus nach Mauritius aufgebrochen«, berichtet er. »Wir haben alles zurückgelassen, wir dachten ja, wir kommen wieder.« Doch weder Olivier noch seine Eltern und Geschwister haben ihre Heimat seitdem wiedergesehen. Wie die meisten Chagossianer, so lebt auch Bancoult heute in Port Louis, der mauritischen Hauptstadt. Seine Erinnerungen sind die an ein Paradies. »Wellen schlugen in die sanft geschwungene Bucht aus strahlend weißem Sand, in der Ferne blitzen Korallenriffe, Fische gab es im Überfluss, und an Land spendeten Kokospalmen Schatten und Früchte, die die Bewohner nur aufheben mussten.« Es sind Bilder, die erklären, warum Olivier Bancoult in seine Heimat zurückkehren will. Er führt den Kampf für ein autonomes Chagos-Archipel an.

Sein Schicksal, das einige Tausend andere Chagossianer ganz ähnlich durchgestanden haben, ist die Geschichte einer zunächst geleugneten und dann verdrängten Vertreibung eines ganzen Volkes. Sie begann zu britischen Kolonialzeiten Anfang der 1960er Jahre, als die Chagos-Inseln noch zur britischen Kolonie Mauritius gehörten. Wer auf einer der gut 60 Inseln lebte und etwas brauchte, das es auf dem entlegenen Archipel nicht gab, der fuhr mit dem Schiff nach Mauritius. Dort blieb man für ein paar Wochen und fuhr wieder zurück. Doch am 12. März 1968 wurde Mauritius unabhängig, und die Chagos-Inseln wurden amerikanisch. Die Militärbasis auf Diego Garcia, der größten Chagos-Insel mit strategisch günstiger Lage und einem weltweit einmaligen Naturhafen, ist heute einer der größten US-Stützpunkte der Welt. Von hier werden Luftangriffe in Afghanistan, dem Irak oder Pakistan geflogen. Lindsey Collen, eine auf Mauritius lebende Schriftstellerin und Frauenrechtlerin, hat die Vorgeschichte der Militärbasis ausgiebig untersucht. Dokumente, von denen viele Jahrzehnte lang in Archiven verstaubten, und persönliche Gespräche belegen, wie die USA und Großbritannien Anfang der 1960er Jahre einen Plan schmiedeten, der aus einem Agentenroman stammen könnte. »Die USA wollten unbedingt eine unbewohnte Insel im Indischen Ozean haben, um von dort aus den Mittleren Osten und die Ölrouten kontrollieren zu können.« Es war mitten im Kalten Krieg. Vorauskommandos der US-Armee schauten sich mehrere britische Kolonialinseln an und entschieden, Diego Garcia sei am besten geeignet. »Da haben die Briten gesagt: Kein Problem, wir gründen einfach eine neue Kolonie, die wir Mauritius nicht mit in die Unabhängigkeit geben.« Der mauritischen Regierung im Wartestand setzten die Briten ein Ultimatum: Entweder schnelle Unabhängigkeit ohne die Chagos-Inseln – oder keine Unabhängigkeit. Über die Dreistigkeit ärgert sich Collen noch heute. »Das war nicht einfach nur illegal, sondern verstößt eindeutig gegen die UN-Charta.«

Doch die Briten setzten sich durch. 1965 wehte über den Chagos-Inseln erstmals die Flagge der »Britischen Territorien im

Indischen Ozean« – das tut sie noch heute. Diego Garcia wurde kurz danach wie vereinbart an die USA verpachtet, auf zunächst 50 Jahre. In einem Brief an die britische Regierung forderte die US-Armeeführung, die Insel sei zu »räumen und danach zu säubern«. Kurzerhand kappten die Briten alle Versorgungsfahrten zu den Inseln. Wie Olivier Bancoults Familie strandeten viele ungewollt auf Mauritius, andere flohen. »Den Sturköpfen, die zum Schluss noch da waren, setzten sie ein Fanal«, weiß Collen. »Die Hunde, die auf Diego Garcia praktisch zur Familie gehörten, wurden zusammengetrieben und vor den Augen der Bevölkerung vergast.« Ab da ging die Angst um: Wenn wir bleiben, geschieht das Gleiche mit uns. Der Öffentlichkeit versicherten britische Diplomaten am Sitz der UN in New York unterdessen, die Inseln seien unbewohnt. Eine Lüge, die London noch jahrzehntelang aufrechterhielt.

Dass Leute wie Collen oder Bancoult die Machenschaften vom Ende der Kolonialzeit in den vergangenen Jahren Stück für Stück aufgedeckt und belegt haben, war nicht vorgesehen. Wäre alles nach Plan gegangen, hätte kein Chagossianer jemals die Chance gehabt, sich zu wehren. Im November 1971 wurden die letzten Vertriebenen am Kai von Port Louis abgeladen. Sie hatten eine wochenlange Reise im Frachtraum hinter sich, wo sie auf Bergen von Naturdünger schlafen mussten. Viele starben auf der Reise, vor allem Kinder. Auf Mauritius, erinnert sich Olivier Bancoult, ging es den Überlebenden kaum besser. »Ich bin wie die meisten in absoluter Armut aufgewachsen, es ist ein Wunder, dass ich eine Schulausbildung bekommen habe.« Die Vertriebenen lebten und leben bis heute mehrheitlich in den ärmsten Vierteln von Port Louis. Die wenigen Häuser, die die mauritische Regierung den orientierungslosen Insulanern anbot, waren bei Unruhen kurz vor der Unabhängigkeit weitgehend zerstört worden und hatten zuvor als Ziegenställe gedient. Es gab kein Wasser, keinen Strom, keine sanitären Anlagen. In einem Raum dieser Häuser schlief die 14-köpfige Familie Bancoult in Schichten, weil nicht für alle gleichzeitig Platz war. Bis heute leben viele Familien so. »Wir kamen von einer Insel, wo wir alle in Frieden lebten und niemand Not litt«, beschreibt Bancoult den kollektiven Kulturschock. »Hier gab es kein Geld, keine Häuser und keine Jobs für uns, keine Chance, ein besseres Leben zu führen. Stattdessen gab es auf einmal Drogen,

Alkohol, Prostitution.« In den ersten Jahren nach ihrer Ankunft starben die meisten Chagossianer. Zwei von Olivier Bancoults Brüdern soffen sich zu Tode, ein anderer starb an Herzversagen. Bancoults Schwester beging Selbstmord, wie viele Vertriebene. »Sie alle sind an der Trauer gestorben, ihre Heimat verloren zu haben«, glaubt Bancoult.

Als einer der wenigen Chagossianer, die lesen und schreiben können, hat Bancoult die Rückkehr auf die Chagos-Inseln zu seiner Lebensaufgabe gemacht. Sein Ziel: ein eigenständiger Staat. Das macht ihn und seine Bewegung zu Separatisten, wenn auch unter besonderen Umständen. Anfang der 1970er Jahre organisierte Bancoults Mutter die ersten Proteste vor der britischen Botschaft in Port Louis, er setzt sie heute fort. »Damals ging es ja erst mal überhaupt um unsere Anerkennung«, berichtet Bancoult, heute noch empört. »Die Briten behaupteten, es gebe uns nicht, wir seien Gastarbeiter, obwohl etwa meine Familie schon in vierter Generation auf Peros Banhos lebte.« Als die Bilder der gewaltsam niedergeschlagenen Proteste London erreichten, änderte die britische Regierung allmählich ihre Politik. Die Bewohner der Inselgruppe, die völkerrechtlich bis heute direkt der britischen Krone untersteht, bekamen schließlich britische Pässe. Und damit auch den Zugang zur britischen Gerichtsbarkeit. Im Jahr 2000 errang Bancoult seinen ersten Sieg vor Großbritanniens High Court, dem obersten Gerichtshof. In drastischen Worten bestätigten die Richter den Kläger darin, dass die Ausweisung der Inselbevölkerung illegal gewesen sei. »Damals dachten wir, wir könnten zurück«, sagt Bancoult wehmütig. Doch die Labourregierung unter Tony Blair nutzte das jahrhundertealte Recht des königlichen Edikts, um die Rückkehr dennoch zu verbieten. Bis heute hofft Olivier Bancoult darauf, seinen Kindern eines Tages ihre wahre Heimat zeigen zu können. Doch wann das sein wird, kann er nicht sagen. Die Chagos-Inseln stehen nicht einmal auf der Liste des UN-Sonderkomitees für Dekolonisierung, das in New York den Stand der staatlichen Fremdherrschaften mehr verwaltet als bekämpft.

2015 forderte UN-Generalsekretär Ban Ki Moon zum Auftakt der jährlichen Sitzung des Komitees »innovative Wege zur Dekolonisierung«. Doch wie genau solche Wege aussehen könnten, weiß niemand. Das dürfte auch daran liegen, dass unter den verbliebenen Kolonialmächten Neuseeland, Marokko, Frankreich, Großbritannien und USA drei der fünf Vetomächte im UN-Sicherheitsrat vertreten sind. »Diese fünf Staaten entscheiden alles Wichtige«, sagt der unabhängige Diplomat Carne Ross. »Sie sagen dem Generalsekretär, was er tun und lassen soll; sie entscheiden, wem er Posten verschaffen und wen er feuern soll, und sie entscheiden natürlich, was der UN-Sicherheitsrat beschließt.« Zwar hätten die nichtständigen Mitglieder eigentlich eine Mehrheit – sie haben zehn Sitze, die ständigen nur fünf. »Aber die nichtständigen Mitglieder haben keine gemeinsamen Interessen und bekommen sich einfach nicht organisiert«, so Ross. Für die Entlassung der letzten Kolonien in die Freiheit fehlt deshalb schlicht eine Mehrheit, allen Reden zum Trotz.

Trotzdem sieht Ross zur UNO keine Alternative. »Die Vereinten Nationen sind das einzige globale Gremium, in dem Staaten mehr oder weniger miteinander sprechen – man darf sie deshalb auf keinen Fall zerschlagen, aber man muss sie dringend renovieren.« Eine der größten Herausforderungen für die UN ist aus seiner Sicht die rapide wachsende Zahl nichtstaatlicher Akteure. »Niemand ist darauf ordentlich vorbereitet: Die UN wurden geschaffen, um zwischenstaatliche Konflikte zu regeln – aber bei der Mehrzahl der Konflikte heute handelt es sich um Konflikte innerhalb von Staaten unter Beteiligung nichtstaatlicher Gruppen, die mal legitimiert sind, mal nicht.« Ein besonders dramatisches Beispiel sind Terrorgruppen wie der sogenannte Islamische Staat in Syrien und dem Irak oder Boko Haram (»Westliche Bildung ist Sünde«) in Nigeria. Beide Gruppen nehmen für sich in Anspruch, staatliche Gebilde – islamistische Kalifatsstaaten – errichten zu wollen. Handelt es sich bei ihnen also um Separatisten, gar legitime Sezessionisten? Am Terror, den sie verbreiten, besteht kein Zweifel: Bei ihren territorialen Eroberungszügen wenden IS und Boko Haram brutalste Gewalt an. Sie zwingen große Teile der Bevölkerung mit Drohungen und Belohnungen, sie anzuerkennen, und verüben schwere Menschenrechtsverbrechen. Doch militanten Separatisten ist schon Ähnliches vorgeworfen worden, ob im Südsudan, in Palästina oder der Ostukraine. Dass IS und Boko Haram ihre Feldzüge religiös und historisch verbrämen, ist unter Separatisten auch nichts Neues. Und anders als Terroristen etwa von Al-Qaida haben IS und Boko

Haram tatsächlich Staatsgründungen zum Ziel – und haben dies bereits vorgemacht.

Im Lauf des Jahres 2014 errichtete die nigerianische Terrorgruppe Boko Haram binnen weniger Monate einen »Kalifatsstaat« mit Abubakar Shekau als Emir an der Spitze. Zeitweise war dessen Territorium so groß wie Belgien, mehr als eine Million Einwohner lebten dort. Als Hauptstadt suchte sich Shekau Gwoza aus, eine Stadt, die gut geschützt in den Ausläufern einer unwegsamen Berglandschaft im nigerianischen Grenzgebiet zu Kamerun liegt. Die Berge sind Heimat der Kanuri, des Volkes, dem auch Shekau angehört. Das schützte ihn. Von Gwoza aus erstreckte sich das Schreckensreich von Boko Haram bis zum Tschadsee im Norden und bis weit in den Westen. Shekau beruft sich bei seiner Staatsgründung auf das Borno-Kalifat, ein muslimisches Reich, das zwischen 1380 und 1893 dort bestand, wo heute Nigeria, Niger und der Tschad zusammenstoßen. Den Bürgern auf seinem Territorium versprach Shekau die Leistungen eines Staates – Leistungen, die Nigeria im entlegenen Norden teils seit Jahrzehnten nicht erbracht hatte. So garantierte Boko Haram die Schutzfunktion gegenüber all jenen, die zu Boko Haram hielten. Auch Rechtssicherheit wurde zugesichert: Die Scharia, ohnehin bereits Gesetzesgrundlage im Norden Nigerias, werde unter Boko Haram für alle gelten und nicht mehr nur für die, die sich nicht freikaufen konnten. Im Norden Malis, wo Islamisten Anfang 2012 kurzzeitig einen islamistischen Staat gründeten, wurden absichtlich Mitglieder der örtlichen Elite hingerichtet, um die Durchsetzung der Scharia unter Beweis zu stellen. Der Daseinsvorsorge nahm Boko Haram sich ebenfalls an: Nicht nur mit kostenlosen Koranschulen, sondern vor allem mit bezahlten Jobs für bis dahin arbeitslose junge Männer, die das Gros der Bevölkerung ausmachten, kaufte die Bewegung sich Sympathien. Manchmal wurden geplünderte Vorräte an Bedürftige verteilt, auch Land der Vertriebenen oder Getöteten wurde an Sympathisanten vergeben. Im Gegenzug kassierten Boko-Haram-Kämpfer Steuern und verpflichteten taugliche Männer zum Kampf.

»Viele haben am Anfang gedacht, dass Boko Haram nicht schlimmer sein kann als der nigerianische Staat, wie wir ihn vorher erlebt haben«, sagt Mohammed, ein Nigerianer, der nach einem halben Jahr vor der Terrorherrschaft der Islamisten floh. »Wir hatten den Eindruck, endlich kümmert sich jemand um uns, jemand, der unsere Probleme kennt, unsere Sprache spricht und uns nicht nur zum eigenen Vorteil ausnimmt.«

Ähnliches berichtet die italienische Politologin Loretta Napoleoni von der Herrschaft des IS aus Syrien. »Der Islamische Staat teilt die ambitionierten Ziele derjenigen, die in Europa die Nationalstaaten gegründet haben, und formuliert diese Ziele auf eine moderne, zeitgemäße Art und Weise«, meint sie. Der IS bemühe sich, alle Voraussetzungen eines modernen Nationalstaats zu erfüllen: Territorialität, Souveränität (wenn auch zunächst nur innerhalb des eigenen Staats), Legitimität und Bürokratie. Die Legitimität leite der IS ethno-religiös her, ähnlich wie Israel. Besonders beeindruckt Napoleoni, die sich seit vielen Jahren mit den Finanzquellen terroristischer Gruppen beschäftigt, dass die Anführer das vom IS erwirtschaftete Geld etwa aus Ölverkäufen nicht nur in den bewaffneten Kampf stecken oder in ihre eigenen Taschen. Große Beträge würden tatsächlich auch in den Wiederaufbau der Infrastruktur innerhalb des »Kalifats« gesteckt.

Der größte Unterschied zwischen »klassischen« Separatisten auf der einen und IS oder Boko Haram auf der anderen Seite scheint demnach tatsächlich in der Methode zu bestehen, mit der diese Gruppen ihre Territorien erobern: Terrorismus. Und auch diese ist nicht so neu, wie es scheint. Viele afrikanische Freiheitskämpfer etwa setzten in ihrem Kampf gegen Kolonialisten terroristische Methoden ein, so in Kenia oder Simbabwe (wo auch die damaligen Kolonialregierungen Mitglieder und mutmaßliche Unterstützer der Unabhängigkeitsbewegungen folterten und misshandelten). Aus den Terroristen von damals wurden dennoch Staatsmänner, die heute in der UN-Vollversammlung sprechen. Ist das auch für den IS oder Boko Haram denkbar? Napoleoni hält es für möglich, dass es eines Tages diplomatische Beziehungen zwischen dem sogenannten Islamischen Staat und der Weltgemeinschaft geben könne. Carne Ross dagegen glaubt nicht daran. »Es gibt schlicht nichts, worüber man mit dem IS verhandeln könnte, das wäre Zeitverschwendung.«

Denn in einem ganz entscheidenden Punkt unterscheiden sich IS und Boko Haram von den Separatisten, die im vorliegenden

Buch vorgestellt wurden: Die Bevölkerung steht nicht hinter den Bewegungen und ihrem Staatsprojekt. Die Unterstützung, die IS und Boko Haram erfahren, ist entweder erzwungen oder notgedrungen opportunistisch und scheint nicht lange anzuhalten. Das liegt vor allem an der Willkür der neuen Herrscher und der Brutalität, mit der ihre despotischen Regeln durchgesetzt werden. Wer im Kalifatsstaat von Boko Haram nicht die von den Terroristen geforderten Steuern zahlt, die oft nach undurchsichtigen Tabellen erhoben werden, muss damit rechnen, ermordet zu werden. Wer der Kollaboration mit der Gegenseite verdächtigt wird, ebenso. Angst und Schrecken beherrschen den Alltag in den Kalifatsstaaten Nigerias, Syriens und des Iraks. Selbst wenn ihre Anführer angeblich aus der Mitte des Volkes stammen, gebärden sich die Terroristen wie Kolonialisten. Sie geben die Regeln vor, denen das Volk gehorchen muss. Sie berufen sich dabei zwar auf die islamische Rechtsschule, doch die ist so divers, dass viele Interpretationen möglich sind. IS oder Boko Haram greifen auf jene zurück, die ihren Zielen dienen. Diese Ziele sind zudem oftmals mafiös motiviert und dienen kriminellen Geschäften – Geschäften, von denen eine Minderheit profitiert, die das darstellt, was in den Kolonien die (meist weiße) Elite war. Die Hoffnung der überwiegend armen Mehrheit auf ein besseres Leben bleibt dagegen unerfüllt. So scheint es nur eine Frage der Zeit zu sein, dass sich innerhalb der Kalifatsstaaten Freiheitsbewegungen bilden, die die Terroristen davonjagen und eigene Staaten werden. Dass diese territorial oder politisch noch viel mit den Vorgängerstaaten etwa des IS zu tun haben werden, ist nicht gesagt.

Separatisten verändern die Welt – das ist die Kernthese dieses Buchs. Globen und Landkarten werden sich unweigerlich ändern, Grenzen neu gezogen werden. Doch das ist nicht die größte Veränderung, die die Welt durch die neue Welle der Separatisten erfährt. Auch wenn die wenigsten Sezessionsbewegungen eine Änderung des gesellschaftlichen Systems versprechen – die meisten sind tatsächlich erstaunlich fest im Weltbild ihres »Mutterstaats« verhaftet –, so führt ihr Bemühen doch dazu, dass sich Bürger mit Idee und Realität des Staates auseinandersetzen und ihre Wünsche formulieren. Separatisten verbinden zudem Hoffnungen und Träume mit

der Gründung eines neuen Staates. Sie fordern Unabhängigkeit –
für ihren Staat, aber auch für sich als Bürger. Ein unabhängiges
Katalonien, Schottland oder »Neurussland« wird diesen Wunsch
erfüllen müssen, um Bestand zu haben. Denn wer einmal einen
Staat gegründet hat, der kann es wieder tun. Regierungen dürfen
sich der Territorialität ihres Staates nicht mehr sicher sein. Letztendlich entscheidet das Volk über seine Unabhängigkeit.

Anhang

LITERATUR

Asadi, Awat: Der Kurdistan-Irak-Konflikt. Der Weg zur Autonomie seit dem Ersten Weltkrieg, Berlin 2006.

Bardenhagen, Klaus: Formosa! Das ist Taiwan, Taipeh 2013.

Bernecker, Walther L./Eßer, Torsten/Kraus, Peter A.: Eine kleine Geschichte Kataloniens, Frankfurt am Main 2007.

Brockhaus: Enzyklopädie in 24 Bänden, Gütersloh 2001.

Buchanan, Allen: Secession. The Morality of Political Divorce from Fort Sumter to Lithuania and Québec, Boulder 1991.

Dahrendorf, Ralf: Die Zukunft des Nationalstaats, in: Merkur 48 (1994) 546/547, S. 751–761.

Darnstädt, Thomas: Der Mann der Stunde. Die unheimliche Wiederkehr Carl Schmitts, in: Der Spiegel 39 (2008).

Engelhardt, Marc: Heiliger Krieg – heiliger Profit. Afrika als neues Schlachtfeld des internationalen Terrorismus, Berlin 2014.

Engelhardt, Marc: Somalia. Piraten, Warlords, Islamisten, Frankfurt am Main 2012.

Habermas, Jürgen: Demokratie oder Kapitalismus? Vom Elend der nationalstaatlichen Fragmentierung in einer kapitalistisch integrierten Weltgesellschaft, in: Blätter für deutsche und internationale Politik 58 (2013) 5, S. 59–70.

Hébert, Chantal (mit Jean Lapierre): The Morning After: the 1995 Quebec Referendum and the Day that Almost Was, Toronto 2014.

Hobbes, Thomas: Leviathan, Hamburg 2005.

Keane, John: Die neuen Despotien. Vorstellungen vom Ende der Demokratie, in: Merkur 69 (2015) 790, S. 19–31.

Keane, John: The Life and Death of Democracy, New York 2010.

Kent, Neal: The Sami Peoples of the North. A Social and Cultural History, London 2014.

Kohl, Karl-Heinz: Die Rechte der Indigenen. Seltsames in der Deklaration der Vereinten Nationen, in: Merkur 66 (2012) 758, S. 581–591.

Lehtola, Veli-Pekka: The Sami People. Traditions in Transitions, Anchorage 2005.

Loick, Daniel: Kritik der Souveränität, Frankfurt am Main 2012.

Macedo, Stephen/Buchanan, Allen (Hg.): Secession and Self-Determination, New York 2003.

Manow, Philip: Politikkolumne. Nationalitätenfragen, in: Merkur 68 (2014) 783, S. 717–722.

Manthorpe, Jonathan: Forbidden Nation. A History of Taiwan, New York 2008.

Napoleoni, Loretta: Die Rückkehr des Kalifats. Der islamische Staat und die Neuordnung des Nahen Ostens, Zürich 2015.

Naumann, Michael: Die Deutschen. Nationale Egoisten oder Sündenböcke Europas? In: Cicero 6 (2012).

Pilger, John: Freedom next time. Resisting the Empire, London 2007.

Ross, Carne: Independent Diplomat. Dispatches from an Unaccountable Elite, London 2007.

Rousseau, Jean-Jacques: Der Gesellschaftsvertrag oder Grundsätze des politischen Rechts, Köln 2012.

Schubert, Klaus/Klein, Martina: Das Politiklexikon, Bonn 2011.

Svensson, Birgit (Hg.): Mit den Augen von Inana. Lyrik und Kurzprosa zeitgenössischer Autorinnen aus dem Irak, Berlin 2015.

Vallières, Pierre: White Niggers of America, Toronto 1971.

Wellman, Christopher H.: A Defense of Secession and Political Self-Determination, in: Philosophy and Public Affairs 24 (1995) 2, S. 142–171.

Wellman, Christopher H.: A Theory of Secession. The Case for Political Self-Determination, Cambridge 2005.

Ziegler, Jean: Ändere die Welt. Warum wir die kannibalische Weltordnung stürzen müssen, Gütersloh 2015.

ZU DEN AUTOREN

Echt »balkanesisch« sind **Danja Antonovič**s Vorfahren: Serben, Montenegriner, Albaner, Griechen und Juden sind dabei. In ihren Geschichten aus den Balkanschluchten stehen Menschen immer im Vordergrund. Seit 2006 lebt die Absolventin der Deutschen Journalistenschule wieder in ihrer Geburtsstadt Belgrad. Mit einem »deutschen« und einem »balkanesischen« Blick berichtet sie über die so nahe und doch so ferne Region Balkan.
Kontakt: antonovic@weltreporter.net

Als **Klaus Bardenhagen** 2008 erstmals nach Taiwan kam, landete er mitten im Wahlkampf, der lauter und leidenschaftlicher war als in Deutschland. Besonders umstritten waren die Begriffe »Unabhängigkeit« und »China«. Er erkannte, dass sie verschieden ausgelegt werden und dass westliche Medien es sich mit Taiwans komplizierter Situation meist zu einfach machen. Seitdem arbeitet er daran, als Reporter Interesse für Taiwan zu wecken – auch auf intaiwan.de und taiwanreporter.de.
Kontakt: bardenhagen@weltreporter.net

Gerd Braune lebt seit 1997 in der kanadischen Hauptstadt Ottawa, an der Grenze zwischen dem überwiegend anglofonen Ontario und dem überwiegend frankofonen Québec. Immer wieder macht er die Erfahrung, dass Québecs Separatismus das Einzige ist, was Europäer mit kanadischer Politik assoziieren, auch wenn der Höhepunkt nun schon viele Jahre zurückliegt. Von seinem Schreibtisch in der Press Gallery im Parlament kann er auf die andere Seite des Ottawa-Flusses, nach Gatineau, blicken. Hätte Québecs Unabhängigkeitsbewegung vor 20 Jahren das Referendum gewonnen, dann wäre die andere Seite des Flusses Ausland – ein von Kanada losgelöstes Land Québec.
Kontakt: braune@weltreporter.net

Mit einem gewissen Neid hat **Christiane Büld Campetti** von Florenz immer nach Südtirol geschielt, weil dort Alltag ist, was ihr selbst manchmal noch Schwierigkeiten bereitet: das problemlose Switchen vom Deutschen ins Italienische und zurück. Daraus ist Hochachtung geworden, nachdem sie in der Autonomen Provinz Bozen miterleben konnte, dass aus dem Nebeneinander von Sprachen vielerorts längst ein Miteinander unterschiedlicher Kulturen geworden ist.
Kontakt: bueld@weltreporter.net

Der Kampf um staatliche Unabhängigkeit beschäftigt **Marc Engelhardt**, seit er als Afrika-Korrespondent die Transformation des Südsudans zur jüngsten Nation der Welt über sieben Jahre hinweg vor Ort verfolgt hat. Vor dem Hintergrund des dortigen Staatsversagens fasziniert ihn umso mehr, wie die Samen im Norden Europas auf andere Weise unabhängig geworden sind. Mittlerweile ist Engelhardt Korrespondent in Genf und hat deshalb die Rolle der Vereinten Nationen besonders im Blick.
Kontakt: engelhardt@weltreporter.net

Auf den ersten Blick fand auch **Thomas Franke**, dass Transnistrien skurril wirkt – das änderte sich. Seit Jahren reist er immer wieder in das Separationsgebiet. Dass die Mächtigen dort humorlos sind, aber unkoordiniert, erfuhr er, als er dort drehte. Gleich drei Geheimdienste stritten sich, wer das Material beschlagnahmt.
Kontakt: franke@weltreporter.net

Susanne Güsten war 1991 in Diyarbakir, um über den Auslandseinsatz der Bundeswehr zu berichten, als kurdische Aufstände in der Region ausbrachen und Zehntausende irakische Kurden auf der Flucht vor Saddam über die türkische Grenze kamen. Ein Vierteljahrhundert später berichtet sie aus derselben Region noch immer über Flucht, Vertreibung, Aufbegehren und das kurdische Streben nach Selbstbestimmung.
Kontakt: guesten@weltreporter.net

Kilian Kirchgeßner erfährt immer wieder selbst, wie sehr sich die Menschen in der ehemaligen Tschechoslowakei zugetan sind: Wenn er in die Slowakei reist, wird er häufig für einen Tschechen gehalten, weil er Tschechisch spricht – und muss dann Rede und Antwort stehen, wie es denn »dort drüben« so läuft. Seit 2005 berichtet er als Korrespondent aus Prag und ist oft in beiden Ländern unterwegs.
Kontakt: kirchgessner@weltreporter.net

Wenige Monate vor der Rückkehr von PLO-Chef Jassir Arafat aus dem Exil war **Susanne Knaul** von Tel Aviv nach Jericho gezogen in der Hoffnung, dort die Anfänge des autonomen Staates Palästina aus der Nähe verfolgen zu können – und damit die Einkehr des Friedens im Nahen Osten. Doch die Tragödie der beiden Völker, die um das ganze Land ringen, sollte so schnell kein Ende finden.
Kontakt: knaul@weltreporter.net

Ihre erste »Estelada« sah **Julia Macher** bei einem Fußballspiel im Camp Nou – und wunderte sich damals über den Stern auf der katalanischen Flagge. Inzwischen sind die Fahnen der Unabhängigkeitsbewegung aus dem Straßenbild nicht mehr wegzudenken. Selbst ihr brasilianischer Nachbar wünscht sich eine Sezession von Spanien.
Kontakt: macher@weltreporter.net

Ihr erster Besuch in Schottland im Jahr 2005 führte **Nicola de Paoli** ins schottische Parlament. Damals konnte sie die ablehnenden Stimmen, die Begeisterung und die Polemik nicht verstehen, die der Neubau hervorrief. Heute symbolisiert der Parlamentsbau auch für sie als Schottland-Korrespondentin wie kein zweites Gebäude das Streben der Schotten nach Unabhängigkeit.
Kontakt: paoli@weltreporter.net

Erfolgsgeschichten sind auf der ganzen Welt rar, da ist der afrikanische Kontinent keine Ausnahme. Die langjährige Afrika-Korrespondentin **Bettina Rühl** fuhr 2007 das erste Mal nach Somaliland, De-facto-Staat und Schauplatz einer der wenigen »success stories«. Jetzt kehrte die im kenianischen Nairobi und in Köln lebende Journalistin zurück, um sich von der Bevölkerung die Fortsetzung erzählen zu lassen.

Kontakt: ruehl@weltreporter.net

Stefan Scholl lebt und arbeitet seit mehr als zehn Jahren in Moskau. Die Krise im Osten der Ukraine hat er von Beginn an von beiden Seiten der Front aus beobachtet.

Kontakt: scholl@weltreporter.net

Als **Peter Stäuber** vor einigen Jahren nach London übersiedelte, musste er feststellen, dass er anscheinend aus Europa weggezogen war. Zumindest aus Sicht der Einheimischen, denn für die liegt Europa jenseits des Ärmelkanals. Seither hat er viel darüber gelernt, weshalb man sich auf der Insel gern etwas eigenständig gibt.

Kontakt: staeuber@weltreporter.net

Birgit Svensson lebt und arbeitet seit 2003 im Irak. Als Anfang August 2014 der Angriff der Terrormiliz Islamischer Staat auf die Kurdengebiete erfolgte, war sie auf der Straße zwischen Erbil und Dohuk unterwegs. Seitdem ist in Irak-Kurdistan nichts mehr so, wie es einmal war.

Kontakt: svensson@weltreporter.net

Marc Engelhardt (Hg.)

Heiliger Krieg – heiliger Profit

Afrika als neues Schlachtfeld des internationalen Terrorismus

2., aktualisierte Auflage
224 Seiten, Broschur
ISBN 978-3-86153-758-8
18,00 € (D); 18,50 € (A)

»Marc Engelhardts Verdienst ist es, dass er sich nicht in religionsphilosophische Erörterungen über die Natur und die Urgründe des religiösen Fanatismus verliert. Er hat sich auf seinen zahlreichen Recherchereisen in die gefährlichsten Gebiete des Kontinents genau angesehen, wie Terror finanziert wird. Nämlich durch eine sehr unheilige Allianz von Politik und Organisiertem Verbrechen.«

Deutschlandradio Kultur, Lesart

»Engelhardt kann packend schreiben, seine Reportagen sind unsentimental und informativ. In dieser Breite sind Terrorismus und Bandenkriminalität hierzulande kaum beschrieben worden.«

SWR2, Die Buchkritik

www.christoph-links-verlag.de